La VISIÓN de su GLORIA

La VISIÓN de su GLORIA

Cómo encontrar esperanza mediante la revelación de Jesucristo

ANNE GRAHAM LOTZ

EDITORIAL PORTAVOZ

Título del original: *The Vision of His Glory*, © 1996, 1997 por Anne Graham Lotz y publicado por Word Publishing, una división de Thomas Nelson Inc., P.O. Box 141000, Nashville, TN 37214.

Edición en castellano: *La visión de su gloria,* © 2000 por Anne Graham Lotz y publicado por Editorial Portavoz, Grand Rapids, Michigan 49501. Todos los derechos reservados.

Ninguna parte de esta publicación podrá reproducirse de cualquier forma sin permiso escrito previo de los editores, con la excepción de citas breves en revistas o reseñas.

Traducción: John Bernal

EDITORIAL PORTAVOZ
P.O. Box 2607
Grand Rapids, Michigan 49501 USA

Visítenos en: www.portavoz.com

ISBN 0-8254-1402-4

1 2 3 4 5 edición / año 04 03 02 01 00

Impreso en los Estados Unidos de América
Printed in the United States of America

*Dedicado al que
no tiene esperanza*

Índice

Mi tributo... y gratitud 9
Introducción 13

LA VISIÓN DE SU GLORIA DA...

Esperanza cuando estás deprimido...
1. Por la pequeñez de tu vida 19
2. Por la enormidad de tus problemas 37

Esperanza cuando estás engañado...
3. Por tu propia importancia 63
4. Por tu propia insignificancia 93

Esperanza cuando estás descorazonado...
5. Por la mayoría de los impíos 117
6. Por la minoría de los piadosos 141

Esperanza cuando estás atribulado...
7. Por malas acciones 157
8. Por alianzas malignas 185

Esperanza cuando estás derrotado...
9. Por la vida 215
10. Por la muerte 237

¡Esperanza que enciende nuestros corazones! .. 259
Apéndice: Esperanza que ayuda 277
Notas 281

Mi tributo...

Cada año, cuando se acercan las festividades navideñas, le pregunto al Rey qué le gustaría recibir en su cumpleaños, ¡Él es muy creativo en sus sugerencias! Todas son muy variadas, pero tienen una cosa en común: el regalo siempre tiene la naturaleza de un sacrificio, de algo que *no estaría dispuesta a hacer*, si no fuera porque el Rey lo ha pedido. Además es algo que *no podría hacer* si no fuera porque el Rey me capacita para hacerlo.

Cierto año, Él requirió mi participación activa en el cumplimiento del último deseo de un asesino que iba a ser ejecutado. Otro año sentí que su petición para mí fue que añadiera a mi programación ya completa, un viaje con múltiples compromisos y conferencias. Cierto año pensé que el regalo que deseaba era que yo contara la historia de la Navidad en el salón de clases de la escuela pública a la que asiste mi hijo.

Después de haber pasado cinco meses buscando sin éxito la ayuda de un escritor profesional para la publicación de este libro, me estaba desesperando un poco a medida que se acercaba cada vez más la fecha de entrega establecida en el contrato y no se había escrito una sola palabra del libro. Cuando me preparé para la llegada de la Navidad de 1994, la voz apacible y delicada del Rey pareció susurrar en mi corazón: "Anne, para mi cumpleaños de este año, quiero que me des este libro. Quiero que lo escribas tú misma".

Con humildad, quiero agradecer al Rey por su regalo sugerido y se lo ofrezco a Él como mi tributo, con mucho amor.

...y gratitud

A mi padre, cuyo ejemplo de presentar con denuedo la esperanza de Jesucristo a un mundo sin esperanza, ha sido y siempre será una plomada de equilibrio e inspiración para millones, entre los cuales me incluyo...

A mi madre, por empujarme todo el tiempo para que escribiera...

A Kip Jordon, por tener una visión de este libro antes que yo...

A Rolf Zettersten, por su ayuda práctica para hacer que este proyecto empezara...

A mi amado Dan, por su disposición voluntaria a sacrificar la comida hecha en casa, las camisas planchadas y mi atención total hasta que este libro quedara terminado...

A Sue Ann Jones, por ayudarme a expresar verbalmente la emoción que siento en mi corazón cuando me encuentro ante la visión de su gloria...

A Editorial Portavoz por acoger este libro con entusiasmo, y también a su autora.

A Helen George y el personal y equipo de oración de Ministerios AnGel, por tomar parte en las responsabilidades del ministerio a fin de que pudiera añadir la redacción del libro a una agenda de conferencias que ya estaba completa.

Al doctor Lewis Drummond, por su crítica línea por línea con la cual confirmó la integridad doctrinal del manuscrito...

Y a ti, por tu deseo de hallar esperanza a través de una visión fresca de su gloria.

Porque las cosas que se escribieron antes, para nuestra enseñanza se escribieron, a fin de que por la paciencia y la consolación de las Escrituras, tengamos esperanza.

Romanos 15:4

Introducción

El 21 de marzo de 1994 en Mogadishu, Somalia, un joven se desplazaba en bicicleta hacia su trabajo. Era considerado el cristiano más eminente en su pequeña, aislada y acosada comunidad cristiana. Había tomado cursos de seminario por correspondencia y estaba invirtiendo su vida en discipular a otros creyentes jóvenes, en un esfuerzo para edificar la iglesia en Somalia. La iglesia tenía grandes esperanzas de crecimiento y efecto en la nación bajo su liderazgo entusiasta, competente y lleno del Espíritu.

Sin embargo, en esa mañana de marzo, dos hombres que iban en motocicleta se acercaron a él y con una ráfaga de metralleta traspasaron a este joven cristiano a la eternidad.

Su homicidio brutal y sin sentido dejó tras sí a una joven esposa y un bebé de un año de nacido que ahora se enfrentaban a una devastación en potencia. Él mismo había llevado a su esposa al Señor. Cuando ella profesó su fe en Cristo, fue repudiada por su familia y por su tribu. Tras la muerte de su esposo, quedó sola por completo y sin medios de sustento. No solamente la familia de él, sino la iglesia y todo el movimiento cristiano de su nación fueron sacudidos hasta sus mismos cimientos de fe.

¿Existe esperanza para el futuro de esta joven viuda y su bebé? ¿Qué esperanza queda para el futuro de la iglesia en Somalia? Mientras esta familia e iglesia de Somalia luchan para juntar los pedazos de sus vidas, ¿qué hay de ti? ¿Has enfrentado una tragedia devastadora en tu vida? ¿La vida que llevas ha tomado un rumbo inesperado? ¿Existe esperanza para *tu futuro*?

Cuando la vida parece muy difícil de sobrellevar...
Cuando a la gente buena le suceden cosas malas...
Cuando el mal triunfa sobre el bien...
Cuando Satanás parece llevar la delantera...
Cuando las fuerzas del mal actúan sin restricción...
Cuando la muerte sigue aplicando su aguijón y el sepulcro parece tener la victoria...
¿Existe en realidad alguna esperanza para el futuro?
El libro de Apocalipsis responde con un resonante ¡SÍ! ¡SÍ! *¡SÍ!*
Cuando las estrellas caen del cielo...
Cuando las montañas caen al mar...
Cuando los demonios invaden la tierra...
Cuando la sangre de los inmolados se eleve hasta los frenos de los caballos...
Aun cuando las peores pesadillas que se puedan concebir se conviertan en realidad...
...existe una esperanza espléndida, brillante y segura para el futuro, ¡y su nombre es Jesús!

El libro de Apocalipsis fue escrito originalmente para dar esperanza a la iglesia primitiva cuando los cristianos eran utilizados como alimento para leones, clavados en cruces, quemados en la hoguera y hervidos en brea. Fue escrito *por* un cristiano que estaba sufriendo en carne propia "por causa de la palabra de Dios y el testimonio de Jesucristo".[1] Fue escrito de manera específica para una generación de cristianos que está por venir y la cual experimentará lo que Jesús describió como "gran tribulación, la cual no la ha habido desde el principio del mundo hasta ahora, ni la habrá".[2]

Muchos lectores se han perdido la bendición que les espera en el libro de Apocalipsis debido a que se han dejado intimidar por su simbolismo numérico o abrumar por sus imágenes formidables. Leen acerca de candeleros misteriosos y sellos sagrados, terremotos a escala global y ángeles que tocan trompetas, bestias monstruosas y dragones que obran milagros, y en poco tiempo optan por pasar a leer la poesía apacible de los Salmos o las promesas sencillas de las Bienaventuranzas.

Espero que te dispongas a resistir ese impulso y te mantengas alerta conmigo para hacer una breve travesía por uno de los libros que creo es de los más emotivos y fascinantes en todas las Escrituras. Apocalipsis es por encima de todo, un libro de esperanza, y la bendición que puede hallarse en la magnificencia de sus imágenes ha sido para mí una experiencia continua y asombrosa de adoración a medida que su lectura me ha dirigido a un encuentro refrescante y personal con el Señor Jesucristo. Este libro es mi humilde intento de darte a conocer la manera como esta exuberancia de adoración, esta riqueza de esperanza, esta visión de su gloria, está disponible para todos nosotros. Sin duda alguna, el libro de Apocalipsis fue escrito *para ti*, para confirmar la promesa de Dios a través de la profecía de Jeremías: "Porque yo sé los pensamientos que tengo acerca de vosotros, dice Jehová... para daros el fin que esperáis".[3]

Si nunca has leído Apocalipsis, te invito a experimentar esta aventura maravillosa y sin igual. Si alguna vez en el pasado empezaste a leer Apocalipsis pero de alguna forma perdiste el rumbo o te confundiste, o simplemente sentiste fatiga por todo el simbolismo, te invito a intentarlo de nuevo. Con mucho gusto voy a acompañarte en la jornada. Anímate y recuerda el reto de Isaías: "Fortaleced las manos cansadas, afirmad las rodillas endebles. Decid a los de corazón apocado: Esforzaos, no temáis; he aquí que vuestro Dios *viene* con retribución, con pago; Dios mismo *vendrá*, y os salvará".[4]

¡Levanta tu cabeza!

¡Abre tus ojos ante la persona de Jesucristo!

Pilato, el gobernador romano que fiscalizó el juicio de Jesús, retó con estas palabras al gentío alborotador que pedía a gritos la crucifixión del Mesías: "¡He aquí el hombre!"[5]

Ese mismo reto ha sido escuchado en el transcurso de todos los siglos: "He aquí el hombre". No obstante, la visión que la multitud contemplaba ha pasado a ser la de un prisionero ensangrentado, torturado, inhabilitado y encaminado a su ejecución, ¡a la visión de ese mismo Hombre cubierto en gloria!

La corona de espinas se ha convertido en una corona refulgente de oro y llena de joyas...

La túnica sin costura que fue rifada por sus verdugos se ha convertido en un manto de luz que centellea como un relámpago en su esplendor...

Las manos que fueron atadas ahora sostienen el libro por el cual todas las personas que han vivido serán juzgadas.

El gentío reunido ante el pretorio de juicio en la mañana de aquel viernes y que vociferaba: "¡Crucifícale! ¡Crucifícale!", da paso a las multitudes incontables que llenan el universo con aclamaciones de alabanza para el que es ¡el único digno de todo el honor y la gloria y la sabiduría y las gracias y el poder y la fortaleza!

La visión ha hecho que el mártir sonría en medio de las llamas de la muerte.

>Ha dado fortaleza a los débiles,
>fe a los que dudan...
>valor a los apocados...
>paz a los temerosos...
>victoria a los derrotados...
>¡esperanza a los que no tienen esperanza!

¡He aquí el hombre! ¡La visión es gloriosa!

Esperanza cuando estás deprimido...

1. Por la pequeñez de tu vida
2. Por la enormidad de tus problemas

...Cristo en vosotros, la esperanza de gloria.

Colosenses 1:27*b*

1
Esperanza cuando estás deprimido por la pequeñez de tu vida

Apocalipsis 1:1-8

Su nombre es Leoni. Es uno de los más de treinta y cinco millones de niños abandonados en un país de Sur América. Él vive en las calles y subsiste con el robo, la mendicidad y el consumo de desperdicios. Poco tiempo después de su nacimiento, fue dejado por su madre carente de hogar en el umbral de un convento, tan solo para ser reclamado unos meses más tarde por su madre, quien le llevó a su domicilio: las calles de la ciudad.

En el país de Leoni, los padres que no pueden apoyar o criar a sus hijos por cualquier razón en ocasiones los abandonan, como si fueran gatitos o cachorros no deseados. Es un hecho registrado que los niños abandonados, los cuales oscilan entre las edades de uno a dieciocho años, aguantan hambre, son golpeados, violados y torturados, y algunas veces con la complicidad de las tinieblas las autoridades les tienden trampas para dispararles como a ratas en una alcantarilla. Siempre al tanto de estos horrores devastadores que le rodeaban constantemente, Leoni pasaba los días mendigando alimento para mantener con vida a su madre borracha. Todas sus noches estaban llenas de terror.

Tres años después de haber sido reclamado por su madre, ambos fueron arrestados por la policía y llevados a la corte para menores en la ciudad capital. Puesto que su madre estaba embarazada de otro hijo que abandonaría más adelante, Leoni fue asignado a un orfanato del gobierno que albergaba a unos 550 niños. Cinco meses más tarde fue transferido a otro orfanato estatal.

¿Qué esperanza tiene Leoni para el futuro? ¿Qué esperanza tiene un niño como él en medio de los treinta y cinco millones de pequeños que han sido abandonados, atacados, desplazados de un lugar a otro? Ninguna, si la esperanza se encuentra en el sistema judicial de su país o en los orfanatos del gobierno.

Por otra parte, ¡Dios tiene un futuro para Leoni! Una pareja cristiana, motivada por la gracia soberana de Dios, vio hacerse realidad su sueño más grande cuando lo adoptaron en su familia. Ahora, por primera vez en su corta vida, Leoni cuenta con amor y seguridad.

¿La vida que tienes te parece algo pequeño? ¿Quizás en realidad es tan pequeña como la de Leoni? ¿Sientes que has sido víctima del abandono, que no vales nada, que te has perdido en el tumulto de la vida? ¿Qué esperanza hay para tu futuro?

Si tu esperanza está en este mundo, entonces no hay esperanza alguna; pero a quienes se encuentran deprimidos por la pequeñez de su vida, Dios les da esperanza para el futuro mediante la visión de su gloria. Esta visión empieza a manifestarse en el primer capítulo del libro de Apocalipsis, a medida que reflexionamos en lo que Dios dice por medio de la profecía.

ENCUENTRA ESPERANZA AL REFLEXIONAR EN LO QUE DIOS DICE... A TRAVÉS DE LA PROFECÍA

El libro de Apocalipsis comienza afirmando su tema con claridad: "La revelación de Jesucristo". El tema de Apocalipsis no es la profecía ni los acontecimientos del futuro, como muchos suponen: ¡es Jesús mismo!

La profecía fue recibida de parte de Dios

La palabra *apocalipsis* significa literalmente "descorrer un velo". En el libro de Apocalipsis, Dios utiliza la profecía para "descubrir" a Jesús, y nos permite verle de una manera especial y única. Cuando vemos a Jesús claramente, obtenemos una visión de su gloria que trasciende nuestra pequeñez.

Cuando vivió en la tierra, estuvo tan "encubierto" que su propia madre, sus hermanos y hermanas de sangre, y hasta sus propios discípulos, no entendieron del todo quién era Él. En cambio, nosotros tenemos una visión más clara de Él. Por medio de la profecía, Dios levanta el velo y nos permite ver a Jesús de una manera a la que no pudieron tener acceso quienes anduvieron y vivieron con Él en la tierra. Por medio de la profecía, Dios descorrió el velo que hubo en el Antiguo Testamento de tal modo que los creyentes pudieran adorar a Jesucristo. Por ejemplo, Adán y Eva pudieron adorar a Jesucristo mediante la profecía, como aquella Simiente de la mujer que, en esencia, habría de quitar el pecado de la humanidad y traer al hombre de regreso a una relación correcta con el Creador.[1]

Abraham pudo adorar a Jesucristo por medio de la profecía, como Aquel a través de quien todas las naciones de la tierra serían bendecidas.[2] Moisés pudo adorar a Jesucristo a través de la profecía, como aquel Profeta semejante a él que haría libres por completo a los seres humanos, no de la servidumbre en Egipto, sino de la esclavitud del pecado y de Satanás.[3] Isaías adoró a Jesucristo por medio de la profecía como el "Admirable, Consejero, Dios fuerte, Padre eterno, Príncipe de paz",[4] y también como el Cordero por cuyas heridas habríamos de ser sanados.[5] Miqueas adoró a Jesús mediante la profecía, como aquel Niño que habría de nacer en Belén.[6] Zacarías le adoró a través de la profecía, como el Rey de reyes y Señor de señores, ¡Aquel que un día reinaría sobre el mundo entero![7]

Aunque estos creyentes del Antiguo Testamento y todos los que escucharon cuanto ellos dijeron no entendieron a plenitud quién es Jesús, por medio de la profecía tuvieron la capacidad de "ver" a Jesús de una forma a la cual no habrían tenido acceso por otro medio.

La profecía fue consignada por Juan

Dios no solamente reveló a Jesucristo mediante la profecía en el pasado, sino que por medio del libro de Apocalipsis Él descubre a Jesús de una forma única, ¡como nuestra esperanza para el futuro! Esta "revelación de Jesucristo" fue registrada por el profeta Juan, pero como Pedro explicó: "ninguna profecía de la Escritura es de interpretación privada, porque nunca la profecía fue traída por voluntad humana, sino que los santos hombres de Dios hablaron siendo inspirados por el Espíritu Santo".[8]

La revelación que Dios dio y el Espíritu Santo inspiró, Juan se encargó fielmente de consignarla: "[Dios] la declaró enviándola por medio de su ángel a su siervo Juan, que ha dado testimonio de la palabra de Dios, y del testimonio de Jesucristo, y de todas las cosas que ha visto". (Ap. 1:1*b*-2).

Lo que hace tan emocionante al Apocalipsis es el hecho de que no se trata simplemente de una predicción, a manera de un pronóstico acerca del estado del tiempo, acerca de las cosas que están por venir. Se trata del *relato de un testigo ocular de primera mano*, a saber, Juan el profeta. En este conmovedor relato, ¡él dice que testifica personalmente acerca de la realidad de todas las cosas que vio! Para ti y para mi, el libro de Apocalipsis describe el futuro. Para el apóstol Juan, ¡era historia! Casi en cincuenta ocasiones, Juan dice "vi". Casi treinta veces dice "oí". ¡Qué testimonio personal más grande tuvo el apóstol Juan! Si él tuvo la oportunidad de dar a conocer a otros una versión condensada de su testimonio, tal vez lo expresó en términos similares a estos:

Yo fui un discípulo de Juan el Bautista durante algún tiempo. Cierto día me encontraba con Juan al lado del río Jordán, cuando él señaló a un hombre de aspecto bastante común y exclamó: "¡Miren! Ahí va Jesús de Nazaret. Él es el Cordero de Dios que va a quitar el pecado del mundo. Él es el Mesías, el Cristo, el único Hijo de Dios. ¡He ahí a Dios, va caminando por la tierra en un cuerpo humano!"

Entonces dejé a Juan el Bautista y seguí a Jesús. Fui su discípulo por tres años. Durante ese tiempo le vi y le escuché en todas las circunstancias que se puedan imaginar. Le vi generar la vista para un hombre que nació ciego. Le vi dejar limpios a los leprosos, caminar sobre el agua, alimentar a más de cinco mil personas con cinco panes de cebada y dos pececillos. Le vi levantar a Lázaro de entre los muertos, y escuché el sermón del monte. ¡Vi todas estas cosas con mis propios ojos!

Sin embargo, nunca olvidaré aquel jueves por la noche cuando Jesús, los otros discípulos y yo, comimos una cena juntos en un aposento alto en Jerusalén. Cuando terminamos, Él nos llevó a un lugar solitario en el Monte de los Olivos para orar. En lugar de orar me quedé dormido. Él me despertó y preguntó si estaba dispuesto a orar con Él, pero ahora siento vergüenza para admitir que me volví a dormir. Él volvió por tercera vez y necesitaba que velara y orara con Él, pero como todavía seguía durmiendo, Él se abstuvo de interrumpir mi sueño.

Cuando al fin me desperté, vi algunos soldados romanos que le pusieron bajo arresto y se lo llevaron para ser juzgado ante los líderes religiosos.

Lo seguí a cierta distancia, y puesto que soy pariente del sumo sacerdote, pude entrar sin problemas al patio y observar desde allí todo el proceso. Con mis propios oídos escuché cómo le lanzaban falsas acusaciones. Al final, escuché que le sentenciaron por blasfemia, por haber afirmado que era el Hijo único y especial de Dios.

Luego observé cuando le llevaron a la corte romana para ser juzgado. Vi cómo lo abofetearon, escupieron y flagelaron hasta que la carne se desgarró de sus huesos y su cuerpo quedó bañado en sangre. De hecho, su aspecto quedó tan estropeado que a duras penas pude reconocerle como un hombre, mucho menos como mi Maestro y mi amigo.

Escuché a la muchedumbre que se reunió ante el tribunal cuando empezó a alborotarse y a gritar al unísono: "¡Crucificale! ¡Crucificale!" Luego escuché que en siete ocasiones diferentes los jueces romanos dijeron: "Este hombre es inocente. Este hombre es inocente. Este hombre es inocente". No obstante, al final vi cómo Pilato el gobernador romano, se lavó las manos para librarse de responsabilidad y concluyó: "Este hombre es inocente, pero... ¡ustedes pueden crucificarlo!"

Lo seguí a cierta distancia a medida que Él era llevado a las afueras de Jerusalén, al sitio de ejecuciones conocido como Gólgota. Allí mis ojos vieron a Jesús de Nazaret crucificado en una cruz romana.

Me quedé al pie de la cruz y observé durante seis largas horas su sufrimiento mientras Él seguía colgado en la cruz. En cierto momento Él incluso notó mi presencia y me preguntó si estaba dispuesto a cuidar de su madre, quien también se encontraba cerca del lugar. Al final de esas seis horribles horas, escuché cuando Él exclamó en voz alta: "Consumado es". Además lo vi inclinar su cabeza y entregar su espíritu.

Vi a Jesús de Nazaret morir en una cruz romana. Sin lugar a dudas, ¡Él estaba muerto!

En ese momento, mi vida quedó hecha pedazos. ¡Estaba abatido! Todo lo que había esperado, todos mis sueños para el futuro, todas mis razones para vivir, ¡todo se derrumbó al pie de esa cruz! Porque había pensado que Jesús *era* el Mesías. ¡Había pensado que Él *era* el Redentor de Israel! ¡Que Él *era* el Hijo único y especial de Dios, que era Dios mismo caminando por la tierra en un cuerpo de hombre! ¡Y había muerto sobre una cruz romana como un criminal cualquiera! Mi mundo entero se había desplomado.

Regresé al aposento alto en Jerusalén con los demás discípulos. Cerramos bien la puerta y aseguramos las ventanas, con miedo de que los romanos, tras haber crucificado a Jesús, salieran a buscar a sus discípulos para acabar con ellos también.

En mi confusión, rabia y tristeza, pasaron las horas. Antes de darnos cuenta, ya había amanecido y el domingo por la mañana escuchamos que alguien daba golpes a la puerta.

¡Estaba aterrorizado! ¡Pensé que los romanos *habían* llegado a prendernos! Entonces escuché la voz de una mujer. Abrí la puerta y era María. Estaba histérica y diciendo algo acerca de unos salteadores de sepulcros y que la tumba donde Jesús había sido sepultado estaba vacía.

Miré a Pedro y él me miró a mí. Debimos haber tenido el mismo pensamiento porque ambos salimos corriendo por la puerta abierta, atravesamos las calles de Jerusalén en las primeras horas de la mañana, sin detenernos hasta llegar a la tumba donde Jesús había sido puesto. ¡No había que dudarlo! ¡La piedra había sido movida tal como María lo dijo!

Me apresuré a entrar a la tumba, y nunca olvidaré, lo que vi: ¡*NADA!* ¡La tumba estaba vacía!

A excepción de una sola cosa. ¡Los lienzos y el sudario de su sepultura todavía estaban allí! Algo me llamó la atención en cuanto a los lienzos...

Había sido testigo del momento en que Lázaro se levantó de los muertos. Cuando su hermana Marta terminó de desatarle, las vendas en que había sido envuelto formaron un montón de trapos sucios. Fue diferente con los lienzos de Jesús. No se veían como si alguien los hubiera desenvuelto. ¡Los lienzos estaban tendidos como si el cuerpo todavía estuviera adentro! ¡Se veían como un capullo hueco, desinflado y desmadejado! ¡Se veían como si el cuerpo se hubiera evaporado a través de ellos!

Me quedé allí de pie observando esos lienzos puestos allí,

¡y de repente *SUPE* que Jesús de Nazaret había resucitado de entre los muertos! ¡Él estaba vivo!

Sin embargo, ahora estaba más confundido que nunca. Regresé al aposento alto en Jerusalén junto a los demás discípulos. Otra vez atemorizados, cerramos la puerta y las ventanas. Hablamos acerca de lo que habíamos visto y nos dispusimos a esperar...

El domingo por la tarde, estando dentro de ese recinto cerrado, escuché de repente una voz muy familiar. La voz del Maestro. Mi corazón pareció detenerse, pero Él dijo: "Paz. Soy yo, no tengan miedo".

Di la vuelta y vi a Jesús de Nazaret de pie frente a mí. Contemplé la herida en su sien, donde se había clavado la corona de espinas, vi las heridas en sus manos y pies, donde habían estado los clavos. Observe la herida en su costado, donde los soldados habían clavado la lanza. ¡Yo *VI* a Jesús de Nazaret resucitado!

¡Él estaba vivo!

Durante cuarenta días después de su resurrección, anduve y hablé con Él, y escuché todo lo que dijo. Luego un día, mientras los otros discípulos y yo estábamos con Jesús en el Monte de los Olivos cerca de Betania, escuché su enseñanza para nosotros. Después, mientras Él levantaba sus manos para bendecirnos, observé cómo su cuerpo se fue levantando lentamente del suelo. Vi su cuerpo físico ascender por el aire y desaparecer en medio de las nubes. ¡Yo *VI* a Jesús de Nazaret ascender al cielo!

Mientras tenía fija la mirada en el punto del cielo donde le había visto desaparecer, súbitamente aparecieron dos hombres vestidos de blanco y dijeron: "¿Por qué se quedan ahí parados mirando al espacio? Este mismo Jesús, quien ha sido tomado de entre ustedes y llevado al cielo, volverá de la misma manera en que le han visto ascender al cielo".

Ahora quiero contarles que los mismos ojos y oídos que vieron y escucharon a Jesús de Nazaret mientras estuvo en la tierra, ¡también le han visto regresar!

¡Dejen que les describa lo que he visto!

He visto pestilencia, contaminación, persecución y hambre en todo el mundo, de una dimensión tan grande y severa que han exterminado a un tercio de la población de la tierra. He visto guerras tan destructivas que la sangre de sus muertos llega hasta los frenos de los caballos. He visto estrellas caer del cielo y montañas arrojadas al mar. He visto a una bestia que salía del mar para regir al mundo, y un falso profeta que hace milagros en su nombre. He visto demonios inundando la tierra como un enjambre, y también he visto ángeles. He visto el infierno, y he visto el cielo. He visto el cielo enrollarse como un pergamino y un caballo blanco que aparece con un jinete cuyo nombre es Fiel y Verdadero, seguido por los ejércitos del cielo. He visto a Satanás atado y luego suelto, y poco después lanzado al lago de fuego para siempre. He visto cómo dejaron de existir el mar y la tierra antigua, así como el comienzo de un cielo nuevo y una tierra nueva.

Por encima de todo, por debajo de todo, alrededor de todo, al principio de todo y al final de todo esto, *¡he visto a Jesucristo absolutamente supremo, como la esperanza victoriosa de todas las edades!*

Por muy emocionante que sea esta narración, el testimonio real y personal de Juan que se encuentra en el libro de Apocalipsis es mucho más vívido en su descripción de la gloria de Jesucristo, al extremo de impulsarnos a adorarle postrados. Dios le reveló a Juan de una manera única y exclusiva quién es Jesucristo, y por medio de la profecía Él nos lo ha revelado para que podamos leer y reflexionar acerca de la visión de su gloria, a fin de que hallemos esperanza para el futuro.

La profecía fue escrita para que la leas

¿Cuál es tu actitud hacia la profecía? Una de las actitudes consiste en evitarla, porque parece demasiado difícil de entender, demasiado controvertida para discutir y demasiado carente de sentido como para tener alguna importancia personal. La gente que tiene esta actitud tiende a sentirse más a gusto con los Salmos, los Proverbios, los Evangelios y las Epístolas. Optan por dejarle la profecía a los pesos pesados de la teología tales como los profesores de seminario, los predicadores o los eruditos bíblicos profesionales.

Otros se dejan fascinar tanto por la profecía que pasan muchas horas tratando de interpretar los símbolos, computar las cifras, y hasta hacer predicciones sobre la base de sus cálculos. El problema es que tienden a olvidarse de la santidad y la obediencia personales, así como de su responsabilidad de ganar a los perdidos.

Algunas veces perdemos de vista el hecho de que la profecía fue dada a gente común y corriente como tú y yo, con el propósito de dar esperanza para nuestro futuro: "Bienaventurado el que lee, y los que oyen las palabras de esta profecía, y guardan las cosas en ella escritas; porque el tiempo está cerca" (Ap. 1:3). ¡Bienaventurados! ¡Bienaventurados! *BIENAVENTURADOS* son los que no se limitan a hacer una lectura superficial del libro de Apocalipsis, ¡sino que lo leen, estudian y aplican continuamente para vivir conforme a su contenido!

¿En qué consiste esta bendición especial? ¡Es la bienaventuranza de ver a Jesús! ¡La visión de su gloria es lo que da esperanza!

¿Cómo es que el hecho de reflexionar en lo que Dios dice mediante la profecía puede darte esperanza cuando estás deprimido por la pequeñez de tu vida? Lo primero que hace es ayudarte a apartar la mirada de ti mismo.

¿Cuándo fue la última vez que leíste la profecía? A medida que lees este libro, te sugiero que abras también tu Biblia y leas el libro de Apocalipsis al mismo tiempo. Dedica tiempo para reflexionar en lo que Dios dice a través de la profecía, de tal modo que puedas enfocarte de nuevo en quién es Jesús en realidad. Empecemos este nuevo enfoque de la manera en que lo hizo Juan, por medio de la alabanza.

ENCUENTRA ESPERANZA CON UN NUEVO ENFOQUE EN LA PERSONA DE JESÚS... POR MEDIO DE LA ALABANZA

Dios se nos ha revelado a sí mismo por medio de Jesucristo, y Jesús se nos ha revelado por medio de la Biblia. Por lo tanto, uno de los tesoros más grandes que se pueden obtener a partir de la lectura de la Biblia es el de conocer a Dios al enfocarnos en los atributos de Jesucristo, los cuales a su vez se convierten en una fuente abundante para la alabanza que podemos darle.

Alábale por su divinidad

A medida que Juan "descubre" a Jesucristo, él dirige nuestra atención a su divinidad. Jesucristo es Dios, un miembro esencial de la Trinidad, Dios como tres personas en unidad. El concepto de la Trinidad va más allá de nuestra capacidad limitada de comprensión. Todas las ilustraciones con las que se trata de explicarla parecen superficiales; sin embargo, cuando pensamos por ejemplo en el agua, la cual retiene sus elementos básicos en las formas de líquido, vapor y hielo, nos resultan de ayuda para entenderla en parte. Dios conserva su poder, carácter, personalidad y atributos en la persona del Padre, del Hijo y del Espíritu Santo. Aunque la Trinidad no se nombra en la Biblia como tal, se implica su realidad una y otra vez.

En los primeros tres versículos de la Biblia, la Trinidad está implícita para el lector cuidadoso. Génesis 1:1 habla acerca de Dios el Creador; Génesis 1:2 habla de Dios el Espíritu; y Génesis 1:3 vinculado a Juan 1:1-3, habla de Dios el Hijo como la Palabra viva. En Génesis 1:26, Dios dice: "Hagamos [plural] al hombre a nuestra [plural] imagen, conforme a nuestra [plural] semejanza..." Luego el versículo 27 dice: "Y creó Dios al hombre a su imagen, a imagen de Dios lo creó [singular]; varón y hembra los creó [singular]". El cambio en pronombre alude al hecho de que Dios es más que Uno. Él es Tres en Uno.

Esta misma doctrina misteriosa, que Dios es Uno y al mismo tiempo Tres en Uno, se describe en Apocalipsis 1:4-5. El versículo 4 dice: "Gracia y paz a vosotros, del que es y que era y que ha de venir..." Juan está hablando acerca del Dios de Génesis 1:1 y Génesis 1:26-27, el Dios que nos amó tanto que nos trajo a la existencia para que pudiésemos tener una relación de amor permanente y personal con Él. La Biblia dice que, al venir a Él mediante la fe en Jesucristo, podemos llamarlo "¡*Abba*, Padre!"⁹

Apocalipsis 1:4 continúa: "...y de los siete espíritus que están delante de su trono..." Algunas traducciones de la Biblia dicen "del espíritu séptuple". La expresión habla acerca del Espíritu Santo, a quien se hace referencia con el número siete que denota perfección y plenitud. El Espíritu Santo es perfecto y completo en Él mismo porque Él es Dios. Es el mismo Espíritu de Dios que se movía sobre la faz de las aguas en Génesis 1, preparando el planeta tierra para recibir la Palabra de Dios y ser transformado en un lugar de belleza que agradara a Dios. Él es el mismo Espíritu que se movió en nuestros corazones, preparándolos para recibir la Palabra de Dios y para que pudiésemos ser transformados en personas en quienes Dios tenga complacencia. Él es el mismo Espíritu que habita plenamente en Jesús, quien mora en nosotros cuando recibimos a Jesucristo por la fe, y quien vive siempre ante el trono de Dios. Él es el Espíritu Santo que Pablo describió en Romanos 8:26-27 como el que "intercede por nosotros con gemidos indecibles". Puesto que el mismo Espíritu que habita en Jesús mora en nosotros y está por siempre ante el trono de Dios, todo lo que Él tiene que hacer es pensar y sentir, y sus oraciones son llevadas de inmediato al Padre. La Biblia dice que podemos llamarlo nuestro "Consolador".[10]

El tercer miembro de la Trinidad mencionado en Apocalipsis 1:5 es Dios el Hijo: "Y de Jesucristo el testigo fiel, el primogénito de los muertos, y el soberano de los reyes de la tierra".

Jesucristo es "el testigo fiel" porque Él dio testimonio verdadero de cómo es Dios, a pesar de que ese testimonio condujo a su muerte en una cruz romana. Él es el primogénito de todos los que un día se levantarán de los muertos. Él es el gobernador de los reyes de la tierra, bien sea que ellos reconozcan o no este hecho en la actualidad.

Jesús nos ama, porque cuando su Padre lo envió a la tierra para morir como el sacrificio perfecto por nuestro pecado, Él vino. Estuvo confinado durante nueve meses en el vientre de una mujer, luego se sometió al proceso del nacimiento humano. Se limitó al cuerpo de un bebé y luego se sujetó a los cambios de la adolescencia, para crecer en estatura y favor con Dios y con los hombres. A la edad de treinta y tres años murió por voluntad propia en la cruz, siendo obediente hasta la muerte. Fue sepultado en una tumba prestada y al tercer día se levantó de entre los muertos. Ascendió al cielo, donde está sentado a la diestra del Padre, allí vive para siempre e intercede por ti y por mí. Él le ha pedido al Padre que envíe a su Espíritu Santo a morar en los que le reciben por fe, ¡y un día Él regresará para regir al mundo en paz, rectitud y justicia! La Biblia dice que podemos llamarle Salvador, Señor y Rey.[11]

Para enfocarte de nuevo en la persona de Jesús, empieza alabándole por su divinidad. Luego alábale por su humanidad. Jesús no solamente es pleno Dios, Él también es pleno Hombre.

Alábale por su humanidad

Jesús es el Salvador que nos redimió. En su humanidad, Él ofrendó su vida para llevarse nuestro pecado, reconciliarnos con Dios y darnos vida eterna. Él "nos amó, y nos lavó de nuestros pecados con su sangre" (Ap. 1:5b).

Jesús también es el Señor que gobierna nuestra vida y le da propósito y significado eternos a medida que vivimos para servirle. Él "nos hizo reyes y sacerdotes para Dios, su Padre; a él sea gloria e imperio por los siglos de los siglos" (Ap. 1:6).

En su humanidad, Jesús es el Rey que un día volverá por nosotros. "He aquí viene con las nubes, y todo ojo le verá..." (Ap. 1:7).

Cierto día me vino a la memoria el hecho de la humanidad de Jesús, mientras esperaba en un aeropuerto entre dos vuelos, me sentí muy deprimida por la pequeñez de mi vida. Observaba a cientos de personas que corrían por el terminal sin ver a nadie que yo conociera; miré el informe de la televisión de noticias mundiales y nacionales y reconocí que ninguna de las personas mencionadas o presentadas ni siquiera sabía que yo existía; pensé en mis familiares que han logrado tantas cosas mientras que yo en comparación parecía estar haciendo muy poco... mis sentimientos me hacían sentir cada vez menos importante y más diminuta, la insignificancia y la inferioridad parecieron apoderarse de mí.

¿Alguna vez te has sentido así? ¿Acaso te sientes deprimido ahora mismo por la pequeñez de tu vida? No importa si tus sentimientos son razonables o infundados, los míos eran una mezcla de ambas cosas. Existe un antídoto para los sentimientos de pequeñez, de insignificancia. Justo esa semana había empezado a meditar en el libro de Apocalipsis. Tomé mi Biblia y la abrí donde había terminado esa mañana durante mi tiempo devocional, en Apocalipsis 1:3.

Mientras leía los versículos siguientes, me di cuenta de algo sorprendente. El hombre más importante de nuestra nación y quizás del mundo entero (¡excluyendo a familiares y amigos personales!), es el presidente. ¿Durante cuánto tiempo él conserva esa alta posición? ¿Cuatro años? ¿Ocho años? Dentro de cincuenta años, ¿quién recordará su nombre o sus logros, aparte de los libros de historia?

En comparación, Jesús es el Hombre más importante, no solamente en nuestra nación ni en el planeta tierra, ¡sino en el universo entero! Y Él no es importante apenas durante cuatro u ocho años, ¡sino por siempre y para siempre! Además, el Hombre más importante en el universo piensa que yo soy tan importante, ¡que Él dio su propia vida por mí! ¿Cómo puedo sentirme deprimida por la pequeñez de mi vida cuando el Hombre más importante en el universo murió por mí, tiene señorío sobre mí ahora, y volverá un día por mí? Ante los ojos del Señor Jesucristo, yo soy importante. Soy de gran valor. ¿Cómo puedo considerarme a mí misma como algo menos que eso?

El día en que Jesús regrese, todos tendrán la mirada fija en Él; pero ¿alguna vez has pensado en qué dirección estará mirando Él? ¡Él va a buscarte con la mirada! Él nos ha dicho: "...vendré otra vez, y os tomaré a mí mismo..."¹² Sus ojos estarán recorriendo las multitudes de cabezas levantadas, ¡buscando tu rostro! Otros se lamentarán porque su venida trae juicio para ellos, tú y yo que hemos sido redimidos por su sangre nos regocijaremos, ¡porque su regreso es el cumplimiento de todos nuestros sueños y esperanzas!

¡Alaba a Dios por la divinidad de Jesucristo! ¡Alaba a Dios por la humanidad de Jesucristo! ¡Y alaba a Dios por la eternidad de Jesucristo!

Alábale por su eternidad

"Yo soy el Alfa y la Omega..." (Ap. 1:8*a*). Este título describe la omnisciencia eterna de Jesucristo. El alfa es la primera letra y la omega es la última letra en el alfabeto griego. Por medio del alfabeto se expresan todas nuestras palabras, toda nuestra sabiduría y todo nuestro conocimiento. Jesús es el principio y el final del alfabeto, la suma de toda la sabiduría y el conocimiento.¹³

Esto significa que el Cristo eterno nunca ha tenido un pensamiento nuevo. Si Jesucristo tuviera un pensamiento nuevo, esto dejaría al descubierto que Él no había tenido conocimiento previo de algo, pero como Él es omnisciente, ¡Él conoce y siempre ha conocido todas las cosas!

¿Qué significado personal tiene para mí la omnisciencia de Cristo? Significa que siempre he estado en su mente. Piensa en esto: ¡el Hombre más importante en todo el universo *siempre* ha estado pensando en mí! ¡Maravilla de maravillas! ¡Nunca he estado fuera de sus pensamientos! Incluso mientras estuvo colgado en esa cruz, ¡estuvo pensando en mí por nombre propio! ¡Estaba muriendo en mi lugar! Además, cuando Él fue levantado de entre los muertos en aquel primer domingo de resurrección, ¡al ser levantado yo seguía estando en su mente!

Él no solamente tiene una omnisciencia eterna, Él es eternamente omnipresente. Él es "el Señor, el que es y que era y que ha de venir..." (Ap. 1:8*b*). Jesucristo siempre ha sido, siempre es, siempre será. Él es eternamente el mismo, ayer, hoy y para siempre. Aunque Él "se despojó a sí mismo, tomando forma de siervo, hecho semejante a los hombres",¹⁴ Él no fue sometido a algún tipo de cambio radical de personalidad cuando vino a la tierra. Él es el mismo hoy como lo fue en el momento de la creación, en el tiempo de Juan, y como será cuando reine sobre la tierra.¹⁵

¿Qué significado personal tiene para mí su omnipresencia eterna?

Significa que Él está presente en toda era, en toda generación, en cada cultura y cada nación. Además, si Adán y Eva le conocieron en sus paseos con Él por el huerto al aire del día,[16]
   si Enoc caminó con Él al punto de ser llevado directamente al cielo,[17]
   si Abraham le conoció como su amigo,[18]
   si David le conoció como su pastor,[19]
   si María Magdalena le conoció en su gracia liberadora,[20]
   si Pablo le conoció en su poder transformador,[21]
   ¿por qué no puedo conocerle? Si por toda la eternidad Él es el mismo y está presente en cada época y en cada generación, ¡entonces puedo conocerle! Si esto no es así, ¡el problema no es de Él, sino mío!

Hace veinte años, mientras me encontraba cumpliendo la rutina de estudiar la Biblia, decidí que si Abraham pudo conocer a Dios, yo también podría hacerlo. Desde entonces, mi vida ha sido un peregrinaje para llegar a conocer a Dios a través de la oración, el estudio disciplinado de su Palabra, y mediante la práctica de vivir en obediencia según lo que aprendo todos los días. Puesto que creo que la experiencia humana suprema es conocer a Dios en una relación personal de amor, estoy dispuesta a proseguir en esta carrera hasta que mi fe se convierta en algo que pueda percibir con mis ojos, ¡hasta que pueda verle cara a cara! Aunque no le conozco tan bien como le conoció Abraham, ni tanto como quisiera o debiera, hoy le conozco mucho mejor que hace veinte años, y le pido que llegue a conocerle el año próximo mejor de lo que le conozco hoy. Es muy emocionante que Dios, quien es eternamente el mismo, ¡sea susceptible de ser conocido por mí! ¡Y por ti también!

Su omnipresencia también trae consuelo, porque recibo la certidumbre de que Él está presente conmigo incluso ahora mismo, mientras escribo esto en el escritorio de mi casa. Él está presente con mis hijos, quienes viven en diferentes ciudades y estados. Él está presente con mi esposo cuando está en su trabajo. Él está presente con mis padres dondequiera que puedan estar. Él está presente con los pastores en Bosnia, con los creyentes en Ruanda, con los misioneros en Nueva Guinea, con los miembros de la iglesia en China cuando se reúnen en sus "templos" subterráneos. El hecho de encontrarse en todas partes al mismo tiempo no reduce ni diluye su persona o su poder en ninguna forma.

¡Alaba a Dios por la eternidad de Jesucristo! ¡Él es omnisciente, omnipresente y omnipotente! Él es "...el Todopoderoso" (Ap. 1:8c). Jesucristo todo lo puede y está en control y al mando de todas las cosas. ¡Nada ni nadie es más poderoso que Jesús! ¿Hay algún problema que estés enfrentando y que sea más grande que tú? ¡Alaba a Dios por la omnipotencia de Jesucristo! Él es el Todopoderoso, más fuerte y potente que cualquiera. Más grande, más poderoso que cualquier problema o situación que tú o yo lleguemos a enfrentar jamás. De hecho, una razón por la cual Dios permite que tengamos problemas y nos encontremos en situaciones que parecen ser más de lo que podemos soportar, es con el fin de que descubramos por experiencia propia "la supereminente grandeza de su poder para con nosotros los que creemos".²²

Si nuestra vida es fácil, si todo lo que llegásemos a hacer para Dios fuesen aquellas cosas que sabemos que podemos controlar, ¿cómo es posible que alguna vez lleguemos a experimentar su omnipotencia en nuestra vida?

Es cuando el agua nos llega hasta el cuello...
cuando llegamos a un callejón sin salida...
cuando quedamos al frente de un muro de concreto...
cuando tenemos frente a nosotros al Mar Rojo, el desierto a ambos lados y el ejército egipcio detrás...

¡Ese es el momento en que podemos descubrir su poder!
Haz que tu vida se enfoque en quién es Jesucristo en realidad. ¡Alábale por su deidad! ¡Alábale por su humanidad! ¡Alábale por su eternidad! ¡Tan solo alábale por quien Él es! ¡Él es maravilloso!
Dedica tiempo todos los días para alabar a Jesús por quien es Él. ¿Cómo? Reflexiona en lo que Él ha dicho por medio de la profecía. Lee la Biblia e identifica sus atributos para que puedas vivir tu vida glorificando la persona que Él es en realidad y también ora. ¿Cómo has de orar? Algunas veces si sentimos que somos muy espirituales, empezamos nuestra oración con gratitud a Dios por lo que Él ha hecho por nosotros. Luego comenzamos la extensa "lista de compras" con todas las cosas que queremos que Él haga.
A Dios le encanta que acudamos a Él y que le pidamos las cosas, pero me pregunto qué clase de relación tendría con mi esposo si pasara nada más que quince minutos al día con él, usando el primer minuto para darle gracias por lo que ha hecho por mí ¡y el resto del tiempo

pidiéndole que hiciera otras cosas por mí! Sinceramente dudo que tuviéramos una relación muy buena. Mi esposo quiere que yo le ame nada más y nada menos que por lo que él es. También Jesucristo, quien es mi Esposo celestial, quiere ser amado por quien Él es. No solamente por lo que Él ha hecho o pueda hacer, sino por todo lo que Él es en sí mismo. ¿Quieres dedicar tiempo cada día para alabar a Jesús por quien Él es? Lee la Biblia, extrae sus atributos para que puedas vivir tu vida en alabanza de la persona que Él es.

¿En qué manera te ayuda la alabanza a Cristo si estás deprimido ante la supuesta pequeñez de tu vida? Te hace apartar la mirada de ti mismo porque pone tu vida en la perspectiva correcta. Es imposible que sigas con depresión si mantienes tu enfoque en la persona de Jesucristo a través de la alabanza.

Años atrás en una aldea rural de Escocia, se solicitó al pastor de una pequeña iglesia que renunciara. La junta de gobierno de su congregación había evaluado el fruto de su ministerio y no pudo encontrar alguna cosa que pareciera significativa. No se habían realizado bautismos el año anterior, no se habían registrado conversiones, y apenas se pudo recordar una respuesta a un sermón.

Esa sola respuesta había tenido lugar un domingo cuando se recogía la ofrenda. Un niño había colocado el plato de la ofrenda en el suelo y luego se paró encima de él. Cuando le pidieron que explicara su acción, había contestado que como no tenía dinero para darle a Dios, él había querido darse a sí mismo. El niño había sido amonestado por perturbar el orden del culto y el incidente seguía fresco en la memoria de la congregación.

Sin embargo, el niño no olvidó que le había ofrendado su vida a Dios. Mientras que la iglesia había considerado su acción como una perturbación y su actitud como algo insignificante, Dios las había aceptado y honrado como algo muy importante.

El pequeño que se había colocado en el plato de la ofrenda para dar su vida a Dios porque no tenía algo más que ofrecer, creció y vivió conforme a su compromiso de temprana edad. Él se convirtió en un gran misionero y hombre de estado que fue usado por Dios para cambiar el curso de vidas de individuos, tribus y naciones en el sur de África. Su nombre fue Bobby Moffat. Fue un hombre que venció la pequeñez de su vida al entregarse del todo a Dios y mantenerse enfocado en la persona de Cristo.

Si tienes depresión por la pequeñez de tu vida, ¡puedes hallar hoy esperanza a través de la visión de su gloria! Reflexiona en lo que Dios ha dicho por medio de la profecía, ¡enfoca tu vida en la persona de Jesús por medio de la alabanza!

Porque yo sé los pensamientos que tengo acerca de vosotros, dice Jehová, pensamientos de paz, y no de mal, para daros el fin que esperáis.

Jeremías 29:11

2
Esperanza cuando estás deprimido por la enormidad de tus problemas

Apocalipsis 1:9-20

La carrera de la ciudad de Nueva York está considera como de máximo nivel a la que asisten corredores del mundo entero para competir. Aunque el ganador de la competición se hace acreedor de un gran prestigio internacional, también se confiere un gran respeto a todos los que simplemente califican para participar y que de hecho terminan la carrera. El recorrido cubre una distancia de cuarenta y dos kilómetros y el tiempo récord quedó fijado en dos horas diecisiete minutos.

En 1986, Bob Weiland entró a la carrera de la ciudad de Nueva York al lado de otros cincuenta mil corredores. Él y 19.800 de los demás corredores llegaron al final, pero en tanto que el corredor promedio la terminó aproximadamente en cuatro *horas*, Bob Weiland la terminó en cuatro *días*, diecisiete horas y siete minutos. ¿Por qué? ¿Qué le llevó a tardarse tanto en completar el recorrido? ¡La razón es que Bob Weiland no tiene piernas! ¡El corrió la carrera sentado sobre el suelo y avanzando poco a poco apoyado sobre sus brazos!

¿Acaso un corredor sin piernas podría verse enfrentado a un problema más grande que una maratón de veintiséis millas? No solamente estar en posición de afrontar ese reto, sino además el hecho de participar en la carrera y terminarla como tal. En lugar de sumirse en la depresión, Bob Weiland venció la enormidad de sus problemas cuando fijó su mirada, no en el paso inmediato y doloroso que debía dar a continuación, sino en el cuadro general que abarcaba el comienzo y el final de la carrera. Él se mantuvo enfocado en su meta.

¿Qué problema estás enfrentando y parece más grande de lo que puedes soportar? ¿Qué situación en tu vida parece imposible?

Amy Carmichael, la gran misionera a la India, escribió lo siguiente: "Cuando estamos enfrentando lo imposible, ¡podemos contar con el Dios de lo imposible!"

El apóstol Juan recibió una visión fresca del Dios de lo imposible en un momento cuando no solo la iglesia primitiva sino él mismo, enfrentaban problemas de una dimensión abrumadora. Cuando Juan recibió esta visión que registró en el libro de Apocalipsis, el emperador Domiciano ocupaba el trono de Roma. La historia secular presenta a Domiciano como el más cruel de todos los emperadores romanos. Él se declaró a sí mismo como un dios y sentenció a muerte a todos los que rehusaran adorarle.

Los primeros cristianos por cierto se negaron a adorar a Domiciano; por lo tanto, fueron sentenciados a morir por millares. Algunos fueron arrojados a los leones hambrientos en el fastuoso coliseo; muchos fueron quemados en la hoguera. Otros fueron envueltos en pieles de animales salvajes y entregados para alimentar a los perros o ser untados con alquitrán para arder como antorchas en el jardín del emperador. Otros fueron crucificados, incluso madres con sus bebés alrededor de sus cuellos.

Los cristianos primitivos, incluyendo a Juan, ¡tuvieron que enfrentar grandes problemas! Pero en lugar de enfocarse en cada paso doloroso de su andar de fe, en medio de una angustia y sufrimiento de tales proporciones, Juan permitió que la visión gloriosa le mantuviera enfocado en la meta de Jesucristo. Al hacer a otros partícipes de la visión gloriosa, Juan se encargó de infundir ánimo a quienes se encontraban corriendo la carrera de la fe, para que mantuviesen su enfoque en Cristo a medida que resistían con esperanza y paciencia.

ENCUENTRA ESPERANZA... POR MEDIO DE LA PACIENCIA DE CRISTO

Juan fue paciente en el sufrimiento. Según las primeras tradiciones él tenía unos noventa años cuando escribió el libro de la revelación de

Jesucristo, y con estas palabras se describe a sí mismo en medio de sus circunstancias: "Yo, Juan, vuestro hermano, y copartícipe vuestro en la tribulación, en el reino y en la paciencia de Jesucristo, estaba en la isla llamada Patmos, por causa de la palabra de Dios y el testimonio de Jesucristo" (Ap. 1:9).

Paciencia durante el sufrimiento

Mis padres no han celebrado todavía sus noventa años de edad, pero a medida que han envejecido, yo me he vuelto más consciente de los efectos físicos que tiene el proceso de envejecimiento sobre el cuerpo humano. Mientras mi madre conserva una gran agudeza mental, tiene dificultad para dormir, sostenerse de pie, y algunas veces tiene dificultad para hablar. El corazón de mi padre late por el servicio a Dios con mayor fuerza cada año que pasa, pero ya es notable que su cuerpo es cada vez más débil. Él tiene dificultad para levantarse de una silla, para escuchar y para caminar. El problema principal de los dos radica en la edad y en las limitaciones físicas que trae consigo. Ambos sufren, no solamente de dolor físico, sino por la frustración de tener grandes capacidades, ideas y recursos, y al mismo tiempo ser incapaces de lograr todo lo que les gustaría a causa del deterioro de su condición física.

Aunque nadie lo sabe con certeza, supongo que el apóstol Juan a la edad de noventa años estaba sufriendo de una manera similar. Creo que él conocía el dolor de la artritis, el agotamiento del insomnio, la frustración del ensordecimiento, la falta de claridad en la visión y la debilidad en las extremidades que acompañan al envejecimiento físico.

¿De qué manera te encuentras sufriendo físicamente? ¿Estás sufriendo debido a las limitaciones físicas de la edad anciana? ¿O quizás sufres a causa de algún problema de salud no relacionado en absoluto con la edad? Uno de los problemas que Juan enfrentó tuvo que ver con su propio bienestar físico.

La tradición antigua también señala que mientras Juan estuvo exiliado en Patmos, tenía asignadas ciertas labores manuales. Aunque nadie sabe qué clase de trabajo haya sido, ¡cualquier labor manual para un anciano de noventa años habría sido una carga excesiva! Sin duda alguna, él no recibió pago o incentivo alguno por ese trabajo, y experimentó sufrimiento a causa del trajín.

¿Estás pasando por lo mismo? ¿Estás trabajando en un lugar donde no quieres estar? ¿Trabajas duro y recibes un pago insuficiente? ¿Careces de un aliciente para continuar?

Tal vez tu trabajo consiste en enseñar en una escuela y has pasado gran parte de tu vida y energías preparando lecciones y ayudando a tus estudiantes. No obstante, es posible que ni siquiera un solo alumno te haya agradecido jamás, y que los padres no se involucren para nada o lo hagan solamente cuando tienen una queja. Puede ser que los directores mantengan todos tus movimientos bajo un minucioso escrutinio, y que además de todo el pago sea totalmente inadecuado para cubrir tus necesidades. Quizás no quieres trabajar, pero estás en la obligación de hacerlo para sostener a tu familia.

Puede ser que estés en un negocio y trabajes duro para cerrar un contrato, pero cuando por fin está firmado, el mérito y la comisión van a parar a manos de otra persona.

O tal vez trabajas en un puerto de carga, donde los obreros se caracterizan porque de cada dos palabras que dicen una es obscena o irreverente, además de todo se burlan de ti porque no participas en "la conversación".

Quizás te dedicas fielmente a ocupar tu posición en la línea de ensamblaje de una fábrica y a pesar de ello ganas menos que los que hacen trampa con sus horarios de trabajo.

De una manera semejante a Juan, ¿estás sufriendo en tu trabajo?

Juan también sufrió a causa de su testimonio por Jesucristo. Los problemas empezaron poco tiempo después del Pentecostés, cuando él y Pedro, mediante el poder que hay en el nombre de Jesucristo, sanaron a un hombre inválido de nacimiento. Juan fue arrestado por las autoridades y le advirtieron que no le hablara a ninguna persona en el nombre de Jesús. Él respondió: "No podemos dejar de decir lo que hemos visto y oído".[1]

Aunque lo soltaron en esa ocasión, poco después él, al lado de los demás apóstoles, fue arrestado por las autoridades religiosas a causa de los cientos de vidas que estaban siendo transformadas mediante el poder de Jesucristo. Esta vez fue azotado y cuando le soltaron otra vez la dieron la orden de no hablar en el nombre de Cristo. La Biblia relata que él y los otros apóstoles respondieron con gozo, ¡porque habían sido tenido por dignos de sufrir adversidad por el nombre de Jesús![2]

Cuando Juan registró la visión gloriosa, se estaba considerando a sí mismo un "copartícipe vuestro en la tribulación, en el reino y en la paciencia de Jesucristo". Recordemos que Juan fue el apóstol grande y anciano que había visto a Jesús con sus propios ojos, escuchado a Jesús con sus propios oídos, cuyas manos de hecho habían tocado al Salvador resucitado.

Es posible que alguien le hubiese invitado a hablar en su "club cívico" acerca de sus extensos viajes, pero advirtiéndole que no pronunciara el nombre de Jesús ya que esto podría tacharse de exclusivista cuando estuvieran presentes personas de religiones diferentes. No obstante, él no vaciló en ningún momento. Él procedió a mostrar a sus oyentes que existe un solo camino, una sola verdad y una sola vida, y que tiene nombre propio: Jesús.[3]

Puede ser que alguien invitara al afable e insigne anciano conocido como "el apóstol del amor" a ofrecer la invocación en la apertura de las sesiones legislativas, pero sin que orara en el nombre de Jesús porque sería considerado como algo ofensivo. Sin embargo, lo que él hizo fue ofrecer su oración en el nombre de Jesús porque sabía que era una condición previa para recibir respuestas de Dios el Padre.[4]

Es posible que le hayan solicitado hablar en la capilla de la universidad local, pero con las instrucciones de dar un discurso inspirador, no un mensaje espiritual, porque de lo contrario los profesores de la facultad no estarían dispuestos a invitarlo en otra ocasión. Lo que él hizo fue proceder de inmediato a decirles que Jesús es la "luz verdadera, que alumbra a todo hombre",[5] y que "el que dice que está en la luz, y aborrece a su hermano, está todavía en tinieblas".[6]

Me pregunto si en repetidas ocasiones se le advirtió que no fuera tan temerario e inflexible, que no fuera tan estricto, exclusivista e intolerante frente a las opiniones de otros, porque se arriesgaba a perder su ascenso y su "empleo", a perder sus amigos, su reputación, el apoyo de los líderes influyentes de la comunidad. No obstante, él continuó impartiendo la Palabra de Dios con claridad y denuedo, sin dar el brazo a torcer. Esto le costó mucho. Le costó su "trabajo" o su posición en el ministerio, sus amistades, oportunidades de servicio y el apoyo de los líderes en la comunidad.

¿Cuándo has sufrido tú por causa de la Palabra de Dios y del testimonio de Jesús? Prácticamente me he encontrado en todas las situaciones que describí para Juan. Me han dicho que ore pero no en el nombre de Jesús y sin embargo lo he dicho. Me han pedido que de un discurso inspirador sin tintes religiosos y he dado el evangelio. He sido acusada de exclusivista, intolerante, carente de amor y promotora de división "por causa de la palabra de Dios y el testimonio de Jesucristo". He sido retirada de una iglesia al lado de los integrantes de la clase bíblica que estaba enseñando, debido a que enseñé todo el consejo de las Escrituras como la verdad que es. He sufrido en mi trabajo pero nunca tan gravemente como Juan sufrió. ¡Nunca he estado exiliada en la isla de Patmos!

A pesar de esto, ha habido muchas más ocasiones en las que mi testimonio no ha sido denodado y mi palabra no ha sido clara y rotunda, debido a que tuve temor. Es seguro que Juan también conoció el temor. Sin duda alguna temía el dolor de la tortura, el terror del foso de los leones, la agonía de la cruz. Sin embargo, el hecho es que esos temores no lograron detenerle ni disuadirle de proclamar el evangelio.

¿A qué le tengo temor? ¿A un ceño fruncido y arrogante? ¿Tengo temor de no ser incluida en los acontecimientos sociales de la temporada? ¿Miedo de las críticas y los chismes que se hacen a mis espaldas? Cuánta vergüenza siento de mis temores cuando pienso que los primeros cristianos enfrentaron leones, cruces y aceite hirviente, y que Juan padeció el exilio en Patmos.

Un pastor a quien conozco fue invitado a dar el discurso central en cierta institución. La invitación fue hecha por un grupo de cristianos que aclararon expresamente el tema: presentar el evangelio. Varios días antes de su discurso programado, el pastor declaró públicamente que quería abstenerse de ofender a alguno de los oyentes y que no iba a mencionar el nombre de Jesús en su discurso porque quería que todos se sintieran bienvenidos e incluidos. Cuando llamé para retar su postura, él me dijo que tenía la esperanza de que el auditorio de estudiantes y profesores disfrutaran tanto su mensaje que no solamente iban a querer invitarlo de nuevo, sino que también estarían dispuestos a venir a su iglesia. Luego añadió la frase que lo delató: "Mi política es apostar a la fija".

El temor que tenía de perder su popularidad personal así como algunos miembros potenciales de su iglesia, le llevaron a negar el mismísimo evangelio que supuestamente defendía.

¿De qué tienes temor? Si no has sufrido "a causa de la palabra de Dios y el testimonio de Jesucristo", ¿acaso es porque tus temores te han mantenido en silencio? ¿Tus temores han sido el almud bajo el cual has escondido tu luz?[7] ¡Deja que brille tu luz! Juan lo hizo. ¡Piensa en la visión de su gloria que Juan se habría perdido si hubiera jugado "a la fija"!

En lugar de eso, Juan se dispuso a soportar con paciencia, no solamente su sufrimiento sino también su soledad.

Paciencia en la soledad

Juan estuvo exiliado en Patmos, una isla de diez kilómetros de ancho y dieciséis kilómetros de largo. Básicamente era una roca desierta e inmensa en medio del mar Egeo, ¡y a Juan lo habían dejado allí indefinidamente!

Juan, quien había sido un testigo ocular de la crucifixión, la resurrección y la ascensión de Jesús.

Juan, quien había estado presente en el Pentecostés.

Juan, quien había contribuido a establecer la iglesia primitiva, había sido un evangelista para el mundo entero, había pastoreado iglesias y disciplinado a creyentes.

¡Juan estaba exiliado en Patmos! Incomunicado por completo y separado de sus amigos, totalmente aislado de su ministerio, imposibilitado para aprovechar oportunidades de servir, impedido de viajar y disgregado de quienes pudieran orar con él, animarle o tan siquiera acompañarle en su condición de sufrimiento y soledad.

¿Cuál es tu Patmos? ¿Es un lecho de hospital? ¿Es un lugar de trabajo donde eres el único cristiano? ¿Es una casa con niños pequeños? ¿Es un hogar de ancianos? ¿Es una nueva ciudad o un nuevo trabajo? Ser despedido de un empleo o pasar por un divorcio o la muerte de un cónyuge puede colocar a un creyente en su Patmos personal. ¿De qué manera has sido aislado, exiliado y confinado a la soledad? Existen toda clase de Patmos diferentes, ¿no es así? Se requiere de mucha paciencia para vivir en el destierro de Patmos.

Hace algún tiempo, mi esposo y yo recibimos una llamada de un amigo a quien llamaré Dave, quien preguntó si él y su esposa podían hablar con nosotros. Sabíamos que Dave había sido despedido de su empleo varios meses atrás. Cuando nos reunimos con él y su esposa, Dave nos contó que estaba luchando bastante con la manera como era tratado por otros cristianos. Dijo que ningún cristiano había llamado para preguntar cómo le estaba yendo. Ni un solo miembro de su iglesia se había ofrecido para orar por él. Ningún cristiano había preguntado de qué manera podía ayudarlo. Dave dijo que finalmente tuvo que acercarse a uno de los diáconos de su iglesia y pedirle que se reuniera con él para orar. El diácono estuvo de acuerdo y entre los dos fijaron la hora de su encuentro. Cuando llegó el momento, ¡el diácono faltó a la cita porque se le olvidó!

Mi esposo y yo miramos a nuestro amigo y dijimos: "Dave, tú estás ahora en Patmos. Estás en el exilio. Has sido separado de amigos, despojado de un trabajo y de todo el apoyo que necesitas. Es posible que esto se deba a que Dios quiere revelarse ante ti de una manera nueva y reconfortante".

Sin embargo, el enfoque de Dave estaba tan fijo en lo que él quería recibir, en lo que esperaba y sentía que merecía, que él luchó contra el hecho de que la voluntad de Dios para su vida pudiera incluir que él fuera despedido de su trabajo sin contar con el apoyo y la cercanía de otros creyentes. Él se negó a soportar con paciencia la soledad de Patmos. Por esa razón, no pudo ver el cuadro total de su realidad, no recibió una visión fresca de Cristo y llegó a perder la esperanza.

Paciencia por medio del sometimiento

El sometimiento a la voluntad de Dios es esencial, no solamente para recibir la bendición de Dios, sino para recibir una mayor revelación de Dios. El apóstol Juan tuvo una actitud sumisa frente a la voluntad de Dios, aun cuando incluyó el destierro y la soledad en Patmos.

Juan fue sumiso ante su Señor en la manera como pasaba su tiempo, lo cual está implícito en su frase: "Yo estaba en el Espíritu en el día del Señor..." (Ap. 1:10*a*). ¡Qué tal eso! ¿Quién podía saber en Patmos qué día era? Dudo que los demás prisioneros supieran o si quiera se interesaran en saber si era domingo, lunes, martes o cualquier otro día de la semana. Puede ser que marcaran las paredes de sus celdas con rayas y que luego tacharan las rayas para contar las semanas y llevar una cuenta del tiempo que estaban pasando en exilio; pero dudo mucho que alguien estuviera al tanto de cuándo era el día del Señor. ¡En cambio Juan lo sabía, y ese día lo pasaba con el Señor!

Algunas veces cuando estamos sufriendo en soledad, rehusamos someter nuestro tiempo al Señor. En lugar de seguir participando en la comunión con otros cristianos o involucrados en actividades cristianas, tenemos la tendencia a retraernos. Nos deprimimos tanto con la enormidad de nuestros problemas, que nos aislamos de las personas y las actividades que precisamente pueden ayudarnos a pasar los tiempos difíciles. Por ejemplo, nuestro amigo Dave dejó de ir a la iglesia. ¿Acaso *tú* has dejado de congregarte en la iglesia? ¿O has dejado de asistir al estudio bíblico del cual eras miembro? ¿Te has desvinculado de tus amistades cristianas? ¿Has caído en una depresión tal que ya no estás pasando tiempo en oración?

En el día del Señor, Juan pasó tiempo con el Señor. Él fue sumiso en el manejo de su tiempo y también en su espíritu. Juan escribió: "Yo estaba en el Espíritu en el día del Señor".

Juan se encontraba con una disposición dulce en su espíritu. Si estás sufriendo en soledad, ¿cómo se puede definir la condición de tu espíritu? Cuando estás apartado de tus amigos y del compañerismo cristiano, cuando estás privado de tus esperanzas y sueños y planes para el futuro, ¿sientes lástima de ti mismo? ¿Acaso te preguntas: "¿Por qué yo?"; o te quejas: "¿Por qué a nadie le parece importar lo que me pasa?"; o: ¿Estás ofendido con Dios porque Él permitió que esto sucediera aunque tú le has servido fielmente? El espíritu de nuestro amigo Dave estaba lleno de autoconmiseración, resentimiento hacia otros y agravio con Dios. ¿Así es como te sientes tú también?

¿Puedes imaginar lo que Juan (y nosotros) se habría perdido si hubiera mantenido una actitud analítica frente a su situación, sintiendo lástima por sí mismo y albergando resentimiento, amargura y sentimientos de ultraje? En lugar de eso, su espíritu fue dulce y su enfoque se mantuvo fijo en Cristo.

Jesús dijo que si tú deseas adorar a Dios verdaderamente y de una manera que Él esté dispuesto a aceptar, *debes* adorarle en espíritu.[8] Esto no significa solamente que tú y yo debemos ser morados por el Espíritu Santo, ni solamente que tengamos un espíritu sincero y anhelante, sino también que debemos tener dulzura de espíritu, un espíritu recto y adecuado para con Dios, si es que vamos a experimentar y ejercer adoración auténtica al Dios viviente.

Juan estuvo en capacidad de experimentar una adoración genuina porque él se sometió al Señor en cuanto a su tiempo, su espíritu, y también en su voluntad. Este sometimiento de su voluntad puede verse en el hecho de que él todavía estaba prestando atención a la voz de Dios. En medio de su sufrimiento y soledad, seguía estando abierto a la instrucción y la dirección divina, así como a los pensamientos nuevos que llegaran a su mente. Él dijo que escuchó la voz de Dios con gran intensidad: "... y oí detrás de mí una gran voz como de trompeta" (Ap. 1:10). ¿Será que la voz de Dios se escuchó fuerte debido a que Juan había pasado tiempo en quietud para entrar a la presencia de Dios?

Para ti y para mí, Dios habla no a través de sueños y visiones, sino por medio de su Palabra. ¿Cuándo dedicas tiempo para acercarte en silencio a la presencia de Dios, abrir tu Biblia y leer con la expectación de escuchar su voz hablándote?

El año pasado conducía desde la costa del golfo de México en la Florida hacia la costa atlántica. Mi ruta atravesaba lo que se conoce como "el pasaje de los lagartos", una pista de asfalto sin curvas que cruza los extensos manglares. Una y otra vez, para romper la monotonía, traté de sintonizar una buena estación de radio, pero apenas había unas dos o tres emisoras disponibles. Como no pude encontrar otras señales, esas contadas emisoras que logré sintonizar parecían escucharse alto y claro. Por la sencilla razón de que no había nada más disponible, terminé escuchando programas a los cuales nunca había prestado atención. Luego, cuando se acercaba el final de mi viaje y me estaba aproximando a la ciudad de Fort Lauderdale, el radio se empezó a llenar de tal cantidad de señales diferentes que empezó a emitir estática. Escuché un sinnúmero de idiomas, acentos y estilos de música así como toda clase de programas locales y de noticias. Cuando encontraba un programa que quería escuchar, en el transcurso de unos cuantos kilómetros quedaba ahogado por otras voces que entraban a repartirse la misma frecuencia.

Nuestra vida puede ser como el receptor de frecuencias de un radio. Podemos quedar tan atiborrados con señales que vienen de todas las direcciones, que cuando sintonizamos la voz de Dios, esta se ahoga por las otras voces que quieren robarse nuestra atención. Si queremos escucharla a un nivel alto y claro, debemos tener tiempos de quietud como una parte integral de nuestra vida diaria. Me pregunto si esa es una razón por la que Él en ciertas ocasiones nos coloca en el exilio de Patmos.

Fue cuando Juan estuvo exiliado en Patmos que Dios le habló y Juan *escuchó*. Al sufrir en soledad, ¿de quién es la voz a la que prestas atención? ¿Acaso se trata de un consejero profesional, un terapeuta, la opinión pública, la investigación médica, la psicología popular o las estadísticas acerca de la conducta humana? ¿Escuchas acaso las voces que salen de tu interior? ¿Tus propios pensamientos, opiniones, quejas, emociones, deseos y prejuicios? ¿El bombardeo de las demás voces te ha impedido realizar la lectura de tu Biblia y tu oración de todos los días? En ciertas ocasiones creo que Dios está guardando silencio aunque en realidad Él está hablando; el problema es que no estoy prestándole la suficiente atención.

El sometimiento de la voluntad de Juan puede observarse en el hecho de que él no se limitó solamente a escuchar la voz de Dios, sino que abrió sus ojos ante el rostro de Dios: "Y me volví para ver la voz que hablaba conmigo…" (Ap. 1:12*a*).

A fin de "ver la voz", Juan tuvo que estar dispuesto a dar la vuelta. Para un hombre de noventa años voltearse suele ser algo muy difícil, tanto en sentido literal como figurado. Juan había conocido a Jesús y le había servido durante la mayor parte de su vida. En el transcurso de sesenta o más años, había sido un predicador, un evangelista, un pastor, un discipulador de hombres, un fundador de iglesias. Estaba acostumbrado a servir al Señor de una forma peculiar y ahora tenía que estar dispuesto a dar la vuelta, a cambiar de dirección, a hacer un cambio de velocidad, a ver, pensar y servir de una manera nueva.

¿Estás tú dispuesto a dar la vuelta? Muchos cristianos no lo están, especialmente los que tienen mayor edad o que son más viejos en lo referente a la madurez espiritual. No es necesario tener noventa años de edad para anquilosarse en hábitos y costumbres determinadas, y para perder la flexibilidad, la maleabilidad y la suavidad ante el toque del Señor en la vida de uno. ¿Qué tan abierto estás frente al hecho de ver algo nuevo, de hacer algo nuevo, de pensar en alguna cosa nueva?

Si Juan no hubiese estado dispuesto a voltearse, se habría perdido la obra que Dios tenía preparada para que él realizase al final de su vida. Dios estaba cambiando la velocidad en el ministerio de Juan. En tanto que el ministerio anterior de Juan había sido el de un evangelista y exhortador, ahora Dios estaba llamando a Juan a un ministerio de adoración y escritura.

¿De qué te estás perdiendo debido a que no estás dispuesto a dar la vuelta?

Durante cincuenta o más años, mi padre ha dirigido cruzadas evangelísticas en todo el mundo. Sus reuniones han tenido casi siempre el mismo formato, que incluye coros de muchas voces, testimonios de conversión por parte de diversos individuos, música especial y la predicación del evangelio. Sin embargo, en 1994 varios hombres jóvenes que estaban involucrados en el montaje de las reuniones le pidieron a mi padre que considerara un formato más orientado hacia la juventud, que incluyera grupos musicales contemporáneos con el objetivo de atraer a la gente joven. En contra de los consejos enérgicos por parte de algunos de sus asesores de mucho tiempo atrás, mi padre accedió. El 11 de junio en Cleveland, Ohio, se realizó una cruzada que incluyó a varios grupos cristianos de "rock" y "rap". Asistieron unas sesenta y cinco mil personas jóvenes, todas por debajo de los dieciocho años de edad, estableciendo un nuevo récord de asistencia a cruzadas en estadios. La música estuvo acompañada por un espectáculo de luces y toda clase de coreografías y técnicas modernas. El auditorio demostró su entusiasmo con mucho vigor, colocándose de pie para cantar, gritar, levantar las manos y danzar al ritmo de la música. Luego mi padre se colocó de pie para predicar el evangelio. Fue presentado por el director del grupo musical como un héroe de la fe. El estadio entero se silenció y en actitud reverente miles de jóvenes escucharon por primera vez el evangelio de Jesucristo de una manera relevante para cada una de sus vidas. Cuando se dio la invitación, ¡seis mil jóvenes corrieron al frente para recibir a Cristo como Salvador! Me dije a mí misma: "Alabado sea Dios por un evangelista de setenta y cinco años que al igual que Juan, estuvo dispuesto a 'volverse para ver la voz'".[9]

Juan se volteó para ver la voz porque sabía que detrás de la voz, o la Palabra de Dios, estaba la persona viva de Dios. Su deseo no era solo escuchar la Palabra sino ver y conocer a la persona detrás de la Palabra.

Al leer tu Biblia, ¿lo haces para estar familiarizado con los hechos? ¿La lees para crecer en tu conocimiento de la verdad? ¿Lees para vivir por ella y obedecerla, para que puedas ser bendecido? A pesar de todas estas buenas intenciones, ¿es posible que te estés conformando con lograr algo menos que el propósito supremo de la Palabra, que es revelar a Dios a fin de que puedas conocerlo personalmente?

Algunas veces, cuando nos enfrentamos con problemas grandes, nuestra tendencia es a enfocarnos en las *manos* de Dios, en lo que Él no ha hecho por nosotros y lo que queremos que Él haga por nosotros, en lugar de enfocarnos en el *rostro* de Dios, en lo que Él es y nada más. Nuestra depresión puede hacerse más profunda por medio de esta clase de obsesión con nosotros mismos. Con frecuencia estamos en medio de grandes problemas, nos perdemos la oportunidad de recibir la bendición real que Dios tiene para nosotros, la cual es una visión fresca de quién es Él. Si dejamos de enfocarnos en nuestros problemas y en nosotros mismos y más bien nos centramos en nuestro Dios todopoderoso y omnipresente, nuestros problemas se hacen cada vez más opacos ante la luz de su gloria y gracia, como promete el antiguo himno.

La perseverancia paciente nos ayuda a sobreponernos a la depresión ocasionada por la enormidad de nuestros problemas, porque nos da la oportunidad de crecer en nuestro conocimiento y relación personal con Aquel quien es nuestra única esperanza.

¿Te has vuelto tan impaciente, deseoso de que tus problemas se resuelvan cuanto antes, al punto en que te estás perdiendo la visión de su gloria? Es hora de parar el sentimiento de lástima, dejar de quejarse, detener el análisis destructivo y egocéntrico de nuestra situación, así como la lucha impaciente con la voluntad de Dios. ¡Quita la mirada de ti mismo, de tus problemas y de tus circunstancias, y fija tus ojos en el rostro de Cristo!

ENCUENTRA ESPERANZA... MEDIANTE EL AFIANZAMIENTO EN CRISTO

Juan se negó a estar obsesionado con sus problemas. ¿Cómo podemos saber eso? Gracias a que en todo el libro de Apocalipsis, el apóstol mencionó sus problemas tan solo en una ocasión: aquí en el versículo noveno del primer capítulo. Es como si él se hubiera concentrado tanto en Cristo, que no le quedó tiempo para pensar en su sufrimiento y soledad. Si él había estado deprimido por sus problemas, es evidente que los olvidó por completo ante la luz de la visión de la gloria divina y optó por fijarse totalmente en Cristo.

Jesús es el Hijo del Hombre

Juan describió: "Me volví para ver la voz que hablaba conmigo; y vuelto, vi siete candeleros de oro... el misterio de... los siete candeleros de oro:... los siete candeleros que has visto, son las siete iglesias" (Ap. 1:12, 20). En el tiempo de Juan, las iglesias estaban experimentando grandes problemas de persecución y opresión. De modo que cuando Juan se dio la vuelta, vio iglesias, conformadas por creyentes individuales, que estaban experimentando grandes problemas, y también "en medio de los siete candeleros, a uno semejante al Hijo del Hombre" (Ap. 1:13).

Juan vio a Jesús como el Hijo del Hombre, y esto nos recuerda que Jesús es Dios, que Dios mismo en su humanidad experimentó enormes problemas de dolor, persecución y opresión. ¡Ahora Juan estaba viendo a Jesús en medio de los que también enfrentaban problemas enormes!

¿Sabías tú que Jesús está muy cerca de quienes sufren? Cuando tú experimentas problemas, Él también está contigo, muy cerca de ti.

Malaquías describió al Señor como un refinador del oro.[10] Para refinar el oro, el mineral en bruto se coloca en un crisol de fundición que arde a altas temperaturas. El refinador vigila con mucha atención el crisol y eleva la temperatura hasta que todo el material se derrite por completo. Una vez que el calor está en su punto máximo, el refinador se acerca más para estar pendiente y extenderse para quitar la escoria que sube desde el fondo, hasta que pueda ver su propio rostro reflejado en la superficie del oro derretido.

¿El "calor" ya llegó a su punto máximo en el crisol de tu vida? Por favor, ¡da la vuelta y levanta la mirada! El Refinador se está inclinando y está cerca de ti, dispuesto a sacar de allí toda la escoria hasta que pueda ver su propio reflejo en tu vida. Cuando sufres, ¿acaso crees que Dios te está ignorando? ¿Que a Él no le importa? ¿Que Él no tiene la voluntad o el poder de hacer algo por ti?

¿Se ha intensificado tu sufrimiento por sentimientos de soledad y separación, porque crees que lo que sientes se debe a una falta de comprensión por parte de Dios? ¡Da la vuelta y levanta la mirada!

Jesús es el Sumo sacerdote

Cuando Juan, estando en medio de su sufrimiento y soledad, se dio la vuelta y levantó la mirada, vio a Jesús "vestido de una ropa que llegaba hasta los pies" (Ap. 1:13*b*). Esto corresponde a una descripción del sumo sacerdote en el Antiguo Testamento.[11] La carta a los Hebreos nos cuenta que Jesús no solamente es nuestro sumo sacerdote, sino que "no tenemos un sumo sacerdote que no pueda compadecerse de nuestras debilidades, sino uno que fue tentado en todo según nuestra semejanza, pero sin pecado."[12]

Jesús entiende lo que *se siente* cuando se sufre a causa de problemas enormes. Siendo hombre sufrió física, mental, material, emocional y espiritualmente. Además de todo sufrió a un extremo que jamás experimentaremos en nuestra vida. Él entiende con una comprensión plena y personal todo aquello por lo que estás pasando, y como tu sumo sacerdote, Él sigue 'viviendo siempre para interceder' por ti ante el trono de Dios".[13] Jesús está orando por ti con sentimiento y comprensión específicos y personales.

Jesús es el Rey de reyes

Juan dijo que Jesús estaba "ceñido por el pecho con un cinto de oro" (Ap. 1:13*c*). Esto podría ser parte de la descripción del manto usado por el sumo sacerdote, pero también se aplica a la descripción de un rey.

En muchas ocasiones especiales, el mundo ha contemplado la manera como la familia real de la Gran Bretaña ha salido del fastuoso balcón del palacio de Buckingham en Londres, para saludar desde arriba a las muchedumbres que se reúnen en la calle al frente. Cuando la reina se encuentra en su atuendo formal, porta un vestido larga con una tiara llena de diamantes en su cabeza y un cinto dorado que rodea sus hombros y pecho y queda ceñido a su cintura. Antes de ella, su padre como rey habría usado el uniforme formal y también habría llevado el cinto dorado atravesando su pecho. El cinto simboliza la posición de dignidad y autoridad del monarca.

Juan vio a Jesús, no solamente como hombre y sacerdote, sino como rey, en pleno ejercicio de su autoridad sobre todas las cosas que ocurren, tanto en todos los rincones del universo como en tu vida y la mía.

¿A veces parece como si tu vida estuviera fuera de control? Puede ser que esté fuera de *tu* control, pero está plenamente bajo *su* control. Juan dijo que vio a Jesús con el cinto de oro que le ceñía el pecho; Él es el Rey de reyes y está en pleno control de cualquier cosa que esté sucediendo en tu vida.

Jesús es el Padre eterno

La mirada fija de Juan fue más allá del atuendo y se enfocó en la persona que *portaba* el vestuario. Él dijo: "Su cabeza y sus cabellos eran blancos como blanca lana, como nieve..." (Ap. 1:14*a*). Su cabello blanco revela su sabiduría y pureza eternas. Daniel vio a Jesús de una manera similar y le describió como el "Anciano de días".[14] Isaías le vio y dijo que su nombre sería llamado "Admirable, Consejero, Dios fuerte, Padre eterno, Príncipe de paz".[15]

Como el Padre eterno, Jesús es sabio. Los accidentes no existen porque Él tiene todo bajo control.

Él no comete error alguno.
Él sabe exactamente lo que está haciendo:
Él nunca tiene que revisar lo que hizo.
Su retrospección nunca es mejor que su anticipación.
Su sabiduría no mejora con la experiencia o el paso del tiempo.
Él lo hace todo bien desde el principio.

Si estás en la voluntad de Dios, tu vida se encuentra exactamente en el lugar y la condición en que debe estar, sin importar cuán grandes puedan ser tus problemas.

Romanos 8:28 dice: "a los que aman a Dios, todas las cosas les ayudan a bien, esto es, a los que conforme a su propósito son llamados". En otras palabras, cuando estás en el centro del propósito o la voluntad de Dios, todas las cosas que aparecen en tu vida pueden obrar para bien tuyo. Es posible que pongas en duda cómo es que el embarazo de tu hija no casada pueda obrar para tu bien, o cómo es posible que Dios haga que un divorcio te ayude a bien, o cómo la pérdida de tu trabajo te proporcione bienestar, o cómo una enfermedad mortal se transforme en bendición. Si el concepto de "bien" en Romanos 8:28 significara tu comodidad, conveniencia, salud, riqueza, prosperidad, placer o felicidad, ¡entonces todos nosotros deberíamos cuestionar esta promesa! Por otro lado, la verdad es que tu bien último es ser hecho conforme a la imagen de Jesucristo. Si estás en la voluntad de Dios, si has sido llamado "conforme a su propósito"[16] todas las cosas que Dios permite en tu vida son usadas por Él para hacerte semejante a Cristo. Al ser el Padre eterno, Él sabe con exactitud cuáles son las cosas que va a permitir en tu vida con el fin de cumplir ese propósito supremo.

¿Tienes temor de que las cosas malas que te están sucediendo se deben a que Dios te está castigando? ¿O al hecho de que simplemente no eres de su agrado? El cabello blanco no habla solamente de su sabiduría sino también de su pureza.

Tu Padre celestial es absolutamente puro...
   en sus motivos,
      en sus métodos,
         en su trato y su manera de ser.
Él es absolutamente puro...
   en sus pensamientos,
      en sus palabras,
         en sus actos.
Él es absolutamente puro...
   en sus emociones,
      en su actitud,
         en sus planes.

En su naturaleza no existe ninguna disposición para ser rudo, vengativo, sádico o cruel, ni tacaño o egoísta. Él es "Santo, santo, santo",[17] el Señor Dios Todopoderoso, el Padre eterno.

Jesús es el Vengador

La siguiente descripción de Juan es impresionante: "Sus ojos como llama de fuego" (Ap. 1:14b). Si yo viera a alguien con ojos como llamas de fuego, diría que esa persona está llena de furia, ¿no estarías de acuerdo? Juan vio a Jesús como el vengador de su pueblo. Jesús no estaba enojado con Juan sino con la causa del sufrimiento de los creyentes en la iglesia primitiva y el sufrimiento de Juan.

La Biblia dice que tú y yo somos para el Señor como la niña de su ojo.[18] La niña del ojo es la pupila. Si de repente alguien tratara de meter el dedo en la pupila de tu ojo, tu reacción instintiva sería defenderte e impedir que lo hiciera. Cuando alguien o algo te lastima, ¡es como si hubiera tratado de meter sus dedos en los ojos de Dios! Si Él no se defiende de inmediato para evitar que los problemas, el dolor y la opresión lleguen a tu vida, está reprimiendo deliberadamente su reacción protectora porque tiene en mente algo mejor para ti. Él va a usar todas esas cosas para tu bien.

Cuando Dios llamó a Abraham para que saliera de Ur de los caldeos, le dijo: "Bendeciré a los que te bendijeren, y a los que te maldijeren maldeciré".[19] En otras palabras, Dios estaría tan identificado con Abraham que iba a considerar la manera en que los demás lo trataran como si fuera a Él mismo.

Ya que tú perteneces a Dios por la fe en Jesucristo, Él se identifica contigo a tal punto que considera todo lo que te sucede, así como la manera en que eres tratado por los demás, como algo que le sucede a Él mismo. Esta identificación personal es la razón por la cual Dios dice: "Mía es la venganza y la retribución".[20]

Cuando Juan vio a Jesús con ojos como llama de fuego era como si Dios, en Cristo, estuviera poniendo sus brazos alrededor de sus amados y acercándolos a sí mismo al tiempo que mira por encima de sus hombros con ojos que envían esta advertencia a todos los que quieran hacerles daño y causarles problemas: "¡Tengan mucho cuidado, estoy airado! ¡Han tocado la niña de mis ojos! Yo vengaré a los míos".

Jesús es el Juez final

Juan dejó de mirar a los ojos de Jesús para fijarse en los pies de Él, y lo que vio trae todavía más intranquilidad para quienes se oponen a Dios y obran en contra de los que le pertenecen. Él dijo: "Y sus pies semejantes al bronce bruñido, refulgente como en un horno" (Ap. 1:15a).

Estos eran los mismos pies que habían recorrido los caminos polvorientos de Palestina...
Los mismos pies que habían caminado sobre el agua...
Los pies que los discípulos habían dejado sin lavar porque estaban muy ocupados discutiendo cuál de ellos era el más importante...
Los pies que subieron el monte Calvario...
Los pies que fueron clavados a una cruz romana...
Los pies que fueron heridos por la serpiente mientras le aplastaban la cabeza...
Los pies que salieron caminando de la tumba vacía...
Los pies que caminaron con los discípulos en el camino a Emaús...
Los pies que ascendieron al cielo...
Los pies bajo los cuales Dios ha sujetado todas las cosas...
Juan vio estos *mismos pies*, con el aspecto de bronce bruñido y refulgiendo en un horno. ¡Estos son los pies del Juez supremo del universo!

Juan vio los pies de Jesús con el aspecto de bronce bruñido y observó unos pies que estaban listos para pisotear en juicio todo lo que se había levantado en contra de Dios y el pueblo de Dios. Eran pies que estaban dispuestos para hollar todo lo que ha causado sufrimiento humano. Pies que están listos para aplastar en juicio todo lo que ha ocasionado *tus* problemas, tu dolor, la opresión y persecución que tú has experimentado.

Existen tres fuentes principales que generan problemas y sufrimiento: el pecado, Satanás, y el ego. Un día se llevará a cabo un arreglo de cuentas en que Jesús juzgará a estos tres agentes y logrará destruir en su fuente y de manera permanente todos los problemas y el sufrimiento a favor del creyente en Cristo.

Jesús es la Palabra viva

Luego Juan escuchó la voz que estaba detrás de las páginas de las Escrituras, la voz de la Palabra viva de Dios.

Esta fue la misma voz que había calmado la tormenta.

La voz que había mandado a Lázaro a salir de la tumba...

La voz que había convertido las lágrimas de María en gozo al llamarla por su nombre...

La misma voz que había traído vida a todas las cosas que han existido...

Esta es la misma voz que en este momento sustenta todas las cosas en el universo.[21] Juan dijo que esta voz era "como estruendo de muchas aguas" (Ap. 1:15*b*).

Ya que crecí en las montañas, en muchas ocasiones he estado al lado de una corriente caudalosa. Es muy diferente de un río ancho que se desplaza lentamente, o de un riachuelo serpenteante en el valle. El sonido de muchas aguas no solamente evoca conceptos de energía, poder y vida; si uno se coloca lo bastante cerca, ese sonido ahoga a todos los demás. ¿Alguna vez te has colocado al pie de una cascada? El sonido es tan abrumador que llena el aire y ni siquiera se puede escuchar lo que uno mismo dice.

En estos tiempos cuando se están levantando tantas voces en contra de Cristo y lo que Él ha dicho, podemos tener la seguridad de que un día todas ellas serán silenciadas. Él va a tener la última palabra.

En algunas ocasiones cuando estamos deprimidos, sentimos que nos falta la vida. Es difícil salir de la cama en las mañanas. Parece que no tenemos energía para hacer tan siquiera las labores más rutinarias. Si estás deprimido por la enormidad de tus problemas, ¡lee la Palabra de Dios! Allí es donde encuentras ayuda, allí es donde encuentras gozo. Deja que las muchas aguas de la Palabra de Dios ahoguen todos los demás sonidos y voces. ¡Hay poder para vivir en la Palabra de Dios!

En los momentos más difíciles de mi vida, como la pérdida de un bebé, el retiro forzoso de una iglesia, la ejecución de un amigo, el robo de nuestra casa, la Palabra de Dios me ha sustentado. Ha habido momentos en los que solo he sido capaz de leer unos cuantos versículos, y sin embargo el poder vivificador y sobrenatural de la Palabra de Dios, no solamente me ha ayudado a mantener mi equilibrio emocional y mental, sino que me ha dado fortaleza para seguir, incluso si tiene que ser solo un día a la vez.

> Hay fortaleza...
> Hay paz...
> Hay esperanza...
> Hay poder...
> ¡Hay *vida* en la voz que suena como estruendo de muchas aguas!

¡Lee la Palabra!

Jesús es el Señor de señores

Juan vio que Jesús "tenía en su diestra siete estrellas..." (Ap. 1:16*a*). De acuerdo con Apocalipsis 1:20 sabemos que las estrellas son los ángeles de las iglesias. Los ángeles son mensajeros de Dios, seres celestiales que viven para servirle día y noche. En Apocalipsis 2 y 3, ellos representan a los líderes de las iglesias que también sirven a Dios como mensajeros, al impartir su Palabra a los creyentes.

Llevo en mi mano derecha los instrumentos que utilizo: mi pluma para escribir, o mi tenedor para comer, o mis tijeras para arreglar las matas del jardín. Juan vio a Jesús como Señor, que sustenta a sus siervos en su mano derecha. La promesa implícita es: cuando tú y yo enfrentamos grandes problemas, si estamos dispuestos a someternos a que Dios nos sostenga firmemente en sus manos mientras nos encontramos en medio de nuestro dolor, opresión y persecución, Él nos usará para su gloria. En tanto que le servimos estamos completamente seguros y sabemos que ninguna cosa, ni siquiera nuestros propios errores y fracasos, puede arrebatarnos de su manos.[22] Le pertenecemos, ¡gloria a Dios! ¡Él se aferra a nosotros aunque parezca que nos estamos soltando de Él!

Jesús es el Líder del ejército del Señor

"...de su boca salía una espada aguda de dos filos" (Ap. 1:16*b*). Juan vio a Jesús como el Capitán de las huestes del Señor, el Comandante de los ejércitos del cielo.

> Y el arma que usó para derrotar a sus enemigos,
>   El arma que asegura la victoria...
>   El arma en contra de la cual nada ni nadie puede levantarse...
>   El arma "que penetra hasta partir el alma y el espíritu"...
>   ...es la Espada, que es la Palabra de Dios.[23]

Cuando confrontas problemas grandes, ¿qué armas estás utilizando? ¿El dinero? ¿Algún medicamento? ¿La manipulación? ¿La ferocidad? ¿La memoria? ¿Dónde está tu espada? Si Jesús la va a usar un día para conquistar el mundo, ¿por qué piensas hoy que no es suficiente para ti?

Juan vio una espada de doble filo que salía de la boca de Cristo; de doble filo porque ofrece salvación para el creyente pero destrucción para el incrédulo. Es una espada que divide y separa a los rebeldes y revela los secretos más profundos del corazón humano, al mismo tiempo que recoge y une a los redimidos.

Empuña tu espada de doble filo si tienes problemas enormes. Ella ofrece convicción y consuelo, mandamientos y promesas que no solamente serán el rescate seguro en tu hora de mayores tinieblas, sino que te capacitarán para ser más que un vencedor en Cristo.

Jesús es la Luz del mundo

La visión gloriosa de Jesús llegó a su punto culminante cuando Juan vio su rostro, que parecía "como el sol cuando resplandece en su fuerza" (Ap. 1:16c). Juan se había concentrado tanto en Jesús que a pesar de que sus circunstancias no habían cambiado, ¡su depresión se había desvanecido! En medio de las tinieblas, ¡Juan vio la Luz! ¡La Luz al final del largo túnel, aquella Luz que convirtió la noche de Juan en un día esplendoroso y que era el rostro de Jesús!

Si tuviésemos la oportunidad de preguntarle a Juan: "¿Valió la pena mantener tu testimonio? ¿Valió la pena entregar el evangelio sin doblegarse? ¿Valió la pena vivir para Cristo en un mundo hostil? Al final de todo, cuando pagaste el precio del exilio en Patmos, ¿en realidad valió la pena?" Creo que Juan respondería: "¡Sí, sí, sí! ¡Todo valió la pena! Estaría dispuesto a regresar a Patmos cualquier día, ¡tan solo por causa de la visión de Jesús que Dios me dio en ese lugar!"

¿Qué visión de Jesús te estás perdiendo porque estás preocupado y ocupado contigo mismo, tus problemas, tu dolor y tus circunstancias? En medio de tu depresión y tus sentimientos atribulados, da la vuelta. Enfócate en Cristo. ¿Por qué? Porque cuando estás completamente ocupado con Cristo, no queda tiempo para pensar en tus problemas.

La paciencia y la preocupación de Juan con Cristo resultó en su postración ante Cristo.

ENCUENTRA ESPERANZA... MEDIANTE LA POSTRACIÓN ANTE CRISTO

Juan dijo: "Cuando le vi, caí como muerto a sus pies" (Ap. 1:17a). Juan, quien había caminado y hablado con Jesús en la tierra, quien incluso había recostado su cabeza en su hombro en la última cena, quien fue llamado el discípulo amado, ¡ese mismo Juan cayó como muerto a sus pies! Al verse confrontado por la visión de Jesús en lo excelso de su gloria, santidad y majestad, tal como también un día le veremos, la familiaridad que había sentido antes hacia Jesús dio paso a un sentido de temor y postración ante Él.

Póstrate en silencio

¿Qué significa caer postrado como muerto ante Cristo? Un hombre muerto está en silencio. Nunca he escuchado a un muerto hablar o emitir cualquier clase de ruido. Caer como muertos a los pies de Jesús significa que se ha puesto fin a las discusiones acerca de qué creemos que Él debería hacer o dejar de hacer, que ya no se discute ni cuestiona su voluntad, ¡que ya no se hacen más intentos para justificar nuestra conducta ni se presentan excusas por nuestro pecado! Caer postrado significa que estás en silencio ante Cristo. Callado como un muerto.

Póstrate en quietud

Un muerto también está quieto. Nunca vi a un muerto moverse, ni siquiera agitarse un poco. Caer como muertos a los pies de Jesús significa que no luchamos más con su voluntad para nuestra vida, no procuramos realizar nuestros planes y metas ni caminamos por nuestra propia ruta, ni tratamos de adelantarnos o rezagarnos al seguirle. Caer postrado significa que estás inmóvil ante Cristo. Quieto como un muerto.

Póstrate en rendición

Juan estaba experimentando lo que Pablo describió en Gálatas 2:20 cuando dijo: "Con Cristo estoy juntamente crucificado, y ya no vivo yo, mas vive Cristo en mí; y lo que ahora vivo en la carne lo vivo en la fe del Hijo de Dios, el cual me amó y se entregó a sí mismo por mí".

¿Alguna vez has rendido tu vida a Cristo totalmente, al punto de haber caído como muerto a los pies de Jesús? Esta experiencia no es posible sin que haya problemas y presiones que nos obliguen primero a dar la vuelta y levantar la mirada, a alejarnos de la enormidad de nuestros problemas y enfocarnos de nuevo en el poder, la santidad, la gloria y la majestad admirables de Dios. Entonces caemos como muertos a sus pies en total postración. Dudo que Juan hubiera llegado a este punto en su vida cristiana si no se encontrara sufriendo en soledad en la isla de Patmos; pero es en este punto, tanto para Juan como para nosotros, que la plenitud de vida en Cristo empieza a manifestarse. Es en este punto que la esperanza se convierte en realidad y la visión de su gloria se vuelve personal.

Tendido en el suelo, como un muerto a los pies de Jesús, todo lo que le importaba a Juan era la mano de Dios en su vida. Una vez que hubiese atisbado la visión gloriosa de la faz de Cristo, su único deseo era sentir el toque de Dios y escuchar la voz de Dios en su vida. "Y él puso su diestra sobre mí, diciéndome: No temas; yo soy el primero y el último; y el que vivo, y estuve muerto; mas he aquí que vivo por los siglos de los siglos, amén" (Ap. 1:17*b*-18*a*). En otras palabras, Jesús quiere decir: "Juan, no tengas miedo. También fui un hombre muerto, pero he sido levantado y te voy a levantar. La vida que vas a vivir ahora, la vas a vivir por fe en mí. Te amo y di mi vida por ti". Mientras Juan yacía postrado a los pies de Jesús, en absoluto silencio y quietud, estaba rindiendo su vida para el servicio.

Póstrate para servir

Dios levantó a Juan para el servicio. En esencia Él le dijo: "Juan, en medio de tu sufrimiento y soledad, cuando estás experimentando problemas enormes, también tengo algo que quiero que hagas". En seguida Dios le asignó su tarea: "Escribe las cosas que has visto, y las que son, y las que han de ser después de estas" (Ap. 1:19).

¿Tienes el anhelo de servir al Señor? Siempre hay personas que se acercan a mí después de un mensaje o que me escriben notas después de una conferencia, y preguntan cómo pueden empezar a servir, cómo pueden comenzar un ministerio de predicación, cómo hacer algo que tenga significado y efecto eternos. Siempre respondo: "¿Has caído postrado a los pies de Jesús? Ponte a su disposición para el servicio. Dile sencillamente: 'Aquí estoy Señor, dispón de mi vida como quieras. Lo que sea, todo lo que haya que hacer. Estoy dispuesto a servirte sin reservas' ". No esperes a que tu vida esté libre de problemas antes de ponerte a su disposición. Tampoco le digas a Dios cómo y cuándo vas a servir. Tan solo póstrate ante Él en una rendición total y sin reservas. Ríndele tu corazón, mente, alma y energías.

Juan, en medio de su sufrimiento, contempló la visión de la gloria de Cristo, sintió el toque fresco de Dios en su vida y escuchó a Dios llamándole a ocuparse en una nueva área de servicio.

¿De qué manera ayudó esto a Juan al verse enfrentado con la enormidad de sus problemas? Lo ayudó al darle un sentido de propósito y estima en medio de su sufrimiento. Le dio la plena confianza de que su aflicción no sería un desperdicio, que no sería en vano. Le dio algo por qué vivir, ¡le dio esperanza!

En las afueras de Monrovia en Liberia, existe una pequeña aldea llamada Jarbel, que se construyó cerca de una antigua plantación de caucho de la fábrica de neumáticos *Firestone*. En la aldea se han establecido una pequeña iglesia y su escuela para servir a las personas desplazadas que han llegado a vivir a ese lugar.

El pastor de la iglesia se llama Gabriel, y el director de la escuela operada por la iglesia se llama Emanuel. La escuela atiende a seiscientos niños, aunque no cuenta con libros, lápices, papel ni tableros. Al preguntarle al pastor si estaba desalentado, él devolvió una mirada de sorpresa y dijo: "Hermano, somos cristianos. Puede ser que no tengamos recursos, ¡pero no estamos sin esperanza!"

¿Eres tú un cristiano o una cristiana? Si lo eres, ¿cómo es posible que no tengas esperanza?

¿Estás tan deprimido por la enormidad de tus problemas que has dado por perdida toda esperanza? En lugar de darte por vencido, ¿por qué no te dispones a proseguir con paciencia? ¿Quieres enfocarte en Cristo hasta quedar tan ocupado con Él solamente que caigas postrado ante su presencia?

De todas maneras, si nunca llegas a sentir la mano de Dios sobre tu vida, si nunca escuchas la voz de Dios llamándote al servicio, ¡será suficiente quedar tendidos a sus pies y contemplar maravillados la visión de su gloria!

Esperanza cuando estás engañado...

3. Por tu propia importancia

4. Por tu propia insignificancia

Y todo aquel que tiene esta esperanza en él, se purifica a sí mismo, así como él es puro.

1 Juan 3:3

3

Esperanza cuando estás engañado por tu propia importancia

Apocalipsis 2:1-7, 12-17; 3:1-6, 14-22

Hace algunos años, el presentador de un importante programa de discusión preguntó a mi papá y a mi mamá si estarían dispuestos a conceder una entrevista televisada desde su hogar en Montreat, Carolina del Norte. Mis padres estuvieron de acuerdo.

Dos semanas antes de llevarse a cabo la entrevista, mi mamá hizo lo que haría cualquier ama de casa que se respete: empezó furiosamente a limpiar la casa. Con la ayuda de varias amigas, mamá lustró, enceró, lavó y sacudió hasta que la vieja cabaña de madera que llamamos casa quedó mejor que nunca.

Cuando llegó el día de la entrevista, mi mamá saludó confiadamente al presentador del programa y su equipo técnico en la puerta principal. Mientras los técnicos alistaban las cámaras y el equipo en la sala, el entrevistador repasó con mis padres las preguntas que iba a hacer. Por último, el director del programa dijo que todo estaba listo.

La sala estaba llena por todas partes de lo que parecían kilómetros de cables. Se habían colocado luces de televisión inmensas alrededor de la habitación y cámaras ubicadas estratégicamente para hacer tomas desde todos los ángulos posibles. Literalmente, esa sala había sido transformada en un estudio de televisión.

Mientras el presentador ubicaba a mis padres en el sofá con instrucciones acerca de cuáles eran las cámaras que debían observar al responder sus preguntas, mi mamá estaba tranquila. Dio un vistazo alrededor de la sala, pudo ver que estaba absolutamente impecable. Ni siquiera los cables, las cámaras y el equipo lograban encubrir la belleza de la casa lustrada, encerada, lavada y despolvada.

Luego las cámaras empezaron a rodar, y se encendieron las potentes luces. Con absoluto horror, ¡mamá observó de nuevo su "impecable" sala! El cuarto que se había visto perfectamente limpio con iluminación normal ahora dejaba ver bajo la intensa luminotecnia televisiva telarañas en las esquinas, hollín en la chimenea, partículas bajo la mesa, ¡y hasta polvo en el aire!

La sala de mi mamá se parece a nuestra vida. Bajo la iluminación ordinaria emitida por nuestros propios estándares, las comparaciones que hacemos de nosotros mismos con otros, el hacer lo que se siente bien y lo que pensamos que es correcto a nuestros ojos, en realidad podemos engañarnos y llegar a creer que estamos bien. De hecho, podemos creer que somos mejores que otros y confiados de que Dios seguramente debe estar complacido con nosotros. Luego vamos a la iglesia o a la Escuela Dominical, o participamos en un estudio bíblico o escuchamos un mensaje basado en la Biblia, y la luz de la Palabra de Dios irradia en nuestra vida. Bajo la intensidad de su luz, vemos cosas que no habíamos notado antes: las telarañas del egoísmo, el hollín del pecado oculto, el polvo de la desobediencia. Aunque la revelación puede horrorizarnos, todo el "mugre" debe ser confrontado, confesado, limpiado y corregido, si es que vamos a agradar a Dios.

En Apocalipsis 2 y 3, Dios irradia la brillante luz de su Palabra en los corazones de siete iglesias, revelando telarañas, polvo y hollín; todas aquellas cosas que le eran desagradables, cosas de las cuales esas iglesias no estaban al tanto bajo la iluminación habitual de sus propios estándares y comparaciones. Las iglesias parecían estar en peligro de perder la visión de su gloria.

La luz divina reveló que cuatro de las iglesias estaban engañadas por su propio sentido de importancia. Una de ellas, la de Éfeso, estaba engañada por algo que muchos no considerarían como un problema para los que están procurando hacer la obra de Dios. No obstante, esto se convirtió en problema para la iglesia de los efesios, y también puede ser un problema para ti. Los cristianos efesios estaban engañados por la importancia del servicio.

❧ ENGAÑADOS POR LA IMPORTANCIA DEL SERVICIO

Éfeso era la ciudad más descollante en la nación que conocemos en la actualidad como Turquía. La iglesia en Éfeso era una gran iglesia que se había destacado bajo la dirección de líderes cristianos sobresalientes. Tanto el apóstol Juan como el apóstol Pablo habían pastoreado esta iglesia. El joven protegido de Pablo, Timoteo, muy probablemente fue "superintendente" de la circunscripción que incluía esta iglesia.

En el tiempo que se escribió Apocalipsis, los creyentes efesios no solamente habían estado bajo un liderazgo excelente, sino que ya se encontraban en su segunda generación en la fe. Muchos que habían nacido de padres creyentes se habían formado en la iglesia.

Puedo identificarme con los creyentes de Éfeso. También nací de padres creyentes, fui criada en la iglesia y aprendí de muchos maestros de la Biblia y predicadores cristianos destacados mientras crecía. A causa de este legado, entiendo la tendencia a dar por sentado quién es Jesús para nosotros y a volverse "profesional" en la expresión de mi fe, así como a colocar mi *trabajo* por Cristo antes de mi *adoración* a Cristo.

Los creyentes efesios no solamente se habían vuelto profesionales y mecánicos en la expresión de su fe, también se habían dejado engañar por la importancia de su servicio y lo habían colocado por encima de su amor a Jesucristo. ¿Acaso tú de alguna manera te has dejado engañar por la importancia de tu servicio a Cristo? ¿Crees que a Él le importa más lo que *tú haces* por Él que lo que *tú eres* para Él? Cuando te engañas por el servicio, la visión gloriosa revela que hay esperanza para ti si miras a Jesús.

Encuentra esperanza mirando a Jesús

Los efesios no cayeron en cuenta de su engaño hasta que la luz de la Palabra de Dios brilló en sus corazones y les hizo enfocar su atención en la persona de Cristo: "Escribe al ángel de la iglesia en Éfeso: El que tiene las siete estrellas en su diestra, el que anda en medio de los siete candeleros de oro, dice esto" (Ap. 2:1). Sabemos que las estrellas representan a los líderes de la iglesia, y que los candeleros representan a la iglesia misma. De manera que Jesús parece decir: "¡Mírenme! Los tengo en mi mano, ustedes me pertenecen. Ustedes son míos; yo estoy presente en medio de ustedes y ustedes tienen que rendirme cuentas".

¿En qué tienes puesta la mirada? ¿Cuál es tu enfoque específico en el servicio cristiano? ¿Te estás mirando a ti mismo y te desanimas porque no has logrado mucho en comparación con los demás? ¿O acaso te has llenado de orgullo porque te comparas y sientes que eres mejor que otros y estás haciendo un trabajo más eficaz? ¿Sirves para agradar a tus consiervos o a tu pastor, y olvidas que tu responsabilidad es con Cristo? No trates de verte a ti mismo como Dios te ve a menos que primero fijes tu mirada en Jesucristo.

Es tan fácil en el servicio cristiano dejar que nuestros ojos se enfoquen en nosotros mismos o en otros, en alguien o algo aparte de Cristo, que en efecto lo que Jesús dice es: "Dejen de mirar a cualquier otra cosa o persona. Mírenme a mí".

¿Lo estás mirando?

Encuentra esperanza aprendiendo de Jesús

Una vez que la atención de la iglesia estuvo enfocada en Él, Jesús animó a los creyentes: "Yo conozco tus obras, y tu arduo trabajo y paciencia; y que no puedes soportar a los malos, y has probado a los que se dicen ser apóstoles, y no lo son, y los has hallado mentirosos; y has sufrido, y has tenido paciencia, y has trabajado arduamente por amor de mi nombre, y no has desmayado... aborreces las obras de los nicolaítas, las cuales yo también aborrezco" (Ap. 2:2, 3, 6).

Los cristianos en la iglesia de Éfeso hacían muchas cosas buenas y de la manera correcta. De hecho, tenemos la impresión de que hacían *muchas cosas.*

Hace poco, un domingo en la mañana, tuve la oportunidad de visitar la que se ha descrito como una megaiglesia. Me llamó mucho la atención el boletín tan extenso que tenían. En lugar de ser una lista del orden del culto, se parecía más a una revista pequeña. Mientras esperaba el inicio del culto, le di un vistazo a la información suministrada y noté el sinnúmero de actividades ofrecidas para cada día de la semana. Esta es una muestra de lo que encontré:

Los domingos por la mañana se ofrecían tres cultos de adoración, no debido a una rebosamiento en la demanda sino para la conveniencia de los adoradores. Además los cultos eran de tres tipos diferentes, para tres tipos diferentes de gusto: uno era para "buscadores de la verdad", uno era para creyentes y el otro para quienes tuvieran el deseo de un contenido más tradicional.

El domingo por la tarde se brindaba un té para miembros nuevos, y en la noche dominical se realizaba otro culto de adoración, con actividades juveniles programadas de manera simultánea en el salón de reuniones adyacente.

El lunes por la mañana había una clase de aeróbicos llamada "Saltemos por Jesús", donde las mujeres podían hacer ejercicio al ritmo de música cristiana para quemar las calorías de más que habían acumulado durante el fin de semana. El lunes por la noche se ofrecía un estudio bíblico para los hombres, y el coro se reunía para el ensayo.

En la mañana del martes las mujeres de la iglesia se reunían para un estudio bíblico dado por la esposa del pastor. Por la noche se ofrecía un estudio bíblico para mujeres que trabajaran durante el día, y las participantes escuchaban una cinta grabada con el mensaje dado esa mañana por la esposa del pastor. También había reuniones de planeamiento programadas para el martes por la noche: la reunión del comité de planeamiento, el comité de planeamiento para jóvenes, el comité de planeamiento de misiones, y el comité de planeamiento para la acción política, para nombrar tan solo unos cuantos.

El miércoles por la mañana se reunían los guardianes del templo. Los guardianes del templo eran los que necesitaban poder rendir cuentas a otros a medida que se esforzaban en mantener sus dietas y mantener sus "templos" en buen estado físico. El miércoles todos estaban invitados a una cena familiar nocturna donde cada familia se encargaba de traer comida suficiente para todos sus miembros, y luego todos los participantes procedían a compartir lo que habían traído. Después de la cena, las familias se dividían en grupos de edad para estudio bíblico y discusión.

El jueves por la mañana, cada clase de Escuela Dominical elegía a un representante que visitara las casas de reposo y las prisiones del área. Dirigían la entonación de himnos, una lectura bíblica, e incluso algunos juegos cuando el tiempo lo permitía. Todos los jueves por la noche se llevaba a cabo la reunión de los diáconos. También era la noche en que salían los equipos evangelísticos, elaborando encuestas por todo el vecindario y buscando oportunidades para testificar.

Los viernes por la mañana se hacían preparativos para la cocina de la sopa, una actividad en la que se abrían las puertas para que los indigentes tuvieran un almuerzo. Esa mañana también se clasificaban todos los artículos llevados al ropero y después del almuerzo se ponían al alcance de quienes habían acudido para recibir su plato de sopa. La noche del viernes estaba apartada para la reunión de oración. Aunque aparentemente muy pocas personas se hacían presentes para orar, la reunión siempre se realizaba el viernes por la noche. También se daba una clase para los candidatos al bautismo.

El desayuno de los caballeros era el sábado por la mañana. El boletín incluía muchos detalles sobre el abundante menú de huevos, gramíneas, jamón, mortadela, tostadas, tortas, bizcochos, café y tres clases de jugo. Después del desayuno, el comité de adoración se reunía para planear los cultos para el domingo. El domingo los jóvenes tenían programado comer pizza y tener toda la noche de actividades cristianas. Los sábados por la noche también se realizaba una reunión especial para alcanzar a parejas. Se describía en el boletín una cena con luz de velas y una conferenciante invitada a quien se había mandado traer de afuera para la ocasión, quien iba a dar una charla motivadora seguida por un concierto de música.

El domingo por la mañana empezaba otra vez la semana con sus tres cultos de adoración. La iglesia se mantenía ocupada, ocupada, ocupada.

¿Qué tan ocupado estás en el servicio cristiano? ¿Estás involucrado en algún tipo de actividad cristiana cada día de la semana? ¿Con cuánta frecuencia estás en la iglesia? ¿Más de tres o cuatro veces cada semana?

¿Es posible que Jesús te dijera, como dijo a los cristianos en Éfeso: "Yo *conozco* tus obras, y tu arduo trabajo y paciencia"? ¿Llegaste a pensar alguna vez que Jesús *no sabe* todo lo que tú estás haciendo por Él? ¿Pensaste que Él *no ve* tu trabajo detrás del telón, en la cocina, en el cuarto de mantenimiento, en la sala cuna, en el estacionamiento o en la casa, donde nadie te agradece ni te anima a seguir porque ni siquiera se percatan de lo que haces? Mientras que otros reciben toda la atención, la aclamación, los premios y los estímulos, Jesús te dice: "Lo he notado, *YO SÉ*. Gracias por todos tus esfuerzos para hacer las cosas en mi nombre y por amor a mí". ¿Acaso no quieres aceptar el estímulo que Él te da?

Tras haber afirmado a los creyentes efesios en los méritos de su servicio, Jesús procedió a convencerlos de algo que estaban haciendo y que *no* era de su agrado, algo que quedó revelado abiertamente a la luz de su Palabra. Él dijo: "Pero tengo una cosa contra ti, que has dejado tu primer amor" (Ap. 2:4).

Cuando me enamoré de mi esposo, me mantenía ocupada gran parte del tiempo pensando en él. Casi que estaba obsesionada con la idea de pasar tiempo con él. Mi amor era afectuoso, emotivo, apasionado y fervoroso. Todos sus deseos eran una orden para mí. Cuando ya estuvimos casados, ¡me aseguraba de almidonar sus camisas y planchar su ropa interior! ¡Pero ninguna de esas cosas era una carga para mí, porque estaba profundamente enamorada!

¿Alguna vez has estado "enamorado" de Jesús de una manera similar, quizás cuando le encontraste por primera vez y le recibiste en tu vida como tu Señor y Salvador? ¿Te acuerdas cuando todo el tiempo te mantenías ocupado pensando en Él? ¿Recuerdas que nunca era suficiente el tiempo de tus devociones? ¿Te acuerdas que el simple hecho de pensar en Él provocaba una reacción emotiva, apasionada y ferviente en tu corazón? ¿Recuerdas la manera como te desbocabas por servirle con la emoción de pensar que podías hacer algo por esta persona a quien amabas, al Salvador que había hecho tanto por ti?

¿Será posible que las cosas hayan cambiado? En algún momento del recorrido sin que fueras consciente de ello, ¿es posible que tu labor para Jesús se haya puesto por delante de tu adoración de Jesús? ¿Ahora estás tan ocupado que ya no te queda tiempo para la oración y la lectura bíblica extensas? En las ocasiones cuando sí tienes tiempo disponible para orar, ¿te estás enfocando primordialmente en peticiones referentes a tu servicio y no en Jesús y tu relación personal con Él? Cuando lees tu Biblia, ¿lo haces para preparar una clase de Escuela Dominical o una lección del estudio bíblico y no sencillamente para escuchar su voz que te habla de manera personal?

Si esto describe tu situación en algún sentido, Jesús dice "...has caído" (Ap. 2:5*a*).

Has caído en tu rendimiento y utilidad para Dios.
Has caído del lugar en que tu vida era agradable para Dios.
Has caído en tu testimonio frente a los demás.
Has caído en la efectividad de tu testimonio.
Has caído muy lejos de una relación de amor con Jesús.

En el transcurso de doce años estuve dictando una clase bíblica semanal a la que asistían quinientas mujeres en nuestra ciudad. Nunca me perdí una sola clase. Durante ese tiempo, por medio del estudio disciplinado de su Palabra, Dios me dio un maravilloso amor por Jesús. Al final de esos doce años, supe con absoluta certeza que Dios me estaba llamando a dejar esa clase y emprender un ministerio itinerante de enseñanza bíblica. En ese momento también era responsable por el adiestramiento en el liderazgo de sesenta y tres mujeres. En el último día que pasé con las sesenta y tres mujeres, les hablé de Apocalipsis 2:1-7 para advertirles acerca del peligro de poner la mecánica de la clase por encima de su ministerio, de colocar su trabajo para Cristo antes de su adoración de Cristo. Debido a que estaba profundamente enamorada de Jesús, les hice estas advertencias al mismo tiempo que en mi corazón rogaba: "Señor, no permitas que caiga en ese error. No permitas que pierda mi primer amor por ti".

Dejé la clase y emprendí mi recorrido por el mundo. Tres meses después me encontraba en Fiji ayudando a dirigir una conferencia de quinientos pastores que habían llegado de las islas de los alrededores. Cinco años más tarde estaba en Brasil dirigiendo otra conferencia para aproximadamente mil quinientos pastores y evangelistas de todo el país y también me las arreglé para programar en mi agenda una conferencia juvenil a más de dos mil jóvenes. Entre los viajes a Fiji y Brasil estuve enseñando en seminarios y conferencias cada semana en los Estados Unidos. Aunque estaba consciente de que era necesario esforzarme para tener mi tiempo devocional todos los días, y que era un tiempo en el que mi corazón ya no parecía verse renovado en adoración ni sentía un gozo real, pensaba que simplemente estaba cansada. Creía que estaba sufriendo a causa del agotamiento producido por los viajes en avión y las consecuencias de los bruscos cambios de hora y dieta.

Entonces una mañana en mis devociones leí Apocalipsis 2:1-7. Fue como si Jesús me hubiera dicho estas palabras: "Anne, *conozco* tus obras. Sé todo lo que hiciste en Fiji y también las sesiones adicionales que te encargaron sin previo aviso. Sé todo lo que hiciste en Brasil y las sesiones para mujeres que programaste durante tu tiempo libre a causa del deseo que hay en tu corazón de llevar a otras personas a mi Palabra. *Conozco* tu arduo trabajo y paciencia. *Sé* que has sufrido y has trabajado arduamente por amor de mi nombre, y no has desmayado. Gracias Anne, por todo lo que estás haciendo para servirme. Pero tengo esto contra ti: estás dejando tu primer amor por mí".

La primera vez que llegué a ese versículo lo pasé de largo. ¡Era imposible que le estuviera escuchando decir esas palabras como si fueran dirigidas a mí! ¡Me había comprometido a no perder mi primer amor por Él! ¡Había ido por todo el mundo para decirle a otros cómo debían amarle! ¡No era posible que me estuviera hablando a mí! ¡Pero sí era conmigo que estaba hablando! Él siguió dirigiendo mi atención de vuelta a esos versículos hasta que presté atención a lo que Él me quería decir.

Lo habría negado y discutido con vehemencia, ¡de no haber sido porque era *Jesús* quien me lo decía! Sabía que cuando Él habla, lo hace con toda la verdad. Finalmente, la luz de su Palabra penetró las sombras de mi engaño. En lo profundo de mi corazón reconocí que no solamente estaba cansada; ¡la verdad era que *estaba* perdiendo mi amor por Él! No podría contarte cuán devastadora y dolorosa resultó esa revelación para mí. Mi anhelo más grande era amarle, y pensé que lo estaba haciendo; pero Él no estaba de acuerdo.

Una característica de Cristo que valoro y procuro emular en mi trato con otros es que Él nunca trae convicción sin corrección al mismo tiempo. Él no se limita a indicar qué es lo que no le agrada en nuestra vida, sino que nos dice exactamente qué es necesario que hagamos al respecto.

Con lágrimas que bajaban a raudales por mis mejillas pregunté: "Señor, ¿qué quieres que haga?" En el versículo 5 encontré su respuesta. "Recuerda, por tanto, de dónde has caído" (Ap. 2:5*a*). Él estaba diciendo: "Anne, recuerda lo que era para ti amarme con todo tu corazón, mente, alma y fuerzas". Y lo recordé. Ese amor era la altura que había alcanzado en mi relación con Cristo y de la cual había caído en picada cuando empecé a dejar mi primer amor por él.

Luego Él dijo: "Arrepiéntete" (Ap. 2:5*b*). *Arrepentimiento* significa detenerse. Parar en medio del camino, dar la vuelta y empezar a andar en la dirección opuesta. Debido a que el "primer amor" es un amor emotivo, afectuoso y apasionado, y puesto que las emociones en realidad no pueden ser controladas o dictadas, respondí: "¿Cómo, Señor? Quiero arrepentirme de haber dejado mi primer amor por ti. Quiero detenerme y no seguir sin amarte con emotividad, afectuosidad y pasión, ¿pero de qué manera lo hago, Señor? Estoy dispuesta a arrepentirme, pero no sé cómo".

Otra vez Él pareció hablarme en el versículo 5: "Haz las primeras obras". Entonces dije: "¿Qué cosas? ¿Serán acaso las cosas que hice cuando nací de nuevo? ¿Cosas que hice cuando empecé a servirte?" Mientras esperaba la respuesta y escuchaba en silencio, Él me mostró dos de las "primeras obras" que me eran necesario hacer.

Necesitaba regresar al Calvario, donde la carga de todo mi pecado y culpa había sido tan grande que la confesé y me eché a sus pies para ser cubierta por su sangre y recibir su limpieza. Me era necesario volver al Calvario y fijarme bien y por un largo rato en lo que le había costado a Él llevarse mi pecado y traerme a una justa relación de amor con Él. Necesitaba una visión fresca de su "primer amor" por mí. Me arrodillé en oración mientras volvía a la cruz, fue como si mi corazón hubiera sido conmovido y quebrantado por Aquel "que tiene las siete estrellas en su diestra, el que anda en medio de los siete candeleros de oro", Aquel que había sido molido y vertido por mí en ese lugar.

Luego fue como si Él me dijera que volviera a las cosas que hice cuando "me enamoré" de Él por primera vez. Al escudriñar mi vida observé qué cosas había estado haciendo en aquel entonces y que había dejado de hacer ahora que tenía el convencimiento de estar dejando mi amor por Él y descubrí que aunque había tenido tiempos diarios de oración y lectura de la Biblia, aunque había disfrutado el compañerismo con otros creyentes y estaba sirviendo al Señor, no pasaba tiempo en un estudio bíblico concentrado por mi cuenta. Había estado viajando por todas partes y dando mensajes que habían sido preparados con antelación, ¡y no había estudiado algo nuevo y fresco en los últimos meses!

Tomé mi Biblia, lápiz y papel, y empecé ese mismo día a hacer un estudio en profundidad de su Palabra. Al término de una semana tras mi arrepentimiento y obediencia, regresaron mi gozo y amor apasionado por Él. Como se dieron las cosas, el estudio que empecé se basó en el libro de Apocalipsis. El fruto de mi arrepentimiento se manifestó en los mensajes que salieron de ese estudio, y finalmente en este libro.

Si tú has perdido de manera inconsciente tu primer amor mientras te mantienes ocupado en el servicio, recuerda la altura de la que has caído. Arrepiéntete. Vuelve a las cosas que hiciste al principio. Las primeras cosas relacionadas con la cruz. Haz de nuevo las cosas que estuviste haciendo cuando te enamoraste de Jesús por primera vez y que has dejado de hacer ahora. ¿Oración diaria? ¿Lectura diaria de la Biblia? ¿Compañerismo con otros creyentes? ¿Dar testimonio? ¿Participación activa en la iglesia? ¿Estudio bíblico? Pueden ser cosas diferentes para cada uno de nosotros. También puede ser que ahora haya algo que no estaba en tu vida cuando tenías tu primer amor por Jesús. Quizás alguna cosa se ha filtrado en tu vida y te ha robado el amor. ¿Un pecado? ¿Un hábito? ¿Una relación? ¿Una actitud? ¿Estás dispuesto a pedirle a Jesús que haga brillar la luz de su Palabra en tu corazón y te muestre las cosas que han extinguido tu amor por Él? Entonces, arrepiéntete.

A fin de proveer un incentivo adicional para la obediencia, Jesús advirtió a los creyentes de Éfeso (y a mí): "Pues si no, vendré pronto a ti, y quitaré tu candelero de su lugar, si no te hubieres arrepentido" (Ap. 2:5c). Un candelero es sencillamente el soporte sobre el cual se coloca una lámpara para que su luz no solamente sea más visible sino que también tenga un alcance más amplio. Sentí que Jesús me advertía que si no recuperaba mi primer amor por Él, me serían quitadas mis oportunidades para el servicio, mis oportunidades para hacer que mi luz brillara de tal manera que otros vieran mis buenas obras y glorificaran a mi Padre que está en los cielos.[1]

Hubo un tiempo en mi vida cuando me aterrorizaba la idea de que Dios me llamara al servicio, bien fuese en África o simplemente al otro lado de la calle. Luego hubo una época en que me aterrorizaba la idea de que Dios *no* me llamara al servicio, y quería servirle con todo mi corazón. De modo que hice caso a su advertencia.

Existe un principio en esta carta a los cristianos efesios que no quiero olvidar nunca. El principio es este: nuestro *amor* por Cristo es más importante que todo nuestro *servicio* para Él. La obediencia y el servicio estrictos no son suficientes. El amor por Jesús *debe* estar en primer lugar. Él dijo que el primero y más grande mandamiento es "Amarás al Señor tu Dios con todo tu corazón, y con toda tu alma, y con toda tu mente".[2] Nuestra *adoración* de Cristo siempre debe estar primero y venir antes que nuestro *trabajo* por Cristo.

Encuentra esperanza escuchando a Jesús

La visión de su gloria te da esperanza cuando estás engañado por la importancia de tu servicio, al darte la promesa de una experiencia de vida abundante: "El que tiene oído, oiga lo que el Espíritu dice a las iglesias. Al que venciere, le daré a comer del árbol de la vida, el cual está en medio del paraíso de Dios" (Ap. 2:7). Si pones en primer lugar tu amor por Él, Jesús promete una experiencia consciente de su amor, paz, gozo y presencia en tu vida que satisface profundamente.[3]

¿Estás escuchando? Aparentemente los cristianos efesios no estaban prestando atención. Quizás estaban demasiado ocupados y seguían engañados por la importancia de su servicio. ¿Cuál fue el resultado? A excepción del registro bíblico, el testimonio de ellos en Asia quedó completamente borrado del mapa.[4]

Solo la luz de la Palabra de Dios es suficientemente intensa para revelar los engaños bajo los cuales funcionamos con tanta frecuencia. La Palabra de Dios reveló que los creyentes efesios se habían dejado engañar por la importancia del servicio. De la misma forma, la Palabra de Dios reveló a los creyentes en Pérgamo que se habían dejado engañar por la importancia de la sociedad.

ENGAÑADOS POR LA IMPORTANCIA DE LA SOCIEDAD

Pérgamo era una ciudad muy religiosa en Asia. Era una sede del culto al emperador y tenía un templo dedicado a Zeus, que era una de las siete maravillas del mundo antiguo. También tenía un templo consagrado a un "dios sanador", que era adorado en la forma de una serpiente.[5]

Además, Pérgamo era bien conocida como un centro intelectual. En su universidad de medicina albergaba una biblioteca con más de doscientos mil volúmenes.[6]

Los cristianos de Pérgamo, en lugar de separarse de una sociedad en la que imperaba la falsa religiosidad y el intelectualismo, se acomodaron al molde impuesto por ella. La ciudad en la que vivo se parece a Pérgamo en el aspecto de ser muy religiosa. Hay una iglesia casi que en todas las esquinas. Además la gente *todavía* sigue yendo a la iglesia. También es una ciudad muy intelectual. Hay más personas con títulos de doctorado en nuestra área, per cápita, que en cualquier otra zona de los Estados Unidos. Estamos rodeados por grandes universidades, colegios e institutos de investigación establecidos para aprovechar al máximo los recursos educativos. En un ambiente así resulta inevitable batallar todo el tiempo para no dejarnos engañar por la importancia de la sociedad que nos rodea, al punto que acomodemos la verdad y nuestro testimonio a su molde. Este engaño también queda expuesto ante la luz de la Palabra de Dios.

Encuentra esperanza mirando a Jesús

Los creyentes en Pérgamo advirtieron la visión de su gloria cuando Jesús se reveló a sí mismo ante ellos por medio de su Palabra. Él dijo: "El que tiene la espada aguda de dos filos dice esto" (Ap. 2:12). Como hemos considerado con anterioridad, la espada aguda y de doble filo es la Palabra de Dios. Aquí Jesús parece decir a quienes procuraban apropiarse del progreso y la sofisticación mediante el acomodo de la verdad al mundo que los rodeaba y el engaño al que habían dado lugar por la importancia de la sociedad: "¡Mírenme a mí! ¡Yo soy la verdad! ¡La Biblia es mi Palabra! ¡Las palabras que les hablo son la verdad! ¡Ustedes no pueden progresar más allá de mi verdad!"

La Biblia es absolutamente verdadera en todo lo que dice. Es "la espada aguda de dos filos" que es verídica en ambos lados de todo asunto:

Es absolutamente verdadera en lo que dice acerca del cielo y el infierno.

Es absolutamente verdadera en lo que dice acerca de la salvación y el juicio.

Es absolutamente verdadera en lo que dice acerca de Dios y el diablo.

Es absolutamente verdadera en lo que dice acerca de ti y de mí.

Es absolutamente verdadera en lo que dice acerca de la historia y la ciencia y la teología y la sociología.

¡Es toda la verdad! ¡Y no podemos acomodar la verdad al mundo que te rodea porque simplemente deja de ser la verdad!

Jesús empezó su mensaje a los cristianos que se habían dejado engañar por la importancia de la sociedad en Pérgamo diciéndoles que fijaran sus ojos en Él. ¿En qué tienes enfocada tu mirada? ¿Estás pendiente de los avances en la educación, la ciencia o la tecnología como una fuente de verdad absoluta? ¿O estás aferrado a tu fe en la Palabra de Dios en medio de la influencia de la sociedad? Quizás estás casado o casada con una persona que es muy religiosa, pero carece de una relación personal con Dios a través de la fe en Jesucristo. O tal vez uno de tus mejores amigos ha tenido una brillante carrera académica y rechaza la fe sencilla semejante a la de un niño como algo ingenuo, que lleva a cometer suicidio intelectual. Si estás observando (y emulando) el ejemplo de alguien o algo, si tienes miedo de "sacudir el bote" por hablar la verdad, es posible que te parezcas a los cristianos de Pérgamo, quienes estaban engañados por la supuesta importancia de "llevarse bien" con la sociedad que los rodeaba. ¿Estarías dispuesto a renunciar a esto y más bien mantenerte enfocado en Jesús?

A pesar de sus fracasos, Jesús elogió a los cristianos de Pérgamo por su lealtad y fidelidad a Él en medio de una sociedad sofisticada. Inclusive mencionó por su nombre a uno de los creyentes de esa iglesia que había sido fiel hasta la muerte.

¿Te llamas a ti mismo un cristiano leal? A causa de tu identificación con Cristo, ¿has sido criticado por amigos, vecinos y compañeros de trabajo? En lugar de poner en duda tu testimonio, ¿lo has mantenido en alto? Entonces es probable que necesites conocer la esperanza que hay en el ánimo que Jesús da.

Encuentra esperanza aprendiendo de Jesús

Jesús continuó hablando a los creyentes de Pérgamo y lo hizo con afecto, mostrando su aprecio y ánimo por la lealtad de ellos: "Yo *conozco* tus obras, y dónde moras, donde está el trono de Satanás; pero retienes mi nombre" (Ap. 2:13*a*, cursivas añadidas). En efecto, Él dijo "*Sé* cuán difícil es vivir donde se encuentra el trono de Satanás, donde él gobierna como el príncipe de la potestad del aire. ¡*Sé* lo que significa vivir en el mundo! Gracias por tu lealtad y fidelidad a mí en el lugar donde vives".

No obstante, les dijo a continuación: "Pero tengo unas pocas cosas contra ti: que tienes ahí a los que retienen la doctrina de Balaam... Y también tienes a los que retienen la doctrina de los nicolaítas" (Ap. 2:14*a*, 15). Nadie está seguro acerca de cuáles eran las enseñanzas específicas de los balaamitas o de los nicolaítas, pero sabemos que distorsionaban y negaban la verdad de la Palabra de Dios a tal punto, que hacían tropezar a la gente sembrando duda en su corazón. Acomodaban a tal punto la verdad a la sociedad impía e inmoral que los rodeaba, que la despojaban de su poder para transformar vidas.

En cierta ocasión asistí a un estudio bíblico dirigido por un profesor de seminario que se preciaba de sus varios títulos de doctorado así como de la versión del Nuevo Testamento con la cual predicaba, que estaba en el idioma griego. Él comenzó el estudio relatando todos los argumentos académicos sobre las razones por las que no debió permitirse que el libro que estábamos a punto de estudiar quedara incluido en el canon de las Escrituras. Luego procedió a decir que había un gran desacuerdo con respecto a quién había sido en realidad el autor del libro, a pesar del hecho de que el autor se había identificado como tal en el texto mismo. Concluyó diciendo que para efectos prácticos esta discusión no hacía ninguna diferencia, porque solamente alguien que pudiera leer el original griego estaba calificado para entender el significado real de las palabras.

La impresión que dejó esta persona fue que no tenía sentido leer este libro, puesto que de todas maneras ni siquiera debió haber estado en el canon de las Escrituras y que nos era imposible creer lo que estaba allí escrito, porque nadie sabía si el autor era legítimo o no. Además dejó implícito que aun si se nos antojaba leerlo y estudiarlo, ¡no podríamos entenderlo a menos que supiéramos griego a la perfección!

Mientras el catedrático daba su lección, su Biblia se resbaló del pedestal y cayó a sus pies. Le vi bajar la mirada por un momento, y supe que él estaba al tanto de lo que había sucedido; pero el profesor no interrumpió el ritmo de su exposición. Continuó su mensaje sin su Biblia, luego terminó con una oración y caminó a la puerta para hablar con quienes habían acabado de llegar.

Ese profesor era un ejemplo moderno de los balaamitas y nicolaítas. Era un falso maestro que profesaba ser un administrador de la Palabra de Dios al mismo tiempo que destruía la fe de las personas en ella. Mientras la Biblia yacía maltrecha e ignorada a sus pies, las palabras que salían de su boca eran sus ideas y opiniones.

La tragedia real es el efecto que un hombre como este catedrático puede tener en la congregación de una iglesia. Era tratable y cortés, además era amado por los miembros de la iglesia a quienes se estaba dirigiendo. Esa iglesia se había identificado con Cristo y mantenía un testimonio por Él en la comunidad. Habían invitado a este profesor para dictar su conferencia bíblica y lo acogieron en medio de ellos. Observé con gran tristeza la manera como él contribuyó a alejar de la Palabra de Dios a esa iglesia, hasta que la congregación entera murió espiritualmente. Hasta el día de hoy sigue siendo una iglesia grande, bonita, y *muerta*.

Jesús dijo a los creyentes en Pérgamo: "Tengo unas pocas cosas contra ti: que tienes ahí a los que retienen la doctrina de Balaam... [y] los nicolaítas". Su advertencia en este punto no tenía que ver con los falsos maestros y pedagogos, sino con las personas dentro de la iglesia que los habían tolerado y se habían asociado con ellos.

Hace poco participé en una conferencia internacional realizada en uno de los países más hermosos del mundo. Cuando hablé antes de la sesión inaugural con las personas que la habían planeado, descubrí que muchos en la comunidad cristiana alrededor de todo el país estaban siendo influenciados por "balaamitas y nicolaítas". Creyentes de todas las denominaciones estaban siendo persuadidos de que si bien era provechoso depositar su fe en la Palabra de Dios, era necesario que fueran más allá de eso y tener experiencias emocionales de señales y prodigios sobrenaturales.

Dios en su gracia me dio la oportunidad de participar con los varios miles de personas que se reunieron en la conferencia lo que el Señor dijo a la iglesia en Pérgamo. Él dijo en esencia: "Si has ido más allá de mi Palabra, ¡te has ido demasiado lejos!"

¿Has ido más allá de la Palabra de Dios? ¿Qué te han dicho que es necesario añadir a tu experiencia cristiana para que sea más completa? ¿Más significativa? ¿Más fructífera? "Mirad que nadie os engañe".[7]

¿Quién es tu pastor? ¿Tu mentor? ¿Tu maestro de Escuela Dominical? ¿Tu profesor de Biblia? ¿Quién escribe los libros que lees y de quién es la voz que escuchas en los programas de radio? ¿Quién predica los sermones que escuchas y de quién son los videos que miras? En tu deseo de conocer más plenamente a Dios y servirle con mayor eficacia, ¿estás siendo persuadido a ir más allá de su Palabra y añadir una experiencia o una emoción específica, o señales y prodigios? En tu deseo de mejorar tu progreso intelectual y alimentar tu refinado gusto religioso, ¿estás tolerando la presencia de un falso maestro en tu vida? ¿Estás tolerando a alguien quien dice que la Palabra de Dios es verdadera en fe y doctrina pero no en ciencia e historia? ¿Estás tolerando a alguien quien dice que la Biblia *contiene* la Palabra de Dios pero que no es su Palabra *por completo*? ¿Estás tolerando a alguien quien dice que Dios es infalible, pero los escritores de la Biblia, cuando la escribieron, no lo fueron y por lo tanto la Biblia tiene errores? ¿Estás tolerando a alguien que te está llevando a dudar, negar, distorsionar y diluir la verdad de la Palabra de Dios?

"Por tanto, arrepiéntete" (Ap. 2:16*a*). Jesús dijo a los cristianos de Pérgamo que dejaran de ir más allá de la Palabra de Dios. ¡No permitas que otros planten semillas de duda en tu mente! Recuerda cómo fue que Satanás empezó su engaño a Eva en el huerto de Edén diciendo: "¿Conque Dios os ha dicho ...?"[8] Eso es lo que dicen hoy quienes distorsionan la verdad. ¿Estás tratando de tener una mente tan abierta que consientes las mentiras de Satanás y prestas atención a sus engaños?

Si la iglesia no se arrepentía, Jesús les advirtió: "Vendré a ti pronto, y pelearé contra ellos con la espada de mi boca" (Ap. 2:16*b*). Tú y yo no estamos en posición de juzgar la Palabra de Dios; ¡la Palabra de Dios nos juzga a nosotros!

Una ilustración de esto se encuentra más adelante en Apocalipsis 19, donde se describe una escena dramática en la cual los ejércitos del mundo se reúnen para hacer guerra entre todos. En el punto álgido de la batalla, cuando la raza humana está al borde del aniquilamiento, los cielos se abren y aparece un Hombre cuyo nombre es la Palabra de Dios, montado sobre un caballo blanco. Es seguido por los ejércitos del cielo. Los que se habían reunido en la tierra para la guerra le ven y le reconocen como el Rey de reyes y el Señor de señores porque su nombre está escrito claramente en su muslo. ¡Ahora se disponen a unirse para hacer guerra contra Él! Reúnen sus soldados, dan vuelta a sus naves de guerra, apuntan sus misiles y preparan sus bombas. ¡Todo lo que Él hace es pronunciar la Palabra! Él no hace más que blandir la espada aguda y de doble filo que sale de su boca, y *¡todos caen muertos!* El significado es claro: no emitimos juicios sobre la Palabra de

Dios. ¡La Palabra de Dios establece juicios sobre ti y sobre mí! ¿Quieres optar, ahora mismo, por depositar tu fe en la Palabra de Dios como la verdad? Puede ser que no entiendas todas las cosas que hay en ella, pero ¿estás dispuesto a aceptarla como la Palabra inspirada e inerrante, como la autoridad máxima que es? ¿La aceptas simplemente por fe debido a que sabes de quién es esa Palabra? Dios es un caballero. Él no miente. Puedes contar con que Él cumple su Palabra.

Encuentra esperanza escuchando a Jesús

Después de su advertencia, Jesús dijo: "El que tiene oído, oiga lo que el Espíritu dice a las iglesias. Al que venciere, daré a comer del maná escondido" (Ap. 2:17*a*). El maná fue pan del cielo que Dios dio a sus hijos para que se alimentaran mientras estuvieron deambulando por el desierto.[9] Cuando los israelitas construyeron el tabernáculo, el arca del pacto, que simbolizaba la presencia de Dios en medio de su pueblo, quedó ubicada dentro del lugar santísimo. Luego Dios dio instrucciones a Moisés para que escondiera parte del maná en el arca.[10] Años más tarde, Jesús dijo que *Él* era el pan vivo que había descendido del cielo.[11] Él fue el maná que Dios había dado de comer a sus hijos. Cuando los discípulos dijeron que no entendían lo que significaba "comer" de Él, el pan de vida, Él dijo que estaba hablando de su Palabra.[12] En otras palabras, es por medio de su Palabra que somos llevados a una experiencia enriquecedora, satisfactoria y personal de la realidad de Cristo.

El maná escondido es un pan que no se recibe fácil o rápidamente. No es algo obvio. Jesús promete maná escondido a quienes no solamente vencen la duda, la negación, y la distorsión de su Palabra, sino que también se arrepienten de tolerar a quienes practican tales cosas. Él está prometiendo una relación personal e íntima con Él mismo a través de revelaciones de su Palabra; revelaciones que son verdades dulces y suculentas, así como un entendimiento profundo y satisfactorio que se reserva para los que se acercan por fe a la Palabra de Dios.

La Palabra de Dios es un maravilloso libro de historia, poesía y profecía. Aun si eres apenas un lector casual de la Biblia, sin duda alguna serás bendecido por la más superficial de las lecturas. La Biblia es la pieza literaria de mayor excelencia en todo el mundo, pero sus profundidades y tesoros, el maná escondido, son cosas dadas solo a los que vencen su falta de fe en su verdad.

Jesús continuó diciendo: "Y le daré una piedrecita blanca, y en la piedrecita escrito un nombre nuevo, el cual ninguno conoce sino aquel que lo recibe" (Ap. 2:17*b*). Nadie está completamente seguro de lo que representa esta piedrecita blanca, pero en el Antiguo Testamento, cuando el sumo sacerdote entraba al lugar santísimo, llevaba puesto un pectoral que tenía incrustadas doce piedras preciosas. Cada piedra tenía grabado uno de los nombres de las tribus de Israel. La última de estas piedras era una piedra blanca, o jaspe, parecida a un diamante.[13] Quizás esta es una promesa de que si depositamos nuestra fe en su Palabra, podemos tener la certeza de que Él nos presentará por nombre propio escrito en su corazón al entrar a la presencia de su Padre. Si somos leales a su Palabra, ¡Él va a ser leal a nosotros!

Puede ser que la piedrecita blanca también ilustre otra verdad preciosa traída a la luz mediante una tradición que se desprende del ejercicio de la profesión legal antigua. Cuando una persona era sometida a juicio en una corte, su caso era escuchado por un panel de jueces. En la conclusión del juicio, cada juez del panel hacía explícita su decisión dejando caer una piedra en una vasija. Una piedra negra denotaba el veredicto de culpable y con una piedra blanca se emitía un veredicto de inocencia.

En el juicio final, nuestra culpabilidad o inocencia será determinada, no por un panel de jueces sino por un Juez, quien es Jesucristo mismo. Es posible que esta promesa de una piedrecita blanca para los que pongamos nuestra fe en su Palabra sea la certidumbre inequívoca de que en el juicio final, ¡Él va a emitir a nuestro favor un veredicto de inocencia!

La luz de la Palabra de Dios penetró en las vidas de los creyentes de Pérgamo que se habían dejado engañar por la importancia de la sofisticación intelectual y religiosa de la sociedad. No obstante, parece que los cristianos de Pérgamo, así como el catedrático que observé, habían permitido que la Biblia fuera descartada y quedara maltrecha en el olvido. Se negaron a abrir sus ojos frente a lo que reveló la luz de Dios. Se negaron a escuchar lo que estaba diciendo el Espíritu de Dios. ¿Cuál fue el resultado? Como la iglesia de Éfeso, ¡la iglesia de Pérgamo se esfumó del mapa![14]

La tercera iglesia que parecía funcionar en el engaño era la iglesia de Sardis. Aparentemente los cristianos en Sardis estaban más preocupados en su reputación que en su relación con Cristo. Se habían dejado engañar por la importancia del estatus.

♦ ENGAÑADOS POR LA IMPORTANCIA DE LA POSICIÓN SOCIAL

Sardis fue una de las ciudades más ricas, poderosas y famosas en el mundo. El hecho de que se hubiera plantado una iglesia cristiana en su seno implicaba gran potencialidad para toda el área.[15] No obstante, con el paso del tiempo la ciudad parece haber tenido un mayor efecto en los cristianos que el de ellos en la ciudad. La riqueza, el poder y la fama de la ciudad empezó a filtrarse en la vida comunitaria de los creyentes hasta que se volvieron ufanos y satisfechos consigo mismos, dejándose impresionar por los indicios exteriores de su éxito.

Encuentra esperanza mirando a Jesús

La visión de su gloria revela a Jesús como Aquel que tiene en su mano la balanza y pesa la iglesia en comparación con los estándares perfectos de su Espíritu Santo. Él proclamó: "Escribe al ángel de la iglesia en Sardis: El que tiene los siete espíritus de Dios, y las siete estrellas, dice esto" (Ap. 3:1*a*).

¿Alguna vez has escuchado decir a alguien: "Bueno, cuando llegue al cielo Dios va a pesar mis buenas obras y en el otro lado de la balanza va a colocar mis malas obras. Como mis buenas obras son más pesadas que las malas, Él me va a dejar entrar"? Esa persona tiene la razón en un punto. Es cierto que Dios *va* a pesar sus obras; pero Él no pesa las buenas obras de una persona para compararlas con el peso de sus malas obras. Lo que Él pesa son *todas* sus obras frente al Espíritu Santo. Si esa persona ha hecho en toda su vida una sola cosa mala, si ha tenido uno solo pensamiento pecaminoso, si desobedeció a Dios apenas una sola vez, en otras palabras, si él o ella no es perfecto, esa persona será superada en santidad por el Espíritu Santo y por ende será condenada.[16] Puesto que no existe un solo ser humano que sea perfecto, ese es un panorama bastante desolador; ¡pero la visión de su gloria revela que la humanidad no se queda sin esperanza!

Dios nos va a juzgar a ti y a mí de acuerdo a nuestras propias obras o de acuerdo a la obra de Cristo. Si somos juzgados según nuestras propias obras, somos condenados automáticamente porque es imposible hacer la cantidad suficiente de buenas obras o hacerlas con tanta perfección que lleguen a la altura de los parámetros de santidad y rectitud de Dios. Si somos juzgados por la obra de Cristo, nos salvamos porque Él es perfecto.

Jesús quería decir a los creyentes en Sardis: "¡Mírenme! ¡Los he pesado en la balanza y no les alcanza lo que tienen!" Esa misma convicción se aplica a nosotros hoy día. En nuestra sociedad opulenta y materialista necesitamos dejar de fijar nuestra atención en los indicios superficiales de éxito, y necesitamos dejar de valorar a una persona por la ropa que viste, el automóvil que conduce, la casa en que vive, los trabajos que tiene o la educación que posee. Necesitamos fijar nuestra mirada en Jesús, quien no nos mide según la cantidad de símbolos de estatus que hayamos adquirido sino de acuerdo a su Espíritu Santo.

A medida que la luz de su Palabra penetró las vidas de los creyentes en Sardis, no se reveló alguna cosa por la cual pudieran ser elogiados. La única cosa correcta en la iglesia de Sardis era que sus miembros conocían a algunas personas que eran rectas, ¡esa es una gran recriminación! Al igual que Lot en el Antiguo Testamento, quien fue bendecido a causa de su asociación con Abraham,[17] me pregunto cuántas personas en la actualidad, *dentro de la iglesia*, son bendecidas indirectamente por Dios, que quizás estén siendo libradas de su juicio inmediato debido a su asociación con los que en verdad son justos delante de Él. Una bendición indirecta y de segunda mano es mejor que nada, pero es mucho menos de lo que Dios desea para nosotros, y en fin de cuentas no es lo que va a salvarnos.

Encuentra esperanza aprendiendo de Jesús

Jesús dijo que los cristianos en Sardis eran ¡los muertos que hablan y caminan! Él les dijo: "Yo conozco tus obras, que tienes nombre de que vives, y estás muerto" (Ap. 3:1*b*). Los cristianos de Sardis tenían montado un gran espectáculo para aparentar que eran espirituales. Eran legalistas, fundamentalistas, farisaicos, pero todo lo hacían para impresionar a las demás personas. Les encantaba demostrar sus nociones bíblicas y citar la Biblia para todo. Aparentaban ser más espirituales de lo que eran y hacían gala de su celo religioso. Con todo eso se las habían arreglado para engatusar a muchas personas. Conocían todas las frases y clichés correctos, pero eran hipócritas. Les interesaba más saber lo que otros pensaban de ellos y no el concepto que Dios tenía de ellos.

A pesar de esta acusación devastadora, Jesús quería que los cristianos de Sardis supieran que no era demasiado tarde para cambiar. Él dio este mandato a Sardis: "Sé vigilante, y afirma las otras cosas que están para morir; porque no he hallado tus obras perfectas delante de Dios. Acuérdate, pues de lo que has recibido y oído; y guárdalo, y arrepiéntete" (Ap. 3:2-3*a*). Lo que habían recibido y escuchado los cristianos de Sardis era el evangelio. Incluso ellos habían dado el evangelio a otros, pero no lo habían obedecido en sus propias vidas.

¿Acaso tú, al igual que estos cristianos de otros tiempos, te has dejado aletargar por el materialismo, la fama y la fortuna que parecen haber barrido todos los rincones de la iglesia en estos últimos tiempos?

¿Te has embelesado con los hermosos templos de la actualidad que son mucho más que simples instalaciones sino lugares multimillonarios para espectáculos?

¿Has caído bajo el encantamiento de los conferenciantes y músicos cristianos que imponen el pago de honorarios de seis y siete ceros a la derecha antes de que puedan estar dispuestos a "ministrar"?

¿Has llenado tu mente de libros escritos por celebridades del mundo cristiano que son leídos con más entusiasmo que la Biblia?

¿Los programas y técnicas de negocios han tomado el lugar de tu dependencia de Dios en la oración diaria?

¿Has preferido el entretenimiento por encima del evangelio?

¿Has buscado consejería psicológica para evitar el arrepentimiento por tu pecado?

¿Eres parte de una iglesia que envía trabajadores sociales en lugar de misioneros?

¡Despierta y sé vigilante! ¿Tienes la reputación de estar vivo, cuando de hecho estás muerto? ¡Despierta! ¡Deja de engañarte a ti mismo! ¡Arrepiéntete! ¡Sé realista! Aprende de las palabras de Jesús dirigidas a los creyentes en Sardis. Ya que toda la motivación de ellos era impresionar a los demás, Jesús les dijo: "no he hallado tus obras perfectas delante de Dios".

Cerca del tiempo en que yo nací, el ministerio evangelístico de mi padre se proyectó a escala mundial. Él estaba en la televisión, en la radio, en los periódicos, aparecía entrevistado en revistas y predicaba frente a enormes auditorios. Como resultado, nuestra familia siempre estaba bajo el escrutinio público. Viví mi vida con una conciencia permanente de las opiniones de otras personas. Trataba de agradar a todo el mundo, pero a medida que empecé a vivir mis años de adolescencia, mi deseo de agradar a otros entró en conflicto con un deseo desesperado de expresar quién era como un individuo. Empecé a trabajar como modelo, me teñí el cabello y me puse lo que se consideraba como un maquillaje fuerte. En cierta ocasión fui arrinconada por algunos periodistas y el resultado fue un desacuerdo público con mi padre con respecto a un candidato político. El alboroto fue ensordecedor, no en el interior de mi hogar, donde mis padres y hermanos me amaban y aceptaban, sino desde afuera, donde algunos cristianos procuraban ejercer presión para que me ajustara al molde preconcebido que ellos tenían sobre la manera en que debía ser la hija de un evangelista conocido.

La situación llegó a convertirse en una crisis durante el verano de mis diecisiete años de edad. Tenía en mi interior fuertes sentimientos de confusión, rabia y rebeldía. Un amigo me llamó aparte y señaló con claridad cuál era mi problema. Me dijo que estaba viviendo con fingimiento y que me preocupaba más mi imagen y lo que la gente pensara que lo que Dios pensaba. Me dijo que estaba viendo a Dios como a través de un prisma, que mi relación con Dios se teñía y distorsionaba con todo lo que la gente pensaba, decía y hacía. Por tratar de agradar a todo el mundo, no era agradable para nadie. Finalmente me dijo que yo necesitaba mirar a Dios directamente.

Justo en ese momento y lugar, decidí que iba a vivir mi vida para agradar solamente a Dios. Supe que si vivía para agradar a Dios, mis padres y los que más me importaban estarían complacidos. Sencillamente me negué a preocuparme por otros a quienes no parecía agradar de cualquier forma.

La decisión de arrepentirme de mi hipocresía y ser real trajo mucha libertad a mi vida. Desde ese día en adelante he vivido mi vida, día tras día, tanto en público como en privado, tal como soy, una pecadora salvada por gracia, quien procura crecer hasta alcanzar la madurez cristiana para la gloria de Dios. Mi vida está abierta y a la vista de todos, y esto tiende a ser inquietante. No obstante, si alguien observa que hoy estuve enojada, quizás esa misma persona me va a observar menos enojada mañana y de hecho verá mi paciencia la próxima semana. Quizás si otros observan las fallas, los fracasos, los defectos y el pecado en mi vida, también observarán mi crecimiento espiritual a medida que gano la victoria en estas áreas y soy transformada de gloria en gloria por el Espíritu de Dios.[18]

Encuentra esperanza escuchando a Jesús

No existe mejor cura para la hipocresía que vivir en la luz de la segunda venida de Cristo. ¡Jesús no se deja engatusar por nuestro fingimiento! Él advirtió a los cristianos en Sardis (y a nosotros): "Pues si no velas, vendré sobre ti como ladrón, y no sabrás a qué hora vendré sobre ti" (Ap. 3:3*b*). Cualquier día nos vamos a encontrar cara a cara ante Él, despojados de todo fingimiento y expuestos a la luz tal como somos en frente del universo entero. ¿Entonces por qué no reclamar su promesa dada a los que vencen la hipocresía en sus vidas cristianas y eligen ser reales desde su interior hacia afuera? La promesa es esta: "El que venciere será vestido de vestiduras blancas; y no borraré su nombre del libro de la vida, y confesaré su nombre delante de mi Padre, y delante de sus ángeles" (Ap. 3:5). Estar vestido de blanco representa el hecho de estar vestido en la justicia de Cristo,[19] así como en las acciones justas que son agradables para Dios.[20] Cuando vivimos nuestra vida para Cristo, cuando vivimos como un "vencedor", ya no tenemos que fingir ser espirituales y justos y buenos. ¡En Cristo, *lo somos!*

No solamente son aceptables las obras y el servicio de un vencedor, sino que el vencedor es reconocido y aceptado personalmente por Dios mismo. Una razón por la que había llevado una vida de hipocresía y fingimiento era que sentía la necesidad angustiosa de ser aceptada por otros, por la sociedad. Quería que los demás pensaran y hablaran bien de mí. La visión de su gloria da esperanza a los que están engañados por la importancia de la sociedad ya que revela que nuestra ciudadanía no es de este mundo. ¡Nos muestra que por el contrario, somos aceptados en el cielo! ¿Por qué deberíamos fingir? ¡No es necesario cuando tenemos su esperanza!

¿Te has dejado engañar por la importancia de los símbolos de estatus como la riqueza, el poder, el éxito y la madurez espiritual dentro de la iglesia? "El que tiene oído, oiga lo que el Espíritu dice a las iglesias". La iglesia en Sardis no tenía oídos para escuchar, y a pesar de todo su estatus, riqueza y reputación, hoy está en ruinas.[21]

ENGAÑADOS POR LA IMPORTANCIA DEL EGO

La última iglesia a considerar en este capítulo es la iglesia de Laodicea. Laodicea era la capital bancaria de la región circundante así como una ciudad manufacturera conocida por la calidad de sus telas de lana negra. En una escuela de medicina que había en la ciudad se producía un ungüento para los ojos que tenía mucha demanda.[22] No obstante, parece que la iglesia en Laodicea no podía "ver" lo que la luz de la Palabra de Dios estaba revelando en las vidas de los que se llamaban a sí mismos cristianos. La iglesia estaba engañada por su propia importancia.

Encuentra esperanza mirando a Jesús

La visión de su gloria dejó en claro la credibilidad de Cristo a todos los que estaban en Laodicea. Él se reveló a sí mismo como "el testigo fiel y verdadero" (Ap. 3:14*b*). Él quería decir: "¡Mírenme, yo tengo la última palabra! Yo soy un testigo fiel de la verdad. Lo que estoy a punto de decir corresponde absolutamente a la realidad". Los creyentes de Laodicea debieron haber tenido dificultad para creer lo que Él expuso acerca de ellos.

Encuentra esperanza aprendiendo de Jesús

A medida que examinaba la iglesia de Laodicea con la luz de su Palabra, ¡Jesús no encontró *una sola cosa* que fuera motivo de elogio para ellos! ¡Estaban haciendo mal *todas las cosas*! Lo peor de todo es que estaban orgullosos porque *creían* que estaban haciendo todo *bien*.

¿Te puedes imaginar a una iglesia entera de supuestos creyentes, y que ninguno de ellos estuviera haciendo algo bien? Ni siquiera uno de ellos era agradable para Dios. Sin embargo, parece que la vasta mayoría de los miembros pensaba que la iglesia era maravillosa, ¡cuando en realidad toda esa iglesia era una farsa!

No era que se abstuvieran de participar o que fueran apáticos. Por el contrario, Jesús dijo: "Yo conozco tus obras" (Ap. 3:15*a*). Los laodicences se mantenían ocupados en el servicio cristiano, pero nada de lo que hacían era aceptable para Dios. ¿No sería algo terrible que vertieras todas tus energías en el servicio al Señor, solo para darte cuenta al final que nada de lo que hiciste fue aceptable o agradable para Él? ¿Cómo puede ser esto?

Jesús expuso a la luz el pecado que se había infiltrado en todas las cosas que hacían los laodicences: "Ni eres frío ni caliente. ¡Ojalá fueses frío o caliente! Pero por cuanto eres tibio, y no frío ni caliente, te vomitaré de mi boca" (Ap. 3:15*b*-16).

A mí me encanta el café negro y caliente; inclusive cuando trabajo en la computadora para transcribir este libro, acostumbro tener una taza al lado. Lo que pasa a veces es que me concentro tanto en lo que estoy haciendo que el tiempo pasa más rápido de lo que creo. Una y otra vez, mientras estoy concentrada en mi trabajo y con la mente ausente del entorno, tomo la taza de café que ha permanecido sobre mi escritorio durante muchos minutos, solo para descubrir que la bebida está tibia. Me alegra que siempre trabajo en privado, ¡porque mi reacción instintiva en esos casos es devolver el café de inmediato a la taza!

¡Qué vergüenza eterna tan grande sería si mi vida hiciera que el Señor reaccionara asqueado de una forma similar! Sin embargo, la indiferencia a Cristo era y sigue siendo, algo repugnante para el Señor. Era como si los laodicences hubieran alcanzado a percibir la visión de la gloria de Jesús...

    El Señor de gloria...
        La rosa de Sarón y el lirio de los valles...
            La estrella resplandeciente de la mañana...
                El Amado señalado entre diez mil..
                      El Cordero que fue inmolado ahora en pie y sobre el trono...[23]
    ¡Se hubieran limitado a encogerse de hombros!
    ¡No les importaba!
    Los laodicences no tomaron a Cristo en serio.
    No tomaron la Biblia en serio.
    No tomaron la cruz en serio.
    No tomaron el pecado en serio.
    No tomaron el mundo perdido en serio.

¡Ser cristiano era para ellos como un pasatiempo sagrado!

¿Qué hay de ti? ¿Colocas antes de Cristo tu tenis y golf, tu hogar y negocio, tu carrera e hijos, tu ejercicio y tu comida, tus planes y placeres? Así como los laodicences: "tú dices: Yo soy rico, y me he enriquecido, y de ninguna cosa tengo necesidad" (Ap. 3:17*a*)? Quizás crees que tienes vida eterna y que por lo tanto eres rico. Tal vez piensas que te aguardan tesoros en el cielo y que has adquirido una gran riqueza. ¿Será que estás pensando: *Tengo las bendiciones de Dios: buena salud, una familia hermosa que me ama, un ingreso adecuado. No necesito arrepentirme de pecado o cualquier otra cosa?* Escucha lo que Jesús dijo: "No sabes que tú eres un desventurado [sigues en tu pecado], miserable [inaceptable para Dios], pobre [sin la vida eterna], ciego [ignorante de tu condición], y desnudo [sin justicia ante los ojos de Dios]" (Ap. 3:17*b*). ¡Los laodicences estaban tan engañados por su propia importancia que ni siquiera habían nacido de nuevo!

En mi primer año de enseñar la clase bíblica, pedí a varias mujeres que me ayudaran a dirigir y discipular a los miembros de la clase. Una de las mujeres, a quien llamaré Betty, era una dama encantadora de unos cuarenta años de edad. Era conocida por su liderazgo en una iglesia tradicional grande. Ella accedió a colaborar. Cada semana orábamos, leíamos y hablábamos acerca de las Escrituras juntas en preparación para nuestra participación en el grupo general de mujeres. Betty aceptó la responsabilidad de discipular a otras quince mujeres, y se reunía con ellas habitualmente para estudio bíblico, oración y compañerismo. Todo parecía ir sobre ruedas. Estaban llegando más mujeres a la clase de las que podíamos manejar, muchas vidas estaban siendo cambiadas por el poder de la Palabra de Dios y estábamos estrechando buenos lazos con las otras mujeres que se habían involucrado en el liderazgo.

Un día, después de unos dos meses, Betty llegó con lágrimas en sus ojos y me dijo básicamente que toda su vida había estado engañada con la importancia de su propio ego. Con desconsuelo me contó que había nacido y crecido en la iglesia, había sido bautizada, participaba con regularidad en la santa cena, sabía cómo orar y citar las Escrituras, y había cultivado con mucho cuidado la reputación de una dama cristiana, ¡pero que en realidad nunca había nacido de nuevo! Ella creía que era muy rica espiritualmente, que se había enriquecido y que de ninguna cosa tenía necesidad, pero por medio del estudio bíblico, Dios había hecho brillar la luz de su Palabra en el interior de su vida. Le reveló que ante sus ojos divinos, ella era una desventurada, miserable, pobre, ciega y desnuda. Betty se arrepintió de su pecado inmediatamente y recibió a Cristo por la fe como su Salvador y Señor personal.

Puede ser que estés pensando que los laodicences no tenían esperanza porque Jesús estaba repugnado con su conducta, pero no es así. Con una voz que debió haber vibrado con emoción, Él les dijo: "Yo reprendo y castigo a todos los que amo" (Ap. 3:19*a*). ¡Jesús *amaba* a los creyentes de Laodicea! Y Él sigue amando en la actualidad a los que son orgullosos. Él ama a quienes están engañados por su propia importancia y creen que son justos delante de Él cuando en realidad nunca han nacido de nuevo. Él te ama, Él me ama, y nos dice: "sé, pues, celoso, y arrepiéntete" (Ap. 3:19*b*). Crucifica tu ego; arrepiéntete de tu orgullo y apego a ti mismo. Jesús dijo: "Separados de mí nada podéis hacer".[24] ¿Acaso pensaste que podías hacer algo independiente de Jesús? ¡Eso es orgullo! Pablo dijo: "Yo sé que en mí, esto es, en mi carne, no mora el bien".[25] ¿Creíste que había por lo menos una pequeña cosa buena en ti? ¡Eso es orgullo! Toda nuestra justicia es como un trapo inmundo ante los ojos de Dios.[26]

Encuentra esperanza escuchando a Jesús

La siguiente frase debió ser escalofriante para esta iglesia orgullosa. Jesús anunció: "He aquí, yo estoy a la puerta y llamo; si alguno oye mi voz y abre la puerta, entraré a él, y cenaré con él, y él conmigo" (Ap. 3:20). Es difícil de creer: Jesús estaba *afuera* de esta iglesia, ¡golpeando la puerta para que lo dejaran entrar! ¿Cómo es posible que alguna iglesia permita que ocurra una cosa así? ¿Cómo podría siquiera existir una iglesia de esa calaña? ¿Cómo? Pudo ocurrir porque los laodicences se habían vuelto orgullosos de sí mismos, se habían dejado engañar por su propia importancia egocéntrica.

¡Dios detesta el orgullo![27] El orgullo nos hace indiferentes a Jesús, y si somos engañados ahora por el orgullo al punto de enfocarnos en nuestra propia importancia, seremos repudiados más adelante por Cristo delante de su Padre.

¿Estás dispuesto a examinarte a ti mismo bajo la luz de la Palabra de Dios? ¿Jesús vive en ti porque en un punto específico de tu vida confesaste tu pecado, te arrepentiste, pusiste tu fe en la sangre de Jesús para limpiarte de tu pecado, y le invitaste a entrar en tu vida? No dejes que el orgullo te impida acudir a la cruz. Invita a Jesús a entrar en tu vida como tu Salvador y Señor. Él dijo que si le invitas a entrar, Él *entrará* y tendrá comunión contigo, ¡y tú lo sabrás! Tendrás confianza y seguridad cada vez mayores de que estás en una relación correcta con Dios, que tus pecados están perdonados y que tienes vida eterna.

Cuando vences tu orgullo al invitar humildemente a Jesús a entrar en tu vida por la fe, también recibes una promesa maravillosa: "Al que venciere, le daré que se siente conmigo en mi trono, así como yo he vencido, y me he sentado con mi Padre en su trono" (Ap. 3:21*b*). Un día, los que hemos reconocido que fuimos engañados por nuestra propia importancia y nos arrepentimos, vamos a ser *verdaderamente* importantes. Seremos invitados a sentarnos en el trono, en el centro del universo entero para gobernar y reinar con Cristo. Pero el camino para subir está abajo.

¿Estás escuchando? "El que tiene oído, oiga lo que el Espíritu dice a las iglesias" (Ap. 3:22) Los laodicences no estaban escuchando. Su iglesia yace desierta y en ruinas hasta el día de hoy.[28]

¿De qué forma la visión de su gloria ofrece esperanza cuando estás engañado por la importancia de tu servicio, tu sociedad, tu estatus y tú mismo? Ofrece esperanza porque enfoca tu atención en Jesucristo. A la luz de quién Él es y lo que Él dice, nos vemos a nosotros mismos tal como Cristo nos ve mientras todavía queda tiempo para arrepentirnos y corregir las cosas que no son agradables para Él. Contamos con la esperanza segura de que "nosotros todos, mirando a cara descubierta como en un espejo la gloria del Señor, somos transformados de gloria en gloria en la misma imagen, como por el Espíritu del Señor".[29] Tenemos la esperanza de que un día, por su gracia y poder, ¡seremos como Él![30]

Que el Dios de nuestro Señor Jesucristo, el Padre de gloria,... [alumbre] los ojos de vuestro entendimiento, para que sepáis cuál es la esperanza a que él os ha llamado.

Efesios 1:17*b*-18*a*

4

Esperanza cuando estás engañado por tu propia insignificancia

Apocalipsis 2:8-11, 18-29; 3:7-13

Beth Evans es una amiga que hace poco estaba hablando con una enfermera en la unidad de cuidados intensivos de un hospital. La enfermera afirmó que su apoyo al aborto se basaba en su experiencia profesional en la UCI, no solamente en ese hospital sino anteriormente en otra ciudad. Su razonamiento era que la mayoría de los bebés prematuros que entran a la UCI se encuentran en esa condición por un deficiente cuidado prenatal que se debe a la negligencia de la madre. La enfermera además señaló que la mayoría de madres de los infantes prematuros a quienes había cuidado o bien eran drogadictas, tenían SIDA, estaban alcoholizadas o habían sido maltratadas de alguna forma.

Como el nacimiento y cuidado de estos bebés ponía una presión enorme en los hospitales porque les toca asumir la mayoría de los gastos generados por las madres de bajos recursos, y como los bebés serían enviados de vuelta a una situación de hogar en la que no iban a recibir cuidados adecuados, ¿cuál es la razón para dejarlos nacer? La enfermera creía que el aborto realmente solucionaría problemas, ahorraría gastos y finalmente detendría el círculo vicioso de pobreza y maltrato si estos bebés pequeños e insignificantes, no amados ni deseados, fueran eliminados.

En ese momento Beth le contó a la enfermera su propia historia. Diez años atrás, ella y su esposa recibieron la feliz noticia de que estaban esperando a su primer hijo. Después de unas semanas de embarazo, Beth sintió que su condición tenía un aspecto inusual. Ella fue al consultorio para hacerse un ultrasonido y el médico les informó a ella y su esposo que no solamente estaban esperando a su primer hijo, ¡sino a sus primeros *cuatro* hijos! ¡Beth llevaba en su vientre a unos cuatrillizos!

Luego el médico le aconsejó a Beth: "Déjese hacer una remoción de tejido e inténtenlo de nuevo". Como el vientre de la mujer no está dispuesto naturalmente para llevar cuatro bebés, el médico dijo que pasar por un embarazo así afectaría en gran medida la salud física de Beth, y que de todas maneras los bebés con toda probabilidad iban a ser anormales a causa de ser prematuros. Cuando Beth y su esposo informaron al médico que habían decidido conservar a los bebés todo el tiempo que pudieran sin interrumpir el embarazo, el médico explicó la opción que tenían de "reducir selectivamente" el número de infantes en el vientre. Al preguntarle qué había querido decir, les explicó que él podía abortar algunos de los bebés y reducir el número a tres o dos, incluso a uno solo. Beth y su esposo decidieron dejar que Dios determinara cuáles debían vivir o morir, el médico les aconsejó: "En ese caso no les pongan todavía sus nombres favoritos debido a la alta probabilidad de que no todos van a sobrevivir. No crean que van a salir de este hospital con bebés saludables. Es imposible, ni lo sueñen".

Tras varias semanas de descanso forzoso en cama, los bebés de Beth nacieron. Cada uno de los bebés, dos niñas y dos niños, pesaron un promedio de tres libras cada uno. La primera vez que Beth los vio en la UCI, habían sido paralizados con una droga que se les administró para evitar que rechazaran el respirador. Tenían agujas y tubos metidos en sus talones, muñecas y ombligos. A cada uno le habían puesto una careta negra para contrarrestar la ictericia. Cada cuerpo inmóvil de esos bebés parecía estar sin vida, increíblemente pequeño, en alguna medida infrahumano y totalmente insignificante; pero allí estaban sus hijos, a quienes había dado vida y con quienes ella se comprometía por el resto de su vida como mamá.

Cuando Beth le terminaba de relatar su historia a la enfermera de la UCI que defendía el aborto, señaló en dirección a sus cuatro hijos de nueve años, llenos de salud y energía, y comentó con afabilidad: "No puedo imaginar de cuál de mis bebés habría podido prescindir".

¿Hay alguna cosa que consideres tan insignificante que puedes "prescindir de ella" o suprimirla? ¿Una relación? ¿Un hijo? ¿Un matrimonio? ¿Una oportunidad para el servicio? ¿Tu futuro? ¿Tu propia vida? La visión de su gloria da esperanza a los que se han dejado engañar por su propia insignificancia, porque revela que en Cristo ¡no existe una persona insignificante o un lugar insignificante o una posición insignificante!

ESPERANZA CUANDO ESTÁS ENGAÑADO POR LA INSIGNIFICANCIA DE TU TESTIMONIO

Parece que tres de las siete iglesias a las cuales Jesús se dirigió en Apocalipsis 2 y 3 estaban engañadas por su propia insignificancia. La primera de estas fue Esmirna, una hermosa ciudad portuaria situada en la costa de lo que hoy es Turquía. Su única pretensión a la fama internacional era el hecho de haber sido la cuna del poeta épico griego Homero.[1] Pero la iglesia de Esmirna también era conocida en todo el mundo cristiano de aquel tiempo a causa de su sufrimiento.

Hemos considerado previamente la persecución de cristianos que fue infligida por el emperador romano Domiciano. Al declararse a sí mismo como un dios y exigió ser adorado, los cristianos rehusaron hacerlo. Por lo tanto, él mandó que fueran quemados en la hoguera, crucificados en maderos y arrojados a los leones.

Todo el sufrimiento experimentado por los creyentes del primer siglo quedó ejemplificado por la experiencia de los creyentes en Esmirna. Su testimonio del evangelio de Jesucristo les parecía a ellos totalmente insignificante frente al exterminio que enfrentaban a diario, mientras se esforzaban en vivir para Cristo en el mundo romano de su tiempo.

¿Cuán efectivo consideras que ha sido tu testimonio del evangelio? En lugar de recibir una respuesta positiva a él por parte de tu familia, tus amigos y compañeros de trabajo, ¿no has recibido más que rechazo, críticas y persecución continuos? ¿Estás a punto de caer en el engaño y creer que tu testimonio es insignificante, especialmente cuando lo comparas a la reacción que provoca? En ese caso, una vez más, lo que necesitas es mirar a Jesús.

Encuentra esperanza mirando a Jesús

Jesús se reveló a sí mismo ante los creyentes de Esmirna como alguien que se identificaba plenamente con su sufrimiento. Con tonos de esperanza vibrando en su voz Él les dijo: "Escribe al ángel de la iglesia en Esmirna: El primero y el postrero, el que estuvo muerto y vivió, dice esto" (Ap. 2:8). Jesús dijo en esencia: "Yo morí. Sé lo que es sufrir. ¡Fui perseguido hasta la muerte! ¡Pero volví a la vida! No fui derrotado por el sufrimiento. Sé lo que se siente al ser odiado por el mundo, ¡pero afirmen su corazón! Yo he vencido al mundo".[2]

No existe una respuesta satisfactoria al problema del dolor y el sufrimiento humanos, pero una cosa de la que estamos seguros que imparte consuelo en medio de nuestro sufrimiento es que Dios, en la carne, entiende. Él sabe lo que *se siente* cuando se sufre, y de una manera que nunca conoceremos.

¿Acaso tu sufrimiento es físico? ¿Tienes dolores de cabeza y migrañas? ¡Piensa en la corona de espinas que incrustaron en su frente! ¿Sufres de artritis? Piensa en Jesús, colgando de la cruz y con todos sus huesos descoyuntados. ¿Tienes alguna dolencia cardíaca? Piensa en el sentimiento de asfixia que Él experimentó a medida que el peso de su cuerpo colgado de unos clavos en sus manos le impedía respirar normalmente. ¿Tienes cáncer? Piensa en la fiebre espantosa que convulsionaba su cuerpo torturado mientras permanecía colgado bajo un sol ardiente. ¡Dios, en la carne, entiende el sufrimiento físico![3]

¿Tu sufrimiento es emocional? Piensa en el rechazo de nuestro Señor por parte de quienes Él amaba, cuando "a lo suyo vino, y los suyos no le recibieron".[4] Él no fue rechazado solamente en vida, incluso fue rechazado en muerte. Una razón por la que Jesús fue crucificado en las afueras de Jerusalén fue que a Él lo consideraron indigno de permanecer dentro de sus muros.[5]

Cuando pensamos en la crucifixión de Cristo, imaginamos que sucedió como aquel himno predilecto lo describe, "en un monte lejano"; pero de acuerdo a la historia, si Él fue ejecutado de la forma habitual, fue crucificado al lado del camino principal a la entrada de Jerusalén, no en la lejanía. Además habría colgado solo a cuarenta centímetros del suelo. En otras palabras, ¡fue despojado de sus vestiduras y luego clavado a la cruz a la vista de todos en el camino principal que entraba a la ciudad!

Jesús dio su vida como el Cordero de Dios sacrificado por el pecado del mundo. Las personas que iban de camino al mercado o a hacer sus negocios en la ciudad, ¡pasaron de largo sin siquiera fijarse en Él! Sin embargo, ¡Él estaba dando su vida por ellos! Algunos sí se percataron y se detuvieron para leer el aviso que habían colocado sobre su cabeza y que decía: "Este es Jesús, el Rey de los judíos",⁶ ¡y le escarnecieron! Los que debieron saber quién era Él le lanzaron insultos: "Si Dios te amara realmente, nunca habría dejado que te metieras en una situación como esta".

¿Cuándo has vertido tu vida por alguien que ni se percató de ello? ¿O se percató pero en realidad no le importó? ¿Alguien te ha afrentado diciendo que las circunstancias de tu vida son una prueba de que Dios no te ama? Si es así, ¡recuerda que Dios entiende el sufrimiento emocional!

¿Tu sufrimiento es espiritual? ¿Luchas con la culpa, la vergüenza y el recuerdo de algún pecado, bien sea el tuyo o el pecado de otra persona en tu contra?

La Biblia dice que Jesús, quien no conoció pecado cometido por Él mismo, se convirtió en el pecado mismo por ti y por mí cuando permaneció clavado en la cruz.⁷ Él sintió todo el peso de la culpa del pecado, toda su vergüenza, y fue agobiado por la evocación de todos los pecados. No solamente de tu pecado, sino por el pecado de cada persona de cada generación de todos los tiempos y naciones de todo el mundo desde el principio hasta el final del tiempo. ¡Él sintió y sufrió bajo el peso de todo aquello!

Nunca he fumado un solo cigarrillo. Por lo tanto, soy muy sensible al olor del humo de cigarrillo. Cuando me registro en un cuarto de hotel o voy en algún automóvil, puedo detectar de inmediato si alguien que estuvo allí antes fumó. Por muy sensible que sea ante el humo, ¡trata de imaginar cuán sensible fue Jesús a la presencia del pecado!

Jesús nunca había pecado, imagina la tremenda sensibilidad que Él tendría aun frente al pecado más pequeño. Sin embargo no fue un solo pecado pequeño, ni tan solo tu pecado o el mío, sino el pecado del mundo entero fue colocado sobre Él.⁸

No es de extrañarse que Él haya clamado: "Dios mío, Dios mío, ¿por qué me has desamparado?"⁹ Tu pecado y el mío se habían convertido en una barrera que le separó de su Padre por primera vez en toda la eternidad.

¿Alguna vez te has sentido separado de Dios? ¿Desamparado por Dios? Él entiende. De hecho, ¡Él mismo ha conocido el sufrimiento espiritual a un grado que tú y yo jamás podremos comprender del todo!

Encuentra esperanza aprendiendo de Jesús

Sin importar de qué manera puedas estar sufriendo en el tiempo presente, ¡Jesús lo entiende a un nivel personal! Él dio consuelo con estas palabras: "Yo conozco tus obras, y tu tribulación, y tu pobreza (pero tú eres rico), y la blasfemia de los que se dicen ser [religiosos], y no lo son... Sé fiel hasta la muerte, y yo te daré la corona de la vida" (Ap. 2:9, 10).

El profesor Marshall Hill fue mi intérprete cuando hablé hace varios años en una iglesia que se había establecido en un país hostil a Cristo. Antes de dar mi mensaje, él me contó algo de su historia.

Dijo que estaba sirviendo como empleado de una iglesia cuando fue entregado a las autoridades por otro miembro del personal por predicar el evangelio. Fue encarcelado durante veinticinco años y gran parte del tiempo la pasó en confinamiento aislado. Durante su tiempo en prisión, el manuscrito del comentario del Nuevo Testamento que había sido la obra de su vida fue confiscado y destruido. Cuando al fin fue sacado de la prisión, las autoridades lo declararon como "no persona", lo cual significaba que ante los ojos de las autoridades él había dejado de existir. Esta designación le hizo imposible encontrar empleo. Fue despojado de todas sus cosas y vivió en la pobreza. Su testimonio, así como su vida, ¡nunca antes habían parecido tan insignificantes!

Después la misma iglesia donde el profesor Hill había servido antes y donde fue traicionado, tras muchas vacilaciones le invitó a regresar como empleado porque él era el único que la iglesia pudo encontrar que sabía griego, hebreo, latín e inglés así como su idioma nativo. El profesor Hill accedió, y cuando tuve el privilegio de conocerlo quince años más tarde, ¡él seguía sirviendo en esa iglesia con el mismo miembro del personal que le había entregado a las autoridades cuarenta años atrás!

Miré al profesor Hill y supe que estaba viendo a una persona que había sido afligida, que era pobre, que había sufrido la difamación de la comunidad religiosa, ¡pero que en realidad era rico! La sonrisa en su rostro siempre era de oreja a oreja, sus ojos brillaban con la chispa del gozo del Señor y me contó acerca de la paz en su corazón, su renovado sentido de propósito en el ministerio y la nueva visión que tenía para alcanzar a su gente para Cristo. Él estaba comprometido a ser fiel a Cristo, ¡incluso hasta la muerte![10]

Jesús sabía que el sufrimiento de la iglesia en Esmirna engañaría a los creyentes con la sensación de que su testimonio era insignificante; pero su testimonio no era insignificante. Él dijo: "Yo conozco tus obras, y tu tribulación".

¿Pensaste que Jesús no estaba al tanto de las cosas que te estaban sucediendo? ¿O que Él sabía pero no le importaba? ¿O que le importaba pero no podía hacer nada al respecto? Nada podría estar más lejos de la verdad. Él sabe *exactamente* por lo que estás pasando. Él conoce todos los niveles de dolor y cada sentimiento que tú experimentas, y le importa. Si no ha intervenido para librarte, es porque tiene algo mejor para ti.

El testimonio de los cristianos de Esmirna era tan significativo que Dios lo registró en su Palabra a fin de ser preservado y exaltado por toda la eternidad. Él no señala una sola cosa que necesitara ser corregida en sus vidas. En lugar de eso, los cubre de elogios y con su consuelo y ánimo.

De todas maneras, sin que su hermoso testimonio se manche, parece que había cierta tendencia de parte de ellos a hacer algo mal. También puede ser una tendencia tuya si te dejas engañar pensando que tu testimonio es insignificante.

Jesús dijo: "No temas en nada lo que vas a padecer" (Ap. 2:10). Es obvio que los creyentes estaban atemorizados y por eso Jesús les dijo que no lo estuvieran, pero me pregunto si temían tanto sufrir más que estaban al borde de arriesgar su testimonio.

Wang Ming Dao fue un pastor chino que había sido llevado a Cristo por otro chino. En el momento de la ocupación comunista, él estaba pastoreando la iglesia más grande en Pekín. Fue tolerado por algunos años y después llevado a prisión por los comunistas a causa de su testimonio y ministerio. Mientras estuvo en prisión y bajo torturas, con el temor de padecer un sufrimiento todavía más severo, Wang Ming Dao renegó de su fe y en consecuencia fue soltado por las autoridades. En los días y semanas que siguieron, Wang Ming Dao fue visto deambulando por las calles de la ciudad, llorando y balbuceando: "¡Yo soy Judas! ¡He traicionado a mi Señor!"

Incapaz de soportar su vergüenza por más tiempo, acudió a las autoridades, confesó su fe en Cristo y solicitó que lo volvieran a poner en prisión. Las autoridades aceptaron su solicitud y fue encarcelado durante veintisiete años más. Cuando fue dejado en libertad por segunda vez hacia el final del su vida, Wang Ming Dao fue considerado por la iglesia china como un héroe de la fe que alguna vez negó.

Aunque este puede ser un ejemplo extremo, hay un "Wang Ming Dao" en cada uno de nosotros. El temor a recibir más críticas, a ser blanco de una mayor hostilidad, al rechazo permanente, a la persecución intensificada o del sufrimiento continuo pueden hacer que bajemos la guardia, que comprometamos o silenciemos por completo nuestro testimonio. Puede ser que no reneguemos de nuestra fe, pero ese temor nos puede llevar a esconder nuestra luz debajo de un almud.

¿Tienes temor? Jesús dijo: "No temas en nada" (Ap. 2:10). Aprópiate de la paz de Dios, mantén tu testimonio y deja las consecuencias en sus manos. Sé como la reina Ester de Persia, quien al verse enfrentada con el reto de mantener su posición en contra del holocausto judío que Amán estaba tramando, dijo: "Entraré a ver al rey, aunque no sea conforme a la ley; *y si perezco, que perezca*".[11] La reina Ester se mantuvo en su posición, hizo lo que creía era correcto, y dejó las consecuencias en las manos de Dios. Al final de todo, fue recibida por el rey y no pereció. Los judíos celebran hasta el día de hoy la fiesta del Purim para conmemorar su valentía y la liberación del pueblo de Dios que trajo como resultado. Hay ciertos momentos en los que también debemos mantenernos firmes en nuestra posición y no preocuparnos por las consecuencias.

Sadrac, Mesac y Abed-nego tomaron esa decisión cuando se les ordenó que al lado de todos los oficiales en las provincias de Babilonia, se postraran y adoraran la imagen de oro del rey Nabucodonosor. Cuando rehusaron hacerlo por primera vez, se les dio una segunda oportunidad y fueron advertidos: "Si no la adorareis, en la misma hora seréis echados en medio de un horno de fuego ardiendo; ¿y qué dios será aquel que os libre de mis manos?"[12]

Los tres hombres hebreos dieron una respuesta que ahora es clásica: "No es necesario que te respondamos acerca de este asunto. He aquí nuestro Dios a quien servimos puede librarnos del horno de fuego ardiendo; y de tu mano, oh rey, nos librará. *Y si no*, sepas, oh rey, que no serviremos a tus dioses, ni tampoco adoraremos la estatua que has levantado".[13] Los tres hombres hebreos se mantuvieron firmes en su fe en Dios, dispuestos a sufrir todas las consecuencias que ello trajera como resultado y en efecto, ¡fueron arrojados en el horno de fuego ardiente! Dios no los libró del fuego del sufrimiento y la persecución, pero estuvo presente con ellos en medio de todo.

Cuando el rey Nabucodonosor miró el horno, ¡vio a cuatro hombres en lugar de los tres que había echado! El cuarto hombre, dijo él,

¡tenía el aspecto del Hijo de Dios! Sin duda alguna: ¡el Señor Dios estuvo en el horno con sus hijos!

Estos héroes de la fe seguramente estarían de acuerdo con Pablo, quien dijo: "Porque no nos ha dado Dios espíritu de cobardía, sino de poder, de amor y de dominio propio. Por tanto, no te avergüences de dar testimonio de nuestro Señor".[14]

De una forma similar, Jesús alentó a los creyentes de Esmirna cuando dijo: "Tendréis tribulación por diez días" (Ap. 2:10*b*). No estoy segura de qué representan con exactitud esos diez días, pero aquí el principio es que el sufrimiento es algo temporal. Dura solo diez días, siempre tiene un fin o un límite.

Si estás tan engañado por la insignificancia de tu testimonio que el temor al sufrimiento que provoca te está haciendo retroceder, silenciarte, condescender y bajar la guardia, tal vez el Señor te diría: "¡Tu liberación viene en camino, el fin está a la vista! Hay un límite a las críticas, el ostracismo, la persecución y el rechazo, *¡van a llegar a su fin!*" Si no sucede hoy, entonces mañana. Si no es mañana, la próxima semana. Si no es la próxima semana, el mes entrante. Si no es el mes siguiente, será el año que viene. Si va a durar toda tu vida, ¡sigue siendo temporal en comparación con la eternidad!

Si pudiésemos trazar el transcurso de nuestra vida en una línea de tiempo que incluyera toda la eternidad, la línea misma tendría varios kilómetros de extensión y las vidas que vivimos en la tierra apenas serían un punto en la línea. El sufrimiento que experimentamos durante nuestra vida en la tierra sería una marca tan pequeña que prácticamente no se podría detectar. ¿Por qué considerar la posibilidad de canjear algo que tiene efecto sobre el resto de la línea por la liberación momentánea de esa partícula de sufrimiento? ¿Estás en peligro de sacrificar tu recompensa celestial por tu alivio terrenal? ¡Enfócate en el cuadro entero! Recuerda el reto compasivo que Jesús dio a quienes se encontraban sufriendo en Esmirna: "Sé fiel hasta la muerte, y yo te daré la corona de la vida" (Ap. 2:10*c*). ¡Tu testimonio es significativo porque lo que está en juego es tu recompensa eterna!

Encuentra esperanza escuchando a Jesús

¿Estás sufriendo? ¿Estás tan engañado y trastornado por tu dolor que has perdido toda esperanza...

de volverte a sentir bien algún día?

de al fin tener paz?
de conocer el consuelo alguna vez?
de experimentar gozo algún día?
de ser amado y totalmente comprendido?

Entonces Jesús tiene una promesa para ti si estás dispuesto a enfocar la mirada, no en tu dolor sino en Él, y a mantener tu fe y tu testimonio a toda costa: "El que tiene oído, oiga lo que el Espíritu dice a las iglesias. El que venciere, no sufrirá daño de la segunda muerte" (Ap. 2:11).

La segunda muerte es el infierno, un lugar de oscuridad absoluta, crujir de dientes, sufrimiento y dolor eternos. La esperanza que se nos da por la visión de su gloria cuando vencemos nuestro temor de sufrir por Cristo es que un día seremos librados de forma permanente, eterna, total y personal de todo dolor, sufrimiento, rechazo, críticas y persecución. El Señor Jesucristo mismo enjugará nuestras lágrimas, ¡y viviremos en su presencia para siempre!

Toma tu cruz diariamente y sigue a Cristo, pero no olvides: el poder y la gloria de la resurrección siguen después de la cruz, ¡y la corona sigue a la resurrección!

De acuerdo a la historia eclesiástica, el primer obispo de la iglesia fue Policarpo, ordenado al ministerio por el apóstol Juan y amado en gran manera por los creyentes. Él fue arrestado por las autoridades de Roma a causa de su testimonio diáfano, y después le dijeron que sería dejado en libertad si maldecía a Cristo. Su respuesta ha resonando a lo largo de todos los siglos: "Ochenta y seis años he servido a Cristo y Él no me hecho más que bienes; ¿cómo pues podría maldecir a mi Señor y Salvador?" Policarpo fue quemado vivo en la hoguera.[15] Aunque Policarpo padeció hasta la muerte, mantuvo su testimonio en Cristo hasta el día de hoy. Por esa razón ha sido librado de manera permanente de todo sufrimiento y recibirá la corona de la vida.

¿Estás prestando atención a lo que el Espíritu está diciendo? ¡Los cristianos de Esmirna lo estaban! La ciudad ha sobrevivido al paso de los siglos, ¡y hoy existe todavía una iglesia cristiana en ese lugar![16]

Mientras los creyentes en Esmirna parecían estar en peligro de ser engañados por creer que su testimonio era insignificante, los cristianos de Tiatira estaban engañados por la aparente insignificancia de su pureza moral.

ESPERANZA CUANDO ESTÁS ENGAÑADO POR LA INSIGNIFICANCIA DE TU PUREZA

En Tiatira se encontraba el hogar de Lidia, la mujer trabajadora que se convirtió con la predicación del apóstol Pablo y le ayudó a plantar la iglesia de Filipos.[17] El pueblo mismo era tan desconocido y la iglesia tan pequeña, que los eruditos se preguntan por qué llamó la atención de nuestro Señor. Lo que pasa es que esta atención en Tiatira constituye una advertencia solemne del Señor para los que puedan pensar que sus vidas son tan pequeñas, recónditas e insignificantes, que no importa si viven con pecado en sus vidas.

Encuentra esperanza mirando a Jesús

La imagen que Juan describe es inquietante porque registra la voz de Cristo que retumba al decir: "El Hijo de Dios, el que tiene ojos como llama de fuego, y pies semejantes al bronce bruñido, dice esto" (Ap. 2:18*b*). De esta misma manera Juan describió a Jesús en Apocalipsis 1 cuando miró airado la causa del sufrimiento de Juan. Esta vez, ¡Jesús está mirando airado la iglesia de Tiatira! Pido a Dios que nunca llegue a encontrar a Jesús mirándome airado con ojos como llama de fuego y juzgar con pies semejantes al bronce bruñido. ¿Cuál fue la causa de que Él mirara así a los cristianos que estaban en la iglesia de Tiatira?

Encuentra esperanza aprendiendo de Jesús

Jesús les reveló esto: "Yo conozco tus obras, y amor, y fe, y servicio, y tu paciencia, y que tus obras postreras son más que las primeras" (Ap. 2:19). ¡Eso es impresionante! ¡Parecía que estaban haciendo bien todas las cosas! Mostraban amor por el Señor Jesús con sus obras, algo que le faltaba a la iglesia de Éfeso. Tenían fe, de la que carecía la iglesia de Laodicea. Tenían servicio, fe y perseverancia, que la iglesia de Esmirna parecía estar en peligro de perder. ¿Entonces qué les faltaba? ¿Qué podía estar tan mal en una iglesia que parecía funcionar tan bien? La respuesta está en el siguiente versículo: "Pero tengo unas pocas cosas contra ti: que toleras a esa mujer Jezabel que se dice profetisa" (Ap. 2:20*a*).

Jezabel era una líder en la iglesia. Imagino que era talentosa, persuasiva, atractiva y con una personalidad muy carismática. Parece que había convencido a la mayoría de cristianos en la iglesia que si iban a ganar a sus amigos para Cristo, era necesario que fueran como sus amigos. Tenían que ir a los lugares frecuentados por sus amigos, vestirse como sus amigos se vestían, hablar como hablaban sus amigos, divertirse como se divertían sus amigos, escuchar su misma música, comer su misma comida y beber lo mismo que bebían sus amigos. Imagino que el argumento de ella era que si uno se separa del mundo en lugar de condescender y volverse como el mundo, ¿cómo es posible lograr que esos incrédulos presten atención a nuestra presentación del evangelio?

Seguramente Jezabel había negado que es cuando Jesús es puesto en alto con todos sus atributos únicos, incluyendo su santidad y pureza manifestadas en la vida del creyente, que otros son atraídos a Él y salvados por su gracia y poder.[18]

Cualesquiera hayan sido sus tácticas, ¡Jezabel llevó a pecar a toda la iglesia! Jesús amonestó a los creyentes de Tiatira: "Toleras que esa mujer Jezabel, que se dice profetisa, enseñe y seduzca a mis siervos a fornicar y a comer cosas sacrificadas a los ídolos" (Ap. 2:20*b*). Específicamente, ella condujo a los cristianos a un estilo inmoral de vida, y los creyentes fueron tan engañados por lo que consideraban como la insignificancia de su pureza que estuvieron dispuestos a seguir su liderazgo. La iglesia de Tiatira se había vuelto tan parecida al mundo que la rodeaba, ¡que al observador casual le habría sido difícil notar las diferencias! ¿Qué era lo que faltaba en la iglesia al punto de provocar la ira del Hijo de Dios? *¡Santidad y pureza!*

Con toda seguridad nunca ha habido un tiempo en que exista más inmoralidad *dentro* de la iglesia que en la actualidad. Cuando el desempeño se exalta por encima del carácter aun dentro de la iglesia, necesitamos leer con mucho detenimiento el mensaje de nuestro Señor a Tiatira. Jesús dijo que había dado a Jezabel "tiempo para que se arrepienta, pero no quiere arrepentirse de su fornicación" (Ap. 2:21). Por esa razón permitió que Jezabel, quien había sembrado el viento, cosechara el torbellino. Ella sufrió las consecuencias de juicio debidas a su pecado, pero lo que es más trágico, su estilo de vida afectó a sus hijos y ellos también cosecharon las consecuencias.

Si tú y yo no nos arrepentimos del pecado en nuestra vida, va a pasar a nuestros hijos y su influjo va a ser mayor en las vidas de ellos. Tengo un amigo quien, al mismo tiempo que profesaba ser un líder cristiano, en reiteradas ocasiones le fue infiel a su esposa. La inmoralidad sexual del esposo no solamente resultó en la destrucción del matrimonio, sino que ahora la tragedia real es ver su pecado reproducido en sus hijos, porque ellos también han adoptado estilos de vida inmorales. Las consecuencias de enfermedades y embarazos no deseados que han resultado de esas decisiones también han sido devastadoras.

La advertencia del Señor para los creyentes en Tiatira fue que si no quitaban el pecado de en medio de ellos, ¡Él mismo se encargaría de ello! ¡Y así lo hizo!

En los últimos años, las primeras páginas de nuestros diarios han reportado con detalles crudos la inmoralidad de algunos líderes cristianos. Relatos de infidelidad marital, deshonestidad financiera, así como las tácticas de manipulación empleadas por algunos predicadores del evangelio han dado mucho de qué hablar (y hacer dinero) a la prensa y la televisión.

Una cadena de noticias presentó una entrevista con uno de esos predicadores y su esposa cuando describían con lágrimas la investigación legal de su ministerio como un ataque de Satanás, así como la inculpación que le siguió por parte del gran jurado. Ese predicador más adelante fue condenado en una corte por crímenes contra el estado y fue puesto en prisión. En poco tiempo su esposa lo dejó para casarse con el mejor amigo de él, y su familia quedó desintegrada.

Me pregunto: ¿se trató de un ataque de Satanás, o más bien fue el Hijo de Dios "con ojos como llamas de fuego y pies semejantes al bronce bruñido", porque se negó a tolerar tal comportamiento por parte de su pueblo? ¡Especialmente en los líderes de su pueblo!

Mientras una tras otra las historias vergonzosas de líderes cristianos inmorales inundan la prensa, es como si Jesús entrara otra vez en el templo para expulsar con su látigo a los cambistas de dinero.

El lado increíble de muchas de estas historias es que después que el pecado y la vergüenza de un líder han quedado expuestos a la luz pública, logra retener una cantidad suficiente de seguidores que continúan con los programas de radio y televisión.

¿Quién te está instruyendo en cuestiones espirituales en tu iglesia o por medio de grabaciones, libros, videos y programas de televisión? ¿Qué tanto conoces acerca del carácter de esa persona? ¿Su "andar" coincide con su "hablar"?

¡Sé vigilante! El enojo de nuestro Señor y su carta no estaban dirigidos a Jezabel sino a los que no solamente la toleraban sino que escuchaban lo que decía, la apoyaban y la seguían.

¿De qué manera has permitido que la inmoralidad se infiltre en tu vida? Cinco o diez años atrás, si hubiéramos sintonizado los canales actuales y escuchado y visto lo que se presenta hoy en ellos, el efecto habría sido tan grande que protestaríamos furiosos en contra de los responsables y haríamos un boicoteo a los patrocinadores de tales programas. Hoy en cambio, nos hemos dejado anestesiar a tal punto por el bombardeo del pecado desde todos los flancos, que ese tipo de escenas y lenguaje ni siquiera nos incomodan. Jesús dijo a los cristianos de Tiatira (y a nosotros hoy mismo): que nos arrepintamos de las obras de Jezabel (Ap. 2:22*b*). Necesitamos arrepentirnos de esa complacencia que permite que semillas de inmoralidad e impureza sean sembradas en nuestra mente y corazón.

Hace algunos años en una operación "aguijón" de la policía, el dirigente de una organización eclesiástica estatal fue detenido por solicitar los servicios de un hombre prostituido. Como había conocido por muchos años a este líder de la iglesia, la noticia de su conducta vergonzosa y subsecuente arresto fueron un golpe fuerte. Me pregunté: ¿?Cómo pudo empezar una perversión de ese tipo? ¿Con un pensamiento? ¿Con una segunda mirada? ¡Cuán engañados estamos si creemos que tales pensamientos y miradas son insignificantes cuando Jesús dijo que pueden ser los anzuelos que arrastran nuestra vida a la destrucción![19]

¿Qué pecado de pensamiento, palabra u obra estás cometiendo porque ves a otro "cristiano" cometerlo y parece que se está saliendo con las suyas?

Jesús dijo a los cristianos de Tiatira que dejaran de usar el ejemplo de Jezabel y su posición en el liderazgo como una excusa para pecar.

Cuando enseñaba mi clase bíblica, me sentí movida a amonestar a una primorosa dama cristiana por un pecado patente en su vida. Me miró con una expresión en su rostro de haber sido sorprendida y lastimada; luego defendió su conducta diciendo: "¡Pero es que mi pastor también lo hace!" Mi respuesta fue que en ese caso, ¡su pastor estaba equivocado!

¡Ten mucho cuidado! ¡Hay denominaciones enteras en la actualidad que ratifican oficialmente el pecado! Lo que digan o hagan quienes nos rodean no constituye una excusa aceptable por el pecado. Dios nos va llamar a ti y a mí a rendir cuenta por el pecado que hay en nuestra vida y no el de otra persona. Dios no puede ser burlado. ¡Él exige santidad y pureza en su pueblo! ¿Con qué estás substituyendo la santidad en tu vida? ¿Actitud mental positiva? ¿Moralidad moderna? No existe substituto válido para la santidad desde el punto de vista de Dios.

Es interesante que hacia el final de su carta a la iglesia de Tiatira, Jesús se dirige al remanente de creyentes: "Pero a vosotros y a los demás que están en Tiatira, a cuantos no tienen esa doctrina... yo os digo: No os impondré otra carga" (Ap. 2:24). Los que procuran vivir vidas piadosas, santas y puras para el Señor, siempre van a ser un remanente, ¡incluso dentro de la iglesia!

Como la minoría que son, Jesús instruye a estos creyentes que "lo que tenéis, retenedlo hasta que yo venga" (Ap. 2:25). ¿Qué era lo que tenían? Tenían la Palabra de Dios, tenían vida eterna, tenían su compromiso de ser puros, tenían la alabanza del Hijo de Dios, ¡tenían esperanza y una visión clara de su gloria!

Encuentra esperanza escuchando a Jesús

La esperanza ofrecida a los que asumen un compromiso radical con la santidad y la pureza, es "autoridad sobre las naciones" (Ap. 2:26*b*). Aunque parece que esta promesa tiene que ver con nuestro futuro servicio para Cristo después de su regreso a la tierra, también tiene una aplicación en el presente. "Autoridad sobre las naciones" implica que el remanente va a tener poder en su servicio.

Poder espiritual genuino para cambiar vidas, no el poder disfrutado por las iglesias gigantescas o los ministerios televisivos o el estatus de celebridad o el dinero o los programas educativos, sino un *poder real* para transformar vidas que está relacionado directamente con la pureza moral y la santidad personal.

¿Estás escuchando? "El que tiene oído, oiga lo que el Espíritu dice a las iglesias" (Ap. 2:29). Los cristianos de Tiatira no estaban escuchando. Nada queda de esa iglesia en la actualidad.[20]

ESPERANZA CUANDO ESTÁS ENGAÑADO POR LA INSIGNIFICANCIA DE TU CAPACIDAD

La última iglesia a considerar es la pequeña y humilde congregación de Filadelfia. Esta iglesia, aunque estaba rodeada por una sociedad pagana, vivió fielmente para Jesucristo. Nuestro Señor no tuvo amonestación o corrección para esta iglesia, solo alabanza. Sin embargo, los creyentes eran tan humildes que se dejaban engañar por la insignificancia de su propia capacidad.

Encuentra esperanza mirando a Jesús

La visión de su gloria dada a la iglesia de Filadelfia reveló a Jesús como "el Santo, el Verdadero, el que tiene la llave de David, el que abre y ninguno cierra, y cierra y ninguno abre" (Ap. 3:7*b*).

Varios años atrás, me entregaron la llave de una ciudad en la cual había dirigido algunas reuniones. Fue un gesto amable por parte del alcalde, al dejarme saber que era aceptada y bienvenida en esa ciudad.

Jerusalén es conocida como la Ciudad de David,[21] y al cielo se hace referencia como la nueva Jerusalén.[22] La "llave de David" representa aceptación en y acceso libre al cielo. ¡Jesús es quien tiene la llave! Él es el que determina quién puede entrar al cielo y quién debe permanecer fuera. Él y no Pedro, como nos quisieran hacer creer algunos cuentachistes, es Aquel que abre la puerta a quienes le han recibido por fe, y Él es Aquel que cierra la puerta a quienes le han rechazado.

¿Qué te hace pensar que Él va a abrir la puerta del cielo para ti? ¿Cuándo te fue entregada una "llave" simbólica que abre las puertas de la ciudad celestial? El único lugar en que se hace la entrega de esa llave es el Calvario.

No obstante, en este caso es posible que la llave de David tenga otro significado. También podría representar la llave que abre la puerta de la oportunidad para el servicio en la tierra.

¿Quién pensaste que tenía la llave para abrir la puerta de las oportunidades para ti? ¿Tu cónyuge? ¿Tu jefe? ¿El presidente de la junta? ¿Tu pastor? ¿Uno de tus padres? ¿Una casa editorial? ¿El oficial de préstamos en el banco? ¿A quién acudes en busca de oportunidades? ¡Jesús es el único que tiene la llave! ¿Estás dispuesto a acudir a Él?

Encuentra esperanza aprendiendo de Jesús

Jesús no tuvo menos que palabras de alabanza para la iglesia de Filadelfia. Debió ser un profundo consuelo escucharle decir: "Yo conozco tus obras; he aquí, he puesto delante de ti una puerta abierta, la cual nadie puede cerrar; porque aunque tienes poca fuerza, has guardado mi palabra, y no has negado mi nombre" (Ap. 3:8). ¿Puedes imaginar lo que significa estar bajo el escrutinio intenso de Cristo y recibir nada más que alabanza porque tu vida entera, por dentro y por fuera, desde arriba y desde abajo, en lo más superficial y profundo, es agradable a Él? ¡Qué testimonio tenía este hermoso cuerpo de creyentes!

Este pasaje es muy precioso para mí porque fue a través de estos versículos que Dios me llamó al servicio aproximadamente veinte años atrás. Había procurado establecer una clase bíblica en nuestra ciudad pero quienes ejercían autoridad en mi vida habían rehusado darme la oportunidad de dirigirlo. Poco tiempo después, mi esposo y yo llevamos a sus padres y a nuestros tres pequeños hijos a Cabo Cod para unas cortas vacaciones. Mientras conducíamos por la carretera interestatal, mi esposo y su padre sostenían una conversación, dos de los niños estaban llorando, yo estaba tratando de ayudar al tercero a encontrar algo de comer, y mi suegra estaba leyendo este pasaje en voz alta, ¡pero a nadie en particular!

En medio de toda esa confusión, las palabras que ella estaba leyendo penetraron mi conciencia, y le pedí que me prestara la Biblia. Mientras leía las palabras por mí misma, Dios me habló muy claramente. *Personalmente.*

Fue como si Él estuviera diciendo: "Yo conozco tus obras, Anne. Sé que no has hecho mucho por mí en el sendero del servicio. Sé que nunca has enseñado una clase de escuela bíblica dominical ni dirigido un estudio bíblico por tu cuenta. Estoy muy pendiente de tus necesidades (o falta de ellas). Sé que tienes poca fuerza. De hecho, ¡esa es toda la fuerza que tiene una madre joven con tres hijos pequeños! Pero has guardado mi palabra. Has mantenido tu lectura de la Biblia y tus devociones diarias. Tampoco has negado mi nombre. Has sido leal, casi hasta llegar al punto de quedar en ridículo, como aquella ocasión en que confrontaste al profesor de la facultad de teología por haberse atrevido a contradecir mi Palabra en esa iglesia llena de personas. Mira, he puesto delante de ti una puerta que abierta la cual nadie puede cerrar. Voy a abrir la puerta para que establezcas y enseñes una clase bíblica en tu ciudad".

¡Y así lo hizo! Una por una, todas las barreras cayeron. La última barrera que cayó fue la que estaba en mi propio corazón y mente. Era la barrera del engaño con respecto a la insignificancia de mi capacidad. Sentía que no lo podía hacer.

Aunque los creyentes de Filadelfia hicieron todo bien, su tendencia era a dejarse engañar creyendo que su capacidad era insignificante. Cuando Jesús les dijo que sabía que tenían poca fuerza, reveló que ellos se sentían inadecuados. Así me sentía, y de hecho lo sigo sintiendo.

¿Tú dirías que solo tienes ...
    poca fuerza?

poco tiempo?
poco dinero?
poca educación?
poco conocimiento?

¿Acaso la "poquedad" ha hecho que te sientas inadecuado? ¿Tu sentimiento de inadecuación se ha convertido en tu excusa para no aprovechar las oportunidades que Dios te da?

Cuando Jesús abrió la puerta de la oportunidad para que estableciera una clase bíblica en mi ciudad, a medida que una por una fueron cayendo todas las barreras que lo impedía, me vi confrontada por la realidad de tener que ponerme de pie, pararme frente al púlpito y enseñar. Sabía que la puerta abierta que había puesto delante de mi incluía el mandato implícito de entrar por ella y pasar al otro lado, pero utilicé mis sentimientos de inadecuación e inferioridad como una excusa para la desobediencia.

—Anne —dijo Jesús—, acabo de abrir una puerta para ti; entra por ella y pasa al otro lado.

—No puedo —dije.

—Sé que sin mí nada puedes hacer —dijo Él—, pero por medio de mí puedes hacer todas las cosas.

—Señor, no soy la persona adecuada.

—Estoy de acuerdo —afirmó Él—, pero mi gracia es suficiente para ti.

—Señor, soy débil —dije yo.

—Te he dicho: sé que tienes poca fuerza, pero mi fuerza se perfecciona en tu debilidad.

Una por una, Él tomó todas mis razones para no servirle ¡y estuvo de acuerdo con ellas! Le amé por su franqueza conmigo. Él no dijo: "¡Anne, tú puedes hacer esto! Solamente tienes que esforzarte un poco más. ¡Tienes más fuerza de la que imaginas! Tu preparación y trasfondo te han dejado más preparada de lo que crees". En lugar de eso, Él reconoció todo lo que *sabía* que era cierto, que yo no podía por mí misma hacer lo que Él me estaba mandando hacer. Pero no discutió las cosas que Él haría a través de mí si sencillamente me ponía a su disposición en obediencia y dependencia.

Su mandato fue claro: "Anne, camina por la puerta abierta que he puesto delante de ti, 'retén lo que tienes, para que ninguno tome tu corona' (Ap. 3:11)".

—Señor, sé lo que no tengo —respondí con respeto—. No tengo tiempo, ni fuerza, ni educación, ni dinero, ni capacidad. ¿Qué debo retener?
—¡Anne, me tienes a mí! —dijo Él—. ¡También tienes mi Palabra! Camina por la puerta abierta y retén lo que tienes.

Puesto que le llamo "Señor", en ese momento no tuve opción. Dije: "¡Sí Señor!" y empecé a enseñar la clase. ¡Mi temor era más bien puro terror! Miedo al fracaso en público, miedo a las comparaciones y críticas, miedo a los rostros atentos y miedo a la incapacidad total que literalmente me tuvo vomitando antes de cada conferencia que di durante los dos primeros meses. No obstante, a pesar de lo temerosa que estaba, ¡tenía más temor de ser desobediente a Aquel a quien llamaba Señor!

¡Eso fue hace veinte años! Lo interesante del asunto es que a medida que he seguido entrando por las puertas abiertas que Él pone delante de mí, la confianza en mí misma no ha crecido en lo más mínimo. De hecho hoy día tengo menos confianza en mí misma de la que tenía cuando empecé a enseñar porque ahora sé por experiencia que todas mis razones para no servir eran conforme a la realidad. *Soy* totalmente inadecuada. La diferencia es que mi confianza *en Cristo* ha aumentado. Ahora sé, por experiencia, que mi Redentor es fiel y verdadero en toda situación. Sé que Él nunca me mandará a hacer algo que Él no pueda o no esté dispuesto a hacer en mí y a través de mí.

Nunca olvidaré mi primer viaje a la India. Volé desde Hong Kong y llegué a Madras cerca de la medianoche. Descansé unas cuantas horas y salí a las cinco de la mañana para tomar otro avión en dirección a la costa sur. Tras una noche de "descanso" en un hotel donde los ídolos que había en todas partes parecían vigilar cada uno de mis movimientos (y donde vigilaba todos los movimientos de las ratas y culebras que vivían en el "jardín" al otro lado de mi ventana), salí para cruzar por automóvil la punta sur de la India. Durante diez horas avanzamos a empellones por caminos que a veces se parecían más a trochas, y con dos paradas solamente: una para dedicar una iglesia escondida en la jungla y otra para tomar té en la cofradía de Donavur, el hogar que Amy Carmichael fundó para recibir a niñas y niños no deseados.

A las 6 de la tarde llegamos a nuestro destino, el hogar del obispo de Tineveli, donde me iba a quedar. Mientras me estaban mostrando el cuarto, me dijeron con mucha amabilidad que el automóvil regresaría por mí en una hora. Cuando pregunté por qué, me informaron que iba a dirigir unas palabras a todos los obispos del área, ¡después de lo cual me llevarían para dar una conferencia en una reunión evangelística en un estadio de fútbol! Te puedo asegurar que durante todo el tiempo que pasó antes que llegara ese automóvil, estuve de rodillas diciendo al Señor: "¡No puedo hacerlo!"

Me presentaron ante la muchedumbre que se había congregado y luego tuve que subir al púlpito con un caballero hindú a mi izquierda quien iba a servir como mi intérprete. Mientras seguía protestando en silencio: "Señor, en realidad no puedo hacer esto", abrí mi boca; ¡y lo hice! Una hora y media después, cuando hice la invitación, ¡cientos de habitantes de la India respondieron entregando sus corazones a Cristo! Sentí que había sido marcada de por vida con la respuesta del Señor: "Anne, tú no puedes, ¡pero yo sí!"

¡Qué aventura tan grande ha sido! Desde la clase bíblica semanal en mi ciudad, Él abrió otras puertas a púlpitos en Fiji, India, Sudáfrica, China, Brasil, Europa oriental, Australia, Rusia, España, Argentina, Japón, Irlanda del Norte, Filipinas, Honduras y México. A medida que las puertas se siguen abriendo, Él sigue siendo más que suficiente. Paso por las puertas abiertas con el mismo temor y retengo firmemente lo que he recibido, pero también crece mi confianza en Él y en su Palabra. ¡Alabado sea su nombre! Lo sé sin lugar a dudas, y ¡a Dios sea la gloria por las cosas que *Él* ha hecho!

¿Qué puertas ha abierto Él para ti? Si te has dejado engañar y crees que tu capacidad insignificante es una excusa para negarte a entrar por ellas y pasar al otro lado, debes saber que no es una excusa válida. La debilidad, la inadecuación, la inferioridad, la incapacidad, todas estas cosas pueden crear una profunda dependencia de Dios solamente. La verdad es que Dios está dispuesto a usar y va a usar a quienes dependen totalmente de Él. ¡Es Él quien tiene la llave!

¿Cuál es nuestra motivación para servirle cuando Él nos da la oportunidad? Además del hecho de que Él es nuestro Señor y por lo tanto no tenemos otra opción, Él también dijo a la iglesia de Filadelfia: "Yo vengo pronto" (Ap. 3:11). El tiempo para servirle en la tierra es corto. Hemos de trabajar entre tanto que el día dura, porque la noche viene en que nadie podrá trabajar.[23]

Encuentra esperanza escuchando a Jesús

La visión de su gloria da esperanza a los que vencen el engaño de que su capacidad es insignificante. Jesús prometió: "Al que venciere, yo lo haré columna en el templo de mi Dios... y escribiré sobre él el nombre de mi Dios" (Ap. 3:12). La columna representa fortaleza, el templo de Dios es su presencia, y su nombre escrito sobre nosotros es su identificación plena con nosotros.

Hace varios años concedí una entrevista televisiva en Sudáfrica. El entrevistador, quien había asistido a la reunión de la noche anterior, dijo: "Anne, usted tiene una gran confianza y habla con mucha autoridad en el púlpito. ¿Cómo lo hace?" Sonreí, luego expuse brevemente mi testimonio acerca del temor y la inadecuación, así como mi confianza creciente en Cristo. Sin embargo pensé que Dios estaba confirmando por medio del entrevistador su promesa para mí de que iba a ser hecha una "columna fuerte en el templo de mi Dios".

Era la promesa de que mi servicio obediente y dependiente de Él iba a estar tan arraigado en su presencia y su persona, que los demás verían solo la fortaleza y la identificación con Dios, ¡sin nunca darse cuenta de lo inadecuada que soy en verdad!

¿Estás prestando atención a lo que Jesús promete? "El que tiene oído, oiga lo que el Espíritu dice a las iglesias" (Ap. 3:13). La iglesia de Filadelfia tenía un oído para escuchar y una voluntad para acatar. La ciudad y la iglesia cristiana que están en ese lugar han sobrevivido el paso de los siglos.[24]

¿Tienes oído para escuchar lo que el Espíritu está diciendo a las iglesias? La iglesia de Esmirna, engañada por la insignificancia del testimonio de los creyentes, descubrió que tenía valor eterno. Los creyentes de Tiatira sucumbieron ante el engaño de que su pureza era insignificante, y por esa razón provocaron la ira y el juicio del Hijo de Dios. Los cristianos de Filadelfia se dejaron engañar al pensar que sus capacidades eran insignificantes, pero descubrieron que Cristo era todo lo que en realidad necesitaban.

Cuando tú vences el engaño de tu insignificancia, la visión de su gloria te da esperanza porque revela cuánto valor e importancia tienes *en Cristo*.

"*El que tiene oído, oiga lo que el Espíritu dice...*"

Esperanza cuando estás descorazonado...

5. Por la mayoría de los impíos

6. Por la minoría de los piadosos

Y ahora, Señor, ¿qué esperaré? Mi esperanza está en ti.

Salmo 39:7

5

Esperanza cuando estás descorazonado por la mayoría de los impíos

Apocalipsis 4

Elías irrumpió como un trueno en la historia cuando el reino del norte de Israel estaba más alejado de Dios que nunca antes. Seis reyes habían ocupado el trono y cada uno había sido más malvado que el anterior, hasta que el escenario estuvo preparado para la llegada del séptimo rey, el cual hizo más maldades ante los ojos de Dios que todos los demás juntos. Bajo su liderazgo, no solamente el mundo sino también el pueblo que se daba a conocer con el nombre de Dios, quedaron totalmente desintegrados a nivel moral y espiritual.

Elías predicó con tal poder, ¡que el cielo se abrió y cayó fuego! Sin ayuda de otra persona hizo volver a Dios a todos los súbditos del reino del norte, poniendo fin temporalmente a la sequía espiritual y moral que imperaba. Luego oró con tal poder que los cielos se abrieron de nuevo y bajó la lluvia, poniendo fin a tres años de sequía física que había arruinado todo el territorio.[1]

Elías había vertido su vida entera en *obediencia* a Dios, y había vertido su vida en *servicio* a Dios. Había predicado, orado, y puesto fin a los "ministerios" de 450 profetas falsos cuando procuró libertar a su pueblo de la influencia de ellos. Literalmente, había hecho todo lo que sabía hacer y en repetidas ocasiones arriesgó su vida y reputación para poder traer un cambio profundo y permanente a su nación. ¡Al menos eso pensó que había hecho!

Justo cuando Elías creyó que tenía la victoria, Jezabel,[2] la perversa mujer del rey, divulgó una amenaza de muerte en su contra. Un sentimiento de impotencia y falta de esperanza debió apoderarse de él, porque al fin y al cabo, ¿quién era él, un solo hombre, para enfrentarse a las fuerzas organizadas del mal que detentaban el poder y la riqueza con tal ferocidad? Por eso Elías corrió, y corrió, y corrió. Cuando por fin dejó de correr, se sentía tan descorazonado por la mayoría de los impíos que tuvo deseos de quitarse la vida.[3]

Solo una persona que haya estado involucrada en el servicio, solo alguien cuyo corazón se quebranta por un mundo perdido y está desesperado por llevarlo a una relación correcta con Dios, solo alguien que ha vertido su vida en rendición incondicional a la obediencia y el servicio para hacer realidad esa meta puede entender a plenitud la profundidad del descorazonamiento de Elías. Parece que simplemente hay demasiada maldad y demasiada gente impía. Hacer un cambio a gran escala y duradero hacia el bien puede parecer imposible.

Mi padre fue entrevistado hace poco en televisión por Diane Sawyer. Ella preguntó si después de haber predicado durante cincuenta años a más de 120 millones de personas cara a cara en todos los continentes del planeta, después de haber presentado el evangelio por televisión, radio y la palabra impresa, estaba complacido con su "éxito". La respuesta de mi padre la dejó sorprendida porque él contestó: "No me considero en absoluto como alguien exitoso. Me siento como un fracaso". Para hacer que él se explicara, Diane preguntó: "¿Acaso llegó a creer que podía cambiar el mundo?" Él respondió con suavidad: "Pensé que quizás, tras una vida entera de predicación... Pero hoy día el mundo es peor que cuando empecé mi ministerio".

¿Tienes ese mismo sentimiento profundo de fracaso? A pesar de tu obediencia, tu dependencia y tu servicio a Dios, ¿las cosas parecen peor y quedas abrumado con la sensación de un descorazonamiento sin esperanza causado porque es una realidad que la mayoría de los seres humanos son impíos?

El rey David aconsejó: "No te impacientes a causa de los malignos".[4]

Aquel que es habitado por el Espíritu Santo de Dios...

Aquel que está obedeciendo la Palabra de Dios...
Aquel que está viviendo en la voluntad de Dios...
Aquel que anda por el camino de Dios, ¡es una mayoría!
¡*Una mayoría de uno, debido a quién pertenecemos!*
¡Levanta tu cabeza! Abre tus ojos a la visión de su gloria, una visión gloriosa de esperanza que Dios ha dado en su revelación de quién es Jesús. ¡Él es el Señor!

ENCUENTRA ESPERANZA AL ESPERAR QUE EL SEÑOR ENTRE A RECLAMAR SU PUEBLO

En Apocalipsis 4:1 Juan dijo: "Después de esto miré ..." Al decir "después de esto", Juan se refiere a los capítulos anteriores y la intervención de Dios en la vida de las iglesias. A partir de este punto en el libro de Apocalipsis, no se hace mención alguna a la iglesia sobre la tierra. Algunos eruditos bíblicos creen que como Juan es llevado al cielo de un momento a otro, él *podría* estar representando a la iglesia entera que un día será arrebatada y llevada al cielo para estar con el Señor. Aunque el momento del "arrebatamiento de los creyentes" no puede definirse con certidumbre en Apocalipsis 4:1, sabemos con certeza que sí va a tener lugar.[5] Lo he incluido aquí para tu propia información, ánimo y bendición.

El apóstol Pablo describió claramente este acontecimiento histórico en 1 Tesalonicenses 4:13-18: "Tampoco queremos, hermanos, que ignoréis acerca de los que duermen, para que no os entristezcáis como los otros que no tienen esperanza. Porque si creemos que Jesús murió y resucitó, así también traerá Dios con Jesús a los que durmieron en él. Por lo cual os decimos esto en palabra del Señor: que nosotros que vivimos, que habremos quedado hasta la venida del Señor, no precederemos a los que durmieron. Porque el Señor mismo con voz de mando, con voz de arcángel, y con trompeta de Dios, descenderá del cielo; y los muertos en Cristo resucitarán primero. Luego nosotros los que hayamos quedado, seremos arrebatados juntamente con ellos en las nubes para recibir al Señor en el aire, y así estaremos siempre con el Señor. Por tanto, alentaos los unos a los otros con estas palabras".

Los eruditos bíblicos se refieren a este acontecimiento como "el rapto de la iglesia". Pablo dijo a los creyentes tesalonicenses, quienes apenas tenían tres semanas de edad en su fe, que él no quería que ellos fueran "ignorantes" acerca de los que duermen, los que pusieron su fe en Jesucristo como su Salvador y Señor y después murieron. ¿Has tenido que enterrar hace poco a un amigo o ser querido que había nacido de nuevo por la fe en Cristo? Pablo dice que aunque nos entristecemos, no es "como los otros que no tienen esperanza".[6]

La misma semana que nació mi tercer hijo, mi abuela murió. Nadie en todo el mundo fuera de mis propios padres significaba más para mí que mi abuela.

Cuando era pequeña, ella y mi abuelo vivían al otro lado de la calle en que vivía con mi familia. Siempre que me enfermaba o simplemente quería que alguien me leyera algo o cosiera o preparara algo especial de comer para mí, cruzaba la calle y entraba a la casa de mi abuela. Ella me enseñaba, me leía, jugaba conmigo, me alimentaba y me cuidaba. Cuando murió, sentí como si una parte de mí hubiese muerto. Hasta este día, en momentos desprevenidos, todavía lloro con nostalgia por esa relación y con un sentimiento de añoranza por el calor de hogar, deseando escuchar su voz o verla sonreír o sentir su abrazo.

Pablo dice que no está mal sentir tristeza por ello, aun veinte años después de su muerte; pero no debo entristecerme y hacer luto como alguien que no tiene esperanza, porque creo que el mismo Jesús quien murió en la cruz para ofrecernos perdón de pecado, y el mismo Jesús quien fue levantado de entre los muertos para darnos vida eterna, ¡es el mismo Jesús que un día vendrá de nuevo! Cuando Él venga: "así también traerá Dios con Jesús a los que durmieron en él". Cuando Él venga, ¡va a traer con Él a mi abuela!

Pablo debió creer que tú y yo pensaríamos que esto era algo increíble, porque su siguiente frase hacía énfasis en que esto era "palabra del Señor", ¡no las ideas esperanzadas de Pablo o un producto de su imaginación inquieta!

Pablo dijo que aquellos creyentes que estén vivos en la tierra cuando Jesús regrese no van a obstaculizar a aquellos creyentes que ya han muerto. "Porque el Señor mismo con voz de mando, con voz de arcángel, y con trompeta de Dios, descenderá del cielo; y los muertos en Cristo [¡eso incluye a mi abuela"] resucitarán primero".

Cuando mi abuela murió, todas las cosas que ella era en realidad, su mente, sus emociones, su voluntad, su personalidad, todo lo de ella que residía en el interior de la morada terrestre o el "tabernáculo" que fue su cuerpo, todo eso se fue a estar con Jesús.[7] Lo que quedó, el cuerpo de mi abuela, fue enterrado en el cementerio de una pequeña iglesia en Swannanoa, Carolina del Norte. En cualquier momento la trompeta puede sonar, y su cuerpo será levantado de la tierra, con cambios químicos y físicos que lo harán semejante al cuerpo glorioso de Él.[8] Luego ella va a ser revestida por este nuevo cuerpo de modo que cuando la vea (si acaso estoy con vida en la tierra en el momento del arrebatamiento de la iglesia), ella estará residiendo en su nuevo "tabernáculo", ¡y de regreso por mí con Jesús!

"Luego nosotros los que vivimos, los que hayamos quedado, seremos arrebatados juntamente con ellos [¡Jesús y mi abuela!] en las nubes para recibir al Señor en el aire... Por tanto, alentaos los unos a los otros con estas palabras". Los que están descorazonados por la mayoría de los impíos pueden alentarse recordando que el Señor va a volver para reclamar a los suyos.

Pablo dijo, en una voz que parecía casi un susurro lleno de intensa emoción y anticipación: "He aquí, os digo un misterio: No todos dormiremos [morir físicamente]; pero todos seremos transformados, en un momento, en un abrir y cerrar de ojos, a la final trompeta; porque se tocará la trompeta, y los muertos [¡mi abuela!] serán resucitados incorruptibles, y nosotros [los creyentes vivos en la tierra] seremos transformados".[9]

¿Cómo será aquel día, cuando la trompeta suene ese llamado final desde el cielo? Más rápido de lo que tú y yo podemos parpadear, los creyentes sentirán sus pies levantarse del suelo; serán conscientes de ciertos cambios químicos y físicos que tienen lugar en sus cuerpos y que los preparan para vivir en la eternidad. Van a levantar la mirada ¡y se van a encontrar con el rostro de Jesús! Van a ser introducidos de inmediato a las nubes de su gloria,[10] y si son capaces de apartar sus ojos del hermoso rostro de Jesús, ¡verán que Él está rodeado por todos sus seres queridos que confiaron en Él por fe y que ya habrán sido levantados de entre los muertos!

Si estás profundamente descorazonado por la mayoría de los impíos, ¿quieres tomar esta promesa como un motivo personal de ánimo? ¡Jesucristo vuelve otra vez a la tierra! Aproximadamente uno de cada veinte versículos en el Nuevo Testamento se refieren a su regreso a la tierra. Jesús mismo dijo: "Si yo me fuere y os preparare lugar, vendré otra vez, y os tomaré a mí mismo, para que donde yo estoy, vosotros también estéis".[11] Inmediatamente después de la ascensión de Jesús, mientras los discípulos tenían la mirada fija en el cielo, donde le acababan de ver desaparecer, dos hombres vestidos de blanco aparecieron de repente al frente de ellos y dijeron: "Este mismo Jesús, que ha sido tomado de vosotros al cielo, así *vendrá* como le habéis visto ir al cielo".[12]

Así como su primera venida a la tierra incluyó el paso de treinta y tres años y una gran cantidad de acontecimientos diferentes, también su segunda venida cubrirá un lapso de siete años como mínimo y muchos acontecimientos diferentes. Puesto que ya se ha cumplido toda la profecía bíblica necesaria para que estos acontecimientos tengan lugar, ¡podrían empezar a desarrollarse en cualquier momento! Por supuesto que no se puede ser dogmático en estos asuntos porque nadie conoce el tiempo con certeza, pero sobre la base de la Palabra de Dios, creo que el primero de los acontecimientos que se considera como la segunda venida de Jesucristo va a ser el arrebatamiento de la iglesia. Los eruditos bíblicos pueden estar en desacuerdo acerca de la ubicación exacta del arrebatamiento en la cronología de los acontecimientos relacionados con al segunda venida, pero ningún creyente puede negar que en algún punto en el tiempo, que todavía está en el futuro para nosotros, *va* a suceder. Es decir, como Pablo dijo a los tesalonicenses, porque esto es "palabra del Señor".

¡Jesucristo viene! ¡Él viene! Un día, en cualquier momento: "en un abrir y cerrar de ojos",[13] "a la hora que no penséis",[14] "el que ha de venir vendrá, y no tardará".[15] ¡La Biblia dice así!

¡Alabado sea Dios! Él nos ha dado una visión gloriosa de esperanza para el futuro, ¡y la esperanza es Jesús! Él va a entrar física y visiblemente en el tiempo y el espacio ¡nos reclamará a ti y a mí para Él!

En aquel día, cuando seamos llevados en las nubes para estar siempre con nuestro Señor, le veremos, ni como un bebé indefenso en un pesebre, no como el buen pastor que conduce a sus propias ovejas, ni como el Salvador sufriente que murió en la cruz; ¡le veremos absolutamente supremo como el Rey de reyes y el Señor de señores!

ENCUENTRA ESPERANZA AL SABER QUE EL SEÑOR ESTÁ ENTRONIZADO EN EL CENTRO DEL UNIVERSO

Juan fue llevado al cielo, donde vio un trono y a Alguien sentado sobre él. Él relata con asombro total: "Después de esto miré, y he aquí una puerta abierta en el cielo; y la primera voz que oí, como de trompeta, hablando conmigo, dijo: Sube acá, y yo te mostraré las cosas que sucederán después de éstas. Y al instante yo estaba en el Espíritu; y he aquí, un trono establecido en el cielo, y en el trono, uno sentado" (Ap. 4:1-2).

Entronizado en soberanía

Sabemos que Dios el padre está sentado en el trono en el centro del universo.[16] También sabemos que Dios el Hijo se sienta a la diestra del Padre en el trono en el centro del universo. Isaías le vio allí.[17] Ezequiel le vio allí.[18] Jesús mismo dijo que Él estaba sentado allí.[19] El apóstol Juan le identifica claramente como Aquel que estaba allí.[20] El trono se menciona doce veces en este cuarto capítulo de Apocalipsis. La reiteración indica que la posición del Señor Jesucristo es la de un rey investido de completa autoridad, majestad y soberanía. Él está *sentado* en el trono con control absoluto de cada cosa que ocurre en el universo.

¿Qué te ha hecho dudar que Jesús está sentado en el trono con poder y autoridad?

¿Fue cuando el médico te dio un diagnóstico inesperado de una enfermedad mortal que exclamaste: "Jesús, ¿estás en el trono?"

¿Fue cuando tu hija adolescente y soltera llegó a casa y te dijo que estaba embarazada?

¿Fue cuando tu compañía te despidió del trabajo justo antes de tu jubilación, negándote una pensión?

¿Fue cuando tu casa se incendió y solo quedaron cenizas?

¿Cuando tu ser querido sufrió parálisis en un accidente de tránsito?

¿Cuando tu hijo fue enviado a prisión?

¿Cuando tu cónyuge te abandonó por otra persona?

¿Acaso exclamaste: "Jesús, ¿dónde estás? ¿Estás en control de la situación? ¿Estás en el trono?"

Juan vio a Jesús en el centro del universo con una autoridad plena y absoluta. Incluso aunque Él parece estar callado e inactivo, aun cuando suceden cosas malas a sus hijos como ocurrió en el tiempo de Juan, aunque los malvados prosperan y los impíos son la mayoría, *¡el Señor sigue sentado sobre el trono!*

Los dirigentes de este mundo se levantan y caen, los tronos terrenales son conquistados, sacudidos y luego abandonados, pero Jesús siempre está sentado e inconmovible en el trono que está en el centro del universo, ¡con soberanía absoluta! Juan le vio allí, ¡y cuán maravilloso fue lo que contempló en su espíritu!

Entronizado en belleza

En el Antiguo Testamento, cuando el sumo sacerdote entraba al lugar santísimo una vez al año para rociar la sangre del cordero sobre el propiciatorio a fin de hacer expiación por el pecado, llevaba puesto un pectoral que cubría su pecho y su corazón. Como discutimos en el capítulo 4, el pectoral tenía incrustadas doce piedras, y cada una tenía grabado uno de los nombres de las tribus de Israel. Llevar puesto este pectoral significaba que cuando el sumo sacerdote entraba a la presencia de Dios, llevaba los nombres de los hijos de Dios en su corazón. La primera de esas piedras era ónice o cornalina y la última era un jaspe.[21]

Cuando Juan describió a Aquel sentado sobre el trono, dijo que su aspecto "era semejante a piedra de jaspe y de cornalina" (Ap. 4:3a). El jaspe era una piedra transparente muy parecida a un diamante. La cornalina o piedra sárdica, tenía color semejante al de un rubí. Juan quería decir que Jesús y el Padre estaban envueltos en la luz como si esta se viera reflejada a través del jaspe y la cornalina. Es como si Juan estuviera describiendo a Dios mediante los colores que reflejaba: "Te amo. Te amo. Te amo. Te llevo por nombre propio en mi corazón para siempre". Mientras Jesús está sentado en el trono del centro del universo y preparado para juzgar al mundo, ¡también nos da a ti y a mí una hermosa evidencia de que estamos en su corazón!

A Juan le debió resultar difícil apartar sus ojos de la belleza de Jesucristo, pero en obediencia a lo que se le había mandado hacer, él procedió a describir la corte del cielo que estaba alrededor del trono.

ENCUENTRA ESPERANZA AL VER AL SEÑOR RODEADO POR LA CORTE DEL CIELO

Durante los últimos años, imagino que alguna vez has visto o escuchado acerca del popular programa de televisión titulado: "Los estilos de vida de los ricos y famosos". En el programa, el anfitrión Robin Leach describió estilos de vida que constituían el epítome de la comodidad, la holgura y el lujo, a medida que realizaba recorridos dirigidos y transmitidos por televisión de diferentes casas que parecían pequeños palacios, sitios para vacaciones que tenían aspecto paradisíaco, ¡y posesiones que podrían rivalizar con los tesoros del rey Salomón! Puesto que el público general parece tener una curiosidad insaciable por ver desde adentro todas las cosas que rodean a una celebridad, el programa se convirtió en uno de los más populares en la televisión.

De manera similar el palacio de Buckingham, la residencia oficial de la reina de Inglaterra, fue abierto a las miradas del público el año pasado. Las filas de gente y las listas de reservaciones de todos los que querían verlo fueron tan largas, que prácticamente se hizo imposible la entrada para el turista promedio. Todos querían echar un vistazo al tipo de cosas con las que se rodeaba la reina. La habitación más popular del recorrido era el cuarto del trono, donde la reina recibe a los dignatarios que vienen de visita y donde atiende sus asuntos oficiales.

El apóstol Juan tuvo la oportunidad de realizar un recorrido "turístico" por la corte del cielo. ¡Vio por dentro el lugar donde el Señor de señores y Rey de reyes se sienta en su trono para atender los asuntos oficiales del universo! Por medio de sus ojos, también hemos sido invitados a "dar un vistazo".

A medida que seguimos a Juan en su recorrido dirigido, tengamos en mente que la descripción de lo que él vio debería ajustarse a la vida de cualquier persona que ha entronizado al Señor con plena autoridad en el centro de su propia vida. Mientras avanzamos por la descripción de Juan, ¿estás dispuesto a examinar tu vida? Si afirmas estar bajo el señorío de Jesucristo, ¿qué tanto cuadra tu afirmación con la descripción que Juan hizo de la corte que rodea el trono del Señor en el cielo?

Seguridad

Juan dijo: "y había alrededor del trono un arco iris, semejante en aspecto a la esmeralda" (Ap. 4:3). ¿Recuerdas la primera vez que apareció un arco iris? Fue después del diluvio, cuando Dios lo dio como una señal de su pacto con Noé. Por supuesto que recuerdas a Noé. ¡A propósito, si alguien que se siente descorazonado por la mayoría de los impíos! ¡Él fue el único hombre justo y piadoso que vivió en la tierra en su tiempo! Dios le dijo que construyera un arca. Por lo que sabemos, aunque Noé nunca había visto un barco y ni siquiera una gran cantidad de agua, él obedeció a Dios. Durante 120 años, día y noche, trabajó en el arca hasta que un día quedó terminada y Dios le invitó a entrar a él y su familia, al lado de todos los animales.[22]

La Biblia dice que Noé fue un pregonero de justicia.[23] Después de entrar al arca, me imagino que se quedó de pie a la entrada y le predicó a toda la gente que se había reunido a observar lo que estaba haciendo el viejo loco. Casi puedo oír cómo les apremió diciendo: "¡Arrepiéntanse que viene el juicio! ¡Arrepiéntanse que viene el juicio! ¡Arreglen sus cuentas con Dios!" ¡Cómo debió haberse burlado la gente de él!

Pasaron siete días y no pasó nada. Imagino que el cielo todavía estaba azul, el sol seguía brillando y todo continuaba su curso normal como había estado desde la creación del mundo. Por último, Dios cerró la puerta del arca.

¿Te has preguntado alguna vez qué escuchó Noé después de eso?[24] Sin importar cuál podría ser la explicación científica de esto, la Biblia dice que el agua caía desde el cielo sobre el arca y también brotaba de grandes fuentes bajo la superficie de la tierra. El ruido debió ser ensordecedor mientras el arca era llevada de un lado a otro por la fuerza del agua. En medio del ruido de la inundación, me pregunto si alcanzó a escuchar los gritos y lamentos de la gente y los animales que quedaron por fuera del arca.

Tras cuarenta días y noches de lluvia constante, Noé no escuchó una sola palabra. ¡Qué silencio más ensordecedor fue ese! De no haber sido por la presencia de Dios en el arca y la paz de Dios en su corazón, la mente de Noé se pudo haber trastornado, haciéndole escapar de la realidad a causa del trauma que había experimentado. En lugar de eso, Noé experimentó seguridad física, emocional, mental y espiritual en el arca.

Después de haber pasado 371 días, Dios abrió la puerta del arca y dijo a Noé, su familia y todos los animales que salieran. Noé lo hizo y además construyó un altar en el que sacrificó una buena parte de los animales como acción de gracias a Dios por su salvación del juicio.

Por otro lado, ¿qué habría pensado Noé y cómo se habría sentido la próxima vez que viera acercarse una tormenta? Cuando él escuchara el trueno y viera el relámpago y sintiera la lluvia, se aterrorizaría y pensaría, *¡Oh, no! Después de haber sido salvado, ¿de todas formas voy a caer bajo el juicio de Dios?*

Dios, quien entendía el temor y la inseguridad de Noé, le dio una señal de su pacto. "Mi arco he puesto en las nubes, el cual será por señal del pacto entre mí y la tierra".[25] En otras palabras, cada vez que Noé viera el arco, debía rememorar que Dios mantenía su compromiso para con la raza humana.

Mi esposo le dijo a mi hija que el día en que cumpliera los dieciséis años, la iba a llevar a la ciudad de Nueva York durante un fin de semana. Ella se apropió con gran anticipación de su promesa. Colocó pequeñas notas adhesivas en toda su oficina con la fecha y le recordaba continuamente acerca del viaje que iban a hacer juntos. ¡Ella no tuvo problemas para recordar la promesa de su papá! Sin embargo, el hecho de que ella lo tuviera presente no significaría mucho si su padre no recordara también, puesto que él se había hecho responsable del viaje. Ella necesitaba la seguridad de que *él recordaba* la promesa que le había hecho.

Dios dijo en esencia: "Noé, cuando veas el arco iris, puedes recordar que *yo no me olvido* que tengo un compromiso contigo". El arco iris era un símbolo de la seguridad de salvación de Noé. Era la señal de su certidumbre y confianza.

Cuando las tormentas de la vida llegan, cuando caes y fallas, ¿te aterrorizas pensando que puedas perder tu salvación frente al juicio de Dios? ¿Temes no estar asegurado por la eternidad? Dios sabía desde un principio que tú y yo nos sentiríamos así y por eso nos dio una señal. Es la señal del nuevo pacto.[26] La señal no está en nuestras buenas obras o nuestra fidelidad o justicia. ¡Es la señal de la cruz! No tenemos que fijarnos en quiénes somos o no somos. No tenemos que fijarnos en lo que hemos hecho o dejado de hacer. Cuando "vemos" la cruz, ella nos trae a la memoria que *Dios recuerda* su compromiso eterno contigo y conmigo, basado en nada más ni menos que nuestra aceptación de la obra consumada y definitiva de su Hijo.

Cuando vives bajo el señorío de Jesucristo, tienes la profunda certeza de que estás absolutamente seguro y a salvo del juicio. ¡Tú *nunca* vas a padecer bajo su ira a causa de tu pecado!

Sinceridad

Mientras la mirada estupefacta de Juan se trasladaba del trono central hacia el arco iris de esmeralda, también se fijó en un círculo espléndido. "Y alrededor del trono había veinticuatro tronos; y vi sentados en los tronos a veinticuatro ancianos, vestidos de ropas blancas, con coronas de oro en sus cabezas" (Ap. 4:4). Las ropas blancas simbolizaban la justicia de estos ancianos delante de Dios que los calificaba para reinar con Él. Las coronas significaban que habían recibido honor y autoridad, y el hecho de que estuvieran sentados sobre tronos indica que estaban preparados para juzgar.

Se ha debatido si estos ancianos eran ángeles o representantes de hombres y mujeres redimidos. ¡El hecho más obvio es que eran reyes que servían al Rey de reyes!

En el Antiguo Testamento, los únicos a quienes se permitía servir a Dios en el templo eran los descendientes de Aarón[27] y los que pertenecían a la tribu de Leví.[28] Después de varias generaciones hubo tantos descendientes que calificaban para ser sacerdotes, que eran demasiados como para servir al mismo tiempo en el templo. Por esa razón los descendientes de Leví y Aarón fueron divididos en doce órdenes, y dos sacerdotes de cada orden servían en el templo sobre la base de turnos rotativos. Por lo tanto, en todo momento había veinticuatro sacerdotes quienes servían a Dios dentro del templo.

Estos veinticuatro ancianos estaban en la corte del cielo para servir al Señor, quien es el Rey de los reyes. ¡Las posiciones más altas de honor y autoridad en el universo entero son posiciones de servicio a Jesucristo! El cuadro que se presenta es de gran seriedad y dignidad nobiliaria, de disponibilidad inmediata y una sinceridad profunda y genuina en el servicio prestado por los ancianos. No hay confusión alguna ni informalidad, ni resistencia ni dilación en la corte del Señor.

¿Con cuánta seriedad tomas tu servicio para el Rey? ¿Preparas cualquier cosa el sábado por la noche para la lección de la Escuela Dominical que vas a enseñar el domingo por la mañana, después de haber visto el partido de la tarde? ¿Te presentas en la iglesia diez minutos tarde para cumplir con tus responsabilidades? ¿Por qué servimos a nuestros empleadores seculares con mayor seriedad y compromiso de lo que hacemos para el Rey? Nunca improvisaríamos para una presentación importante en el trabajo ni llegaríamos tarde a los compromisos en el mundo de los negocios. ¿Por qué no hacemos esas mismas cosas en el servicio cristiano? ¿Es porque quien nos emplea es alguien visible y el Señor no lo es? ¿Es porque estamos confiados en que el Señor entiende nuestra situación? ¡Claro que la entiende! ¡Entiende que no tomamos en serio nuestro servicio para Él!

Tengo una querida amiga quien está casada y tiene cuatro niños pequeños. Ella se ha sentido dirigida a enseñar una clase bíblica. He visto cómo ha rehusado invitaciones de otras amigas para ir a comer o jugar u otras actividades, a fin de poder tener más tiempo para estudiar. Observé que ayunaba un día a la semana por su clase. La he visto esforzarse en oración para comprender un pasaje de las Escrituras hasta lograrlo. Cada semana, la he visto ir a su clase bíblica muy bien preparada así como bien presentada. Aunque sus hijos estuvieran enfermos, su esposo estuviera lejos o esperara una visita. He palpado la seriedad de su compromiso, no solamente día tras día sino semana tras semana. También sé que estoy delante de una persona que ha entronizado a Jesucristo como Señor. Puesto que Jesucristo está en el trono como Señor en su vida, Él recibe un servicio hecho con seriedad y dignidad.

La forma en que Juan vio a los ancianos sentados también da la impresión de que estaban dispuestos para servir en cualquier instante. Si Él te llega a llamar, ¿qué tan disponible estás para el servicio? Tengo otra amiga que a pesar de no tener mucho talento para la enseñanza, toma muy en serio su servicio al Señor porque ella y su hogar siempre están en función de ser usados por el Señor en cualquier momento, sea de día o de noche. Además de su compromiso semanal con el estudio bíblico y su ministerio de oración, también ha cuidado los bebés de otras madres que trabajan fuera del hogar, ha tocado el piano para una iglesia que no tenía pianista, ha hospedado a misioneros que estaban de visita, ha aconsejado a personas desesperadas por encontrar alguien que los escuchara, ha llevado platos de comida a los enfermos, y todo esto tan pronto como surge la necesidad. Ella considera que está "de servicio y en guardia" todo el tiempo. Ella sirve al Señor con seriedad y al instante. ¿Por qué? La respuesta es obvia para todos los que la conocen. Ella ha puesto al Señor en el trono de su vida.

Mi madre se quedó en casa para criar a cinco hijos mientras mi padre viajaba por todo el planeta predicando el evangelio. Ella consideraba que ser madre y trabajar en el hogar eran llamados al servicio iguales al llamado que mi padre recibió para el ministerio de evangelismo. De hecho, ella tiene un cuadro encima del fregadero que tiene pintadas estas palabras: "Aquí se llevará a cabo un servicio divino tres veces al día". Mi madre sabe lo que significa entronizar al Señor en todas las áreas de su vida, y entiende que sin importar si la tarea es grande o pequeña, pública o privada, sigue siendo un servicio para el Señor, quien es el Rey sobre todo.

Actividad

De repente, mientras la mirada de Juan estaba captando la visión del círculo de "reyes" entronizados, ¡empezaron a suceder algunas cosas! Juan exclamó: "Y del trono salían relámpagos y truenos y voces" (Ap. 4:5*a*). La atmósfera estaba electrizada, llena de cargas excelsas de actividad y energía celestial. Parece que es un lugar incómodo para cualquier espectador apático y complacido a quien nunca le gusta salir de su zona de comodidad.

En el fútbol americano, los equipos enfrentados se alinean en el campo. Uno se encuentra en la posición de defensa y el otro está a la ofensiva. El equipo que ataca es dirigido por el mariscal de campo, a quien se hace entrega del balón para que él busque otro compañero de equipo y le pase el balón, y este a su vez debe tratar de avanzar con el mismo en contra del equipo que defiende el terreno. Una vez que el mariscal de campo recibe el balón, de inmediato es rodeado por sus compañeros de equipo, los cuales forman un círculo hermético de protección alrededor de él hasta que pueda lanzar el balón.

Una de las jugadas más emocionantes de este deporte sucede cuando el equipo contrario que está a la defensiva, se las arregla para invadir ese círculo de protección y obligan al mariscal de campo a moverse y correr a campo traviesa. En ese momento el mariscal tiene que improvisar, algunas veces queda aplastado bajo el peso del equipo contrario y pierde algunas yardas, en otras ocasiones logra hacer pases espectaculares bajo una tremenda presión, y otras veces él mismo se encarga de llevar el balón en un intento desesperado por ganar unas yardas.

La atmósfera altamente cargada que se respiraba en la corte del Señor también obligaría a salir de cualquier círculo hermético de protección y comodidad a todos los que puedan haberse acostumbrado a permanecer inmersos en esa falta de actividad.

Al igual que tú y yo, los discípulos de Jesús preferían no salir de los límites de sus zonas de conveniencia personal. Cierta noche estaban en una barca atravesando el mar de Galilea, cuando se levantó una tormenta. Mientras insistían en controlar el mástil con el viento en su contra, vieron en medio de la neblina la figura de Cristo que se acercaba a ellos, ¡caminando sobre el agua!

Cuando los discípulos se dieron cuenta de que era Jesús, once de ellos se quedaron cómodos donde estaban, pero Pedro gritó: "*Señor, si eres tú, manda que yo vaya a ti sobre las aguas*".[29] Cuando Jesús le invitó diciendo: "Ven", Pedro se salió de la barca y arriesgó su vida y reputación. Por cuanto Jesús era el Señor de Pedro, ¡Pedro no se contentó con quedarse donde estaba, lejos de Jesús!

Al observar los que se llaman a sí mismos cristianos y son apáticos, conformistas, indiferentes e inertes en el servicio, ¡puedes estar seguro de que Jesucristo no está entronizado como Señor en sus vidas! Es imposible conocerle, amarle, rendirse a Él como Señor, ¡y no hacer *nada* al respecto! ¡Su presencia misma nos obliga a salir de la zona cómoda en que estamos para exigir y provocar actividad en nuestra vida!

Pureza

Ahora se da un contraste notorio frente a la agitación eléctrica de los relámpagos y los truenos, cuando Juan reposa su mirada en la ardiente intensidad de la santidad de Dios: "y delante del trono ardían siete lámparas de fuego, las cuales son los siete espíritus de Dios [o el Espíritu séptuple de Dios]" (Ap. 4:5b). El Espíritu séptuple de Dios es el Espíritu Santo. Donde Dios está, allí hay santidad. Las siete lámparas ardían con una luz deslumbrante que habla del intenso efecto purificador de la santidad del Espíritu de Dios.

¿Con qué pecado has estado jugando? ¿Qué *hábito* de pecado estás tolerando en tu vida? ¿Qué *actitud* de pecado (amargura, egoísmo, orgullo, resentimiento, enojo, celos, falta de perdón) estás cebando en lugar de crucificarla?³⁰

Cuando invitaste por fe a Jesucristo para que entrara en tu vida como tu Salvador y Señor, Él vino en la persona del Espíritu Santo. El Espíritu Santo *es santo* y por ende separado totalmente del pecado. Una de las primeras cosas que el Espíritu Santo hace cuando entra en tu vida es darte el *deseo* de ser santo. Cada vez más, a medida que rindes a Él tu vida, Él te da el *poder* para ser santo. El intenso fuego purificador del Espíritu Santo quema por completo las cosas que no agradan a Dios.

El día domingo antes de su crucifixión, Jesús entró triunfalmente a Jerusalén, loado por la gente como su Mesías y Rey. Tan pronto Él fue reconocido como Rey, procedió a entrar al corazón de Jerusalén, que era el templo, para limpiarlo.³¹ Todo esto ocurrió porque el corazón de las personas que le llamaron Rey de ellos tenía que ser santo como Él es santo. Tal como sucedió en Jerusalén, al reconocer a Jesús como Rey de nuestra vida, el Espíritu Santo empieza a obrar en nuestro corazón para separarnos del pecado y de todo lo que desagrada a Dios.

Autoridad

A medida que Juan pasaba su mirada alrededor del recinto del trono, también pudo ver que "delante del trono había como un mar de vidrio semejante al cristal" (Ap. (4:6a). El mar descrito en esta frase se comportaba como un espejo gigantesco que refleja el trono a lo largo y ancho del universo. Ni siquiera el lugar o persona más pequeños estarán exentos de contemplar y experimentar la presencia y autoridad del Señor. Además todas las cosas y todas las personas serán visibles ante la mirada omnisciente de Dios. ¿Qué verá Él reflejado en ti? Cuando Él mire el espejo, ¿se va a ver reflejado en tu vida? ¿Es Jesús tu Señor? ¿Qué tan definidamente los demás ven a Jesús reflejado en el espejo de tu vida?

Se cuenta la historia de un niño que fue a la iglesia y escuchó atentamente el sermón del pastor. Cuando terminó el culto, el pequeño estaba desconcertado. Mientras salía con sus padres, vio al pastor al otro lado del estacionamiento. Se acercó corriendo y dijo: "Pastor, ¿le puedo hacer una pregunta acerca de su sermón de esta mañana?"

El pastor asintió de inmediato y el niño dijo: "Usted enseñó que Jesús es un hombre".

El pastor parecía complacido con la pregunta pero mantuvo una expresión seria en su rostro mientras contestó: "Eso es correcto".

Luego el pequeño exclamó ansioso: "Pero usted dijo que si se lo pedía, Jesús vendría a vivir dentro de mí".

De nuevo, el pastor asintió con la cabeza: "Eso es correcto".

"Pero pastor", dijo el niño con algo de exasperación, como si le mostrara algo a otro niño, "si Jesús viene a vivir dentro de mí, ¡se me va a salir por todos lados!"

A esto el pastor respondió con firmeza: "¡Eso es correcto!"

Cuando Jesucristo es entronizado como Señor, su poder, persona y presencia deberían "salirse por todos lados" en tu vida y en la mía.

¿Será que el espejo de tu vida se ha manchado o aun quebrado a causa del pecado, a tal punto que el reflejo de Cristo está velado? ¿Qué necesitas hacer a fin de limpiar ese espejo? El espejo queda limpio cuando nos sometemos a la autoridad de Cristo y lo demostramos confesando nuestro pecado, arrepintiéndonos de nuestro pecado, rindiendo nuestra vida totalmente a su control, y aceptando su voluntad aun cuando implique sufrimiento, tristeza, sacrificio y negación de nosotros mismos.

Piedad

Cuando la mirada de Juan se desplaza hacia el contorno, él describe algo que podríamos esperar ver en una película de Steven Spielberg: "Y junto al trono, y alrededor del trono, cuatro seres vivientes llenos de ojos delante y detrás. El primer ser viviente era semejante a un león; el segundo era semejante a un becerro; el tercero tenía rostro como de hombre; y el cuarto era semejante a un águila volando. Y los cuatro seres vivientes tenían cada uno seis alas, y alrededor y por dentro estaban llenos de ojos; y no cesaban día y noche de decir: Santo, santo, santo es el Señor Dios Todopoderoso, el que era, el que es, y el que ha de venir" (Ap. 4:6*b*-8).

Aunque a primera vista estos cuatro seres vivientes casi que parecieran tener el aspecto de monstruos mutantes, bajo un escrutinio cuidadoso resultan ser todo lo contrario: la descripción que Juan hace de estos seres da la impresión de una piedad y devoción absolutas al Señor porque nunca cesan de rendirle adoración.

Supongo que estas criaturas son los querubines y serafines del Antiguo Testamento. La primera vez que uno de ellos apareció, fue en le puerta del huerto de Edén. Después que Adán y Eva pecaron, ellos fueron separados de Dios y expulsados de su presencia inmediata. Dios puso a la entrada del huerto unos querubines, así como una espada encendida que daba vueltas por todos lados. Su función consistía en guardar el acceso al árbol de la vida a fin de evitar que Adán y Eva comieran de su fruto y quedaran viviendo para siempre en su pecado.[32]

Cuando Isaías tuvo su visión del Señor sentado en el trono, describió que estas criaturas estremecieron las vigas y las puertas del templo con la voz de su alabanza.[33] Cuando Isaías, envuelto por la luz de la santidad del Señor, tuvo convicción de su pecado y lo confesó, una de las criaturas voló hasta el altar, tomó un carbón encendido y tocó con él los labios de Isaías para que él quedara limpio y libre de culpa a fin de poder proclamar con autoridad la Palabra de Dios.[34]

Cuando Ezequiel describió estas criaturas dijo que habían aparecido antes de la visión que tuvo de la gloria del Señor, la cual recibió mientras estaba en exilio al lado del río Quebar en Babilonia.[35]

Los cuatro seres vivientes se describen cubiertos de ojos que les permiten ver en todas direcciones al mismo tiempo. Siempre están alertas en el servicio al Señor. Cada uno tenía seis alas que les permiten moverse en su servicio con mucha más rapidez que la velocidad de la luz.

En la descripción de Juan, estas criaturas representan lo máximo en las inteligencias creadas por Dios. Son las que más cerca están a la presencia física de Dios que cualquier otro ser creado y siempre están asociados con su presencia, alrededor de la cual hacen guardia. Solamente siguen a Dios mismo en poder y autoridad.

Es este último aspecto de su servicio lo que parece haberse constituido en una tentación para el ángel llamado Lucero, hijo de la mañana, quien también se conoce como Lucifer. Él no se sintió satisfecho con el hecho de tener poder y autoridad semejantes a los de Dios mismo; él quiso ser igual a Dios.[36] Su orgullo le llevó a ser arrojado del cielo, al lado de los ángeles que participaron en su rebelión, y ahora reside en la tierra, donde es descrito como el príncipe de la potestad del aire, mejor conocido como Satanás, o el diablo.[37]

La apariencia de los cuatro seres vivientes parece todavía más extraña cuando tratamos de ver lo que Juan describe (así como lo hizo Ezequiel), cuando dice que cada uno tenía un "semblante" distinto: "El primer ser viviente era semejante a un león; el segundo era semejante a un becerro; el tercero tenía rostro como de hombre; y el cuarto era semejante a un águila volando".

Es fascinante advertir que el Señor Jesucristo ha quedado descrito de esta manera en los cuatro evangelios. El evangelio de Mateo describe al Señor como un león, como el Rey y el León de Judá. El evangelio de Marcos describe al Señor como un becerro o buey, como el Siervo humilde. El evangelio de Lucas describe a Jesús en su humanidad como el Hijo del Hombre; y el evangelio de Juan describe a Jesús en su deidad como el Hijo de Dios, ¡un águila en pleno vuelo!

La descripción tiene una aplicación muy especial para ti y para mí. Ya hemos considerado el servicio de estos cuatro seres vivientes: han estado sirviendo activamente a Dios desde el huerto de Edén, y supongo que mucho antes también. A lo largo de todo el Antiguo Testamento podemos captar vislumbres de la obra que han hecho. Sin embargo, este pasaje de Apocalipsis dice: "y no cesaban día y noche" de adorar al Señor.

¿Cómo pueden hacer todo lo que hacen sin dejar de adorar al Señor todo el tiempo? ¿Acaso es una contradicción? ¡No! Estos cuatro seres vivientes nunca dejaron de adorar al Señor, ¡y su obra se dio como fruto de su adoración! A diferencia de la iglesia de Éfeso descrita en Apocalipsis 2:1-7, estas criaturas mantuvieron en el orden correcto sus prioridades, y a medida que adoraban al Señor de continuo, trabajando motivados a partir de su adoración, ¡empezaron a adquirir la semejanza de Aquel a quien adoraban y servían!

Pablo dijo: "A los que antes conoció, también los predestinó para que fuesen hechos conformes a la imagen de su Hijo".[38] El apóstol prosiguió a decir que esta conformidad tiene lugar siempre y cuando contemplemos su gloria.[39]

¿Alguna vez te has encontrado con una persona que viviera a tal punto su vida en adoración a Cristo, sirviéndole en el amor y la luz y el gozo de su presencia, que sentiste que podías ver a Jesús reflejado en la apariencia exterior de la persona? A mí me ha sucedido.

Recuerdo haber conocido a una mujer de edad a la que miré en dos ocasiones sin saber quién era, pero impresionada por su semblante. El brillo en sus ojos, la humildad de sus ademanes, la dulzura de su expresión, la sonrisa en sus labios, todo en ella parecía irradiar a Cristo mismo. Al preguntar por ella, descubrí que había sido una misionera y enfermera en África durante muchos años. Mientras estuvo en el campo misionero había sido brutalmente golpeada y violada por soldados guerrilleros. Sin embargo, todo el sufrimiento intenso e inmerecido en su vida le había llevado a acercarse más al Señor, y no a poner una barrera entre Él y ella. Esta mujer vivió su vida en adoración genuina, depositó toda su fe y confianza en Él y aprendió a darle gracias por haberle confiado el privilegio de sufrir por su causa, aunque ella misma no entendía la respuesta al "¿por qué?" El resultado de esa rendición era una apariencia externa en la que hasta un observador casual podía ver un reflejo auténtico del carácter de Cristo. La piedad y la devoción de su vida eran evidencia de que había entronizado a Jesucristo como Señor.

Si tú y yo queremos reflejar el carácter de Cristo en nuestro propio carácter de tal manera que incluso transforme nuestra apariencia externa, entonces tenemos que aprender la lección que nos dan los cuatro seres vivientes. Día y noche nunca cesaban de adorar al Señor, y a partir de su adoración a Él partía su trabajo para Él. Estaban completamente consagrados a Él en servicio.

ENCUENTRA ESPERANZA AL ESCUCHAR QUE EL SEÑOR ES RODEADO POR UN CLAMOR DE ALABANZA

Juan ha descrito lo que vio cuando la puerta del cielo fue abierta, y ya está a punto de terminar su recorrido dirigido por la corte del Señor. Para concluir, describe no lo que vio, ¡sino lo que escuchó!

Alabanza al Señor en adoración continua

"Y no cesaban día y noche de decir: Santo, santo, santo es el Señor Dios Todopoderoso, el que era, el que es, y el que ha de venir" (Ap. 4:8*b*). La adoración a Jesucristo es continua en el cielo. Nunca cesa.

Después de las injurias,
   las blasfemias,
      las obscenidades,
         las hipocresías,
           las superficialidades,

la insinceridad de las voces terrenales...
... la cúspide de la gloria será escuchar el Nombre de Jesús
exaltado,
magnificado,
honrado,
alabado,
glorificado,
y adorado
¡sin interrupción y sin final!

Alabanza al Señor en adoración contagiosa

Los cuatro seres vivientes alababan al Señor incesantemente y su alabanza era contagiosa. Juan dijo: "Y siempre que aquellos seres vivientes dan gloria y honra y acción de gracias al que está sentado en el trono,... los veinticuatro ancianos se postran... y adoran al que vive por los siglos de los siglos" (Ap. 4:9-10). A medida que se despliega la visión de su gloria tras la alabanza de los cuatro seres vivientes y los veinticuatro ancianos, se unen a ellos millones de ángeles en un coro de alabanza. Cuando los ángeles alabaron al Señor, todas las criaturas en el cielo y en la tierra y debajo de la tierra y en el mar, y todo lo que hay en ellos cantó alabanzas al Señor. ¡La alabanza es contagiosa!

¿Quién está alabando al Señor porque tú y yo lo estamos alabando? Sin lugar a dudas la atmósfera en nuestros hogares, iglesias, escuelas, negocios y la sociedad en general sería totalmente diferente si todos los que profesan pertenecer a Cristo vivieran en alabanza continua a Cristo.

Alabanza al Señor en adoración costosa

Cuando Isaías escuchó a los cuatro seres vivientes alabando a Dios en el templo, las columnas de la puerta y los umbrales se estremecieron.[40] Cuando Cristo es alabado, empiezan a suceder cosas, especialmente en el templo de nuestra vida y en el templo que es su iglesia. De hecho, la Biblia nos dice que Dios habita en la alabanza de su pueblo.[41] No obstante, el costo de esa alabanza con poder es grande.

Los veinticuatro ancianos o reyes que estaban sentados alrededor del Rey de reyes, dejaron sus tronos, cayeron postrados ante el Señor y echaron sus coronas delante del trono diciendo: "Señor, digno eres de recibir la gloria y la honra y el poder" (Ap. 4:10*b*-11*a*). Sus coronas no representaban solamente sus posiciones de servicio, sino la alabanza, los logros, la gloria, la honra y las recompensas que habían recibido por su servicio.

En todas las Escrituras somos exhortados a procurar recibir "una corona incorruptible";[42] terminar bien nuestra carrera para que podamos recibir la corona que está guardada para todos los que "aman su venida";[43] a perseverar con el fin de recibir la corona de vida;[44] a recibir "la corona incorruptible de gloria";[45] a retener lo que tenemos para que ninguno tome nuestra corona.[46]

Nadie sabe con exactitud cuál será "la corona", pero sin importar qué sea, debe ser de gran importancia y valor extraordinario en la eternidad. Quizás es algo relacionado con la advertencia que Pablo nos dio acerca de la recompensa y el juicio de Cristo.[47]

Ninguna persona que haya puesto su fe en Jesucristo como Salvador y Señor y que haya recibido su perdón y vida eterna, va a ser juzgada a causa del pecado. Jesús tomó en la cruz todo el juicio de Dios por nuestro pecado y dijo: "Consumado es". ¡Alabado sea Dios! ¡Su muerte es más que suficiente para hacer expiación por mi pecado!

Sin embargo, todos los creyentes verdaderos en Cristo tendrán que rendir cuentas ante Cristo por las vidas que llevaron desde el momento en que le recibieron como Salvador hasta que le vean cara a cara. Pablo ofrece una clara instrucción acerca de ese tiempo que está por venir.

En el juicio ante Cristo, tu vida y la mía van a pasar por el fuego de la santidad de Dios. Si hemos vivido nuestra vida en obediencia a la Palabra de Dios, en sometimiento a la voluntad de Dios y habiendo andado por el camino de Dios, nuestra vida pasará al otro lado como oro, plata y piedras preciosas, es posible entonces, que todo ese oro, plata y piedras preciosas sean los materiales que constituyan la corona que recibamos en la eternidad.

Por otra parte, si hemos vivido nuestra vida en desobediencia a la Palabra de Dios (¡es que no nos quedó tiempo para leerla!), en renuencia a la voluntad de Dios (¡es que era demasiado diferente a lo que queríamos hacer!), y andando por nuestro propio camino (¡es que fuimos atrapados en lo que todos los demás hacían, pero eso sí, hicimos lo que nos pareció correcto!), entonces nuestra vida será como madera, heno y hojarasca. Pablo dijo que nos vamos a salvar de todas formas, pero como por fuego. En lugar de gozar una entrada amplia y generosa al cielo,[48] vamos a entrar a tientas por la puerta y casi que raspando, sin algo que mostrar como fruto de lo que vivimos en la tierra.

El día en que veas a tu Señor cara a cara, cuando veas en su frente el lugar donde se clavaron las espinas cuando Él llevó tu corona, cuando veas sus manos y pies que fueron atravesados por clavos puestos allí por tu pecado, y cuando por primera vez comprendas plenamente lo que le costó a Él darte la bienvenida en su hogar celestial, ¿no crees que vas a tener el fuerte deseo de darle algo como gratitud por todo lo que Él te ha dado? En aquel día, ¿vas a tener la corona que recibiste como recompensa por tu vida vivida para Él en la tierra, a fin de que la puedas poner a sus pies en adoración? ¿O vas a tener solamente las cenizas de una vida desperdiciada para echarlas al viento?

¡Jesucristo es absolutamente supremo como el Señor del universo entero! ¿Estás dispuesto a permitir que sea supremo como el Señor de tu vida, para que en el día del juicio puedas por amor a Él poner tu corona a sus pies?

¡La alabanza genuina es costosa! Nos cuesta nuestra vida postrada en adoración y nuestra vida ofrendada en trabajo para el Señor, quien es el Rey de reyes. Esa clase de alabanza fluye como resultado de una vida vivida en la luz de la visión de su gloria. Si estás descorazonado por la mayoría de los impíos, ¿no quieres fijar tu mirada en el Señor, quien está entronizado en el centro del universo, rodeado por una corte en el cielo, envuelto en un clamor de alabanza, y quien podría en cualquier momento volver a entrar en el tiempo y el espacio para reclamarte como uno de los suyos?

Mas yo esperaré siempre.

Salmo 71:14

6
Esperanza cuando estás descorazonado por la minoría de los piadosos

Apocalipsis 5

¿*H*as querido alguna vez preguntarle a Abraham: "¿Valió la pena salir de Ur de los caldeos, deambular alrededor de Canaán, vivir en una carpa y al final no tener más que mostrar como resultado de todo ello que básicamente un hijo, una cueva en Macpela y las promesas de Dios que aún estaban por cumplirse?"[1]
- ¿*Has querido alguna vez preguntarle a Moisés:* "¿Valió la pena renunciar a los placeres de Egipto para conducir a más de un millón de antiguos esclavos por el desierto durante cuarenta años, y al final ni siquiera haber entrado tú mismo a la tierra prometida?"[2]
- ¿*Has querido alguna vez preguntarle a Jeremías:* "¿Valió la pena predicar durante más de sesenta años sin haber escuchado una sola respuesta positiva a tu mensaje?"[3]
- ¿*Has querido alguna vez preguntarle a Daniel:* "¿Valió la pena orar tres veces al día y terminar encerrado en el foso de los leones?"[4]
- ¿*Has querido alguna vez preguntarle a Isaías:* "¿Valió la pena ofrecerse voluntariamente para el servicio al Señor cuando dijiste: 'Heme aquí, envíame a mí', teniendo en cuenta que como resultado de ese servicio moriste aserrado"?[5]

— *¿Has querido alguna vez preguntarle a Juan el Bautista:* "¿Valió la pena decir la verdad en la cara de Herodes y perder la cabeza por ello?"[6]

— *¿Has querido alguna vez preguntarle a María:* "¿Valió la pena decir: 'Hágase conmigo conforme a tu palabra', cuando el resultado de esa sumisión fue un Hijo a quien crucificaron en una cruz romana?"[7]

— *¿Has querido alguna vez preguntarle a Pedro:* "¿Valió la pena abrir la puerta para que el evangelio fuese predicado a los gentiles, tan solo para morir crucificado boca abajo?"[8]

— *¿Has querido alguna vez preguntarle a Juan:* "¿Valió la pena predicar el evangelio y plantar iglesias por todo el mundo conocido, y al final terminar exiliado en Patmos?"[9]

— *¿Alguna vez has querido preguntarte a ti mismo o a ti misma:* "¿Vale la pena vivir mi vida de fe en Dios cuando nadie más lo está haciendo? ¿De qué me sirve?"

¿Vale la pena levantarse los domingos por la mañana, ir a la Escuela Dominical y a la iglesia, cuando te fuiste a dormir tarde el sábado en la noche o en la madrugada?

¿Vale la pena levantarse todas las mañanas treinta minutos antes de lo que exige tu rutina diaria para orar y leer tu Biblia, cuando lo que quieres en realidad es dormir hasta el último minuto?

¿Vale la pena testificarle del evangelio a tu amigo y que como resultado, pierdas su amistad?

¿Vale la pena hacer tu declaración de impuestos honradamente y tener que pagar más impuestos?

¿Vale la pena decir la verdad, cuando una sola mentira podría conseguir tu ascenso o un aumento salarial?

¿Vale la pena involucrarse con los desamparados, los desesperanzados y los indefensos en el nombre de Jesús y por su nombre, con el riesgo de enfrentar hostilidad y rechazo?

¿Vale la pena negarte a ti mismo, tomar tu cruz cada día y seguir a Cristo, cuando nadie más en tu iglesia parece estar tomando en serio su fe?

¿Vale la pena vivir tu vida en obediencia a la Palabra de Dios, en rendición a la voluntad de Dios y andando en el camino de Dios, cuando el mundo entero parece estar yendo en la dirección contraria?

¿Vale la pena vivir una vida de piedad y convertirse en miembro de la minoría? ¿Realmente vale la pena?

Mi respuesta personal a todas las preguntas anteriores en un "¡sí! ¡sí! ¡SÍ!" sonoro y sin vacilaciones. "¡Sí vale la pena!" Vivir una vida cristiana piadosa es algo que vale la pena sin importar cuál sea el costo, ¡aun si hay que pagarlo mil veces! ¿Por qué? *¡Porque vale la pena hacerlo por Él, porque Él se lo merece!* La visión de su gloria en Apocalipsis 5 describe hasta qué punto vale la pena hacerlo porque Jesús es digno de eso y mucho más. También ofrece una vibrante esperanza para los que se encuentran descorazonados a causa de la minoría de los piadosos. ¡Nuestra esperanza está fundada en quién es Jesús!

ENCUENTRA ESPERANZA EN LA POSICIÓN INIGUALADA DE JESUCRISTO

A continuación de su "recorrido turístico" por la corte del Señor, Juan continuó observando detenidamente la puerta abierta del cielo. Nos dice que vio "...en la mano derecha del que estaba sentado en el trono un libro escrito por dentro y por fuera, sellado con siete sellos" (Ap. 5:1). Aunque nadie puede estar seguro, parece razonable suponer a partir del contexto que el libro representa el título de propiedad sobre el planeta tierra, y estaba firmemente en poder de Dios el Padre. La persona que tuviera posesión del libro contaba con la autoridad, ante los ojos de Dios, para proceder a gobernar el mundo así como la capacidad para cumplir el propósito de Dios para la raza humana.

"Y vi a un ángel fuerte que pregonaba a gran voz: ¿Quién es digno de abrir el libro y desatar sus sellos?" (Ap. 5:2). En otras palabras: "¿Quién tiene el derecho, ante los ojos de Dios, de gobernar el mundo? ¿Quién está en capacidad de hacer cumplir el propósito de Dios para la raza humana? ¿Quién es digno de hacerlo?"

Podemos pensar en muchas personas que habrían estado dispuestas a hacerlo. Alejandro Magno habría estado dispuesto. El emperador romano Nerón habría estado dispuesto. El rey Jorge III de Inglaterra habría estado dispuesto. Hitler habría estado dispuesto. El ayatola Khomeini habría estado dispuesto. Sadam Hussein estaría más que dispuesto. ¡Me imagino que hasta los presidentes de Rusia y de los Estados Unidos estarían dispuestos a hacerlo!

¡Pero esa no había sido la pregunta! La pregunta fue: "¿Quién es *digno*?" ¿Quién es digno de gobernar el mundo entero y completar el propósito de Dios para la raza humana?

La respuesta constituye una revelación asombrosa que deja ver la carencia absoluta de la raza humana: "No se había hallado a ninguno digno de abrir el libro, ni de leerlo, ni de mirarlo" (Ap. 5:3). El universo entero, incluso cada planeta, cada galaxia, cada generación y raza, fue escrutado minuciosamente a fin de encontrar a una sola persona que fuese digna ante los ojos de Dios, pero no se encontró por ninguna parte.

Ni *Enoc*, quien anduvo tan cerca de Dios que un día fue trasladado directamente al cielo.[10]

Ni *Abraham*, a quien Dios llamó su amigo.[11]

Ni *Sara*, quien por fe concibió y dio a luz un hijo cuando tenía noventa años de edad.[12]

Ni *Moisés*, el hombre más manso en toda la tierra.[13]

Ni *Sansón*, el hombre más fuerte en todo el mundo.[14]

Ni *David*, el hombre conforme al corazón de Dios.[15]

Ni *Salomón*, el hombre más sabio en todo el mundo.[16]

Ni *Elías*, quien no sufrió la muerte sino que fue llevado al cielo en un carro de fuego.[17]

Ni *Jeremías*, quien fue comparado con Jesús por los que conocieron a Jesús.[18]

Ni *Isaías*, el más grande entre los profetas del Antiguo Testamento.[19]

Ni *Juan el Bautista*, de quien Jesús dijo que era el más grande entre los que han nacido de mujer.[20]

Ni *María*, la madre de Jesús.[21]

Ni *Pedro*, quien dirigió a tres mil personas en un solo día a responder al evangelio que presentó en un valiente sermón y quien abrió la puerta para que el evangelio fuese predicado a los gentiles.[22]

Ni *Pablo*, el evangelista más grande de todos los tiempos, quien fue el autor humano de la mayor cantidad de escritos del Nuevo Testamento.

Ni *Juan*, quien estaba registrando esta visión.

Ni *alguno* de los millones de hijos de Adán e hijas de Eva, ninguno de ellos fue hallado digno de abrir el libro, ¡ni siquiera de mirarlo!

Juan estaba apesadumbrado. Él escribió: "Y lloraba yo mucho, porque no se había hallado a ninguno digno de abrir el libro, ni de leerlo, ni de mirarlo" (Ap. 5:4). ¡El anciano apóstol se quedó allí y lloró desconsolado y desesperanzado! Los piadosos no eran solamente una minoría, ¡parecía más bien que los piadosos ni siquiera existían!

¿Acaso esto significaba que la "maldición" de Dios sobre la raza humana y el planeta tierra nunca iba a ser quitada?[23]

... que el paraíso se había perdido para siempre?
... que la cruz no tenía poder para salvar a la humanidad de la ira de Dios?
... que ya no había expiación por el pecado del hombre?
... que en fin de cuentas, el mal ganaría sobre el bien, el odio vencería al amor y la muerte triunfaría sobre la vida?
... que Satanás tendría la victoria última?
... que Jesucristo y la minoría que había puesto su fe en Él, quedarían derrotados por la eternidad?

¿Quién puede culpar a Juan por haber llorado en ese momento? Sin duda alguna ¡el terror se apoderó de su corazón y la desesperanza de su mente! Debió haber sollozado y derramado muchas lágrimas con un profundo sentimiento de vergüenza porque la raza humana entera había fracasado en el cumplimiento del propósito original que Dios tuvo para ella al crearla.

Mientras el apóstol seguía de pie con lágrimas que bajaban por su rostro arrugado y que humedecían su barba gris y larga, uno de los ancianos[24] se levantó de su trono y fue hasta el lugar donde Juan se encontraba.

Enjugando las lágrimas del rostro de Juan, le dijo con gran gentileza: "No llores" (Ap. 5:5*a*). En seguida, con una voz que debió resonar con una apasionada anticipación de la victoria final, el anciano anunció: "He aquí que el León de la tribu de Judá, la raíz de David, ha vencido para abrir el libro y desatar sus siete sellos" (Ap. 5:5*b*). En otras palabras le dijo: "Juan, ¡sí existe *un* Hombre que es digno y capaz! ¡Hay *un* Hombre en todo el universo, quien es digno ante los ojos de Dios para regir el mundo y cumplir el propósito de Dios para la raza humana! *¡Uno nada más!* ¡Un Hombre a quien nadie puede igualar en su posición!"

Ciertamente, si este Hombre es inigualable en su posición como Señor del universo, si Él está bien calificado y tiene la dignidad necesaria para regir al mundo, (*¡y bien que lo es!*), entonces Él también es capaz de gobernar tu vida y la mía. ¿Por qué razón nos conformamos con un amo indigno? ¿Nos dejamos gobernar por nuestras emociones o las opiniones de los demás o nuestra ocupación o nuestros apetitos o nuestra comodidad y conveniencia, o nuestra carrera o nuestra cuenta bancaria o las metas que hemos fijado y los planes que hemos hecho para el futuro. Todos los días escuchamos historias acerca de personas que, cuando es demasiado tarde, hacen el trágico descubrimiento de que el amo a quien sirvieron fue incapaz de gobernarlos rectamente. Sus vidas terminan con sueños desbaratados, corazones rotos y esperanzas deshechas.

Juan dijo que se buscó en el universo entero alguien que fuese digno y capaz ante los ojos de Dios para gobernar al mundo y hacer cumplir a la perfección el propósito de Dios para la raza humana. Se encontró solamente un Hombre. ¿Por qué tú y yo insistimos a veces en buscar otro? Si Dios dice que solo este Hombre es capaz de cumplir su propósito para con toda la raza humana, Él puede llevar a la perfección el propósito de Dios hasta en el más mínimo detalle de tu vida.

También se ha revelado que este mismo Hombre, quien es el único digno ante los ojos de Dios para ocupar la posición inigualada de Señor y Rey del universo, tiene un poder indiscutible. ¡Su nombre es Jesús!

ENCUENTRA ESPERANZA EN EL PODER INDISCUTIBLE DE JESUCRISTO

Mientras Juan calmaba su llanto y secaba sus lágrimas, miró en la dirección que el anciano le debió indicar. Vio "en pie un Cordero como inmolado" (Ap. 5:6*a*), en medio del trono y de los cuatro seres vivientes.

El Cordero se veía como si hubiese sido inmolado porque tenía heridas en su frente, donde las espinas se habían clavado, y marcas en sus manos y pies, donde habían estado los clavos. Mientras que el mundo hace mofa de la cruz y de la necesidad que el hombre tiene de un Salvador, mientras que el mundo insiste en que hay otros caminos para llegar a Dios aparte de la cruz de Cristo, mientras el mundo critica y persigue a la minoría de los piadosos que han sido lavados y limpiados en la sangre derramada en la cruz, ¡los recuerdos del Calvario son de inmenso valor en el cielo!

En el Antiguo Testamento, cuando alguien pecaba, se requería que la persona trajera un cordero y lo presentara al sacerdote en el templo.[25] El pecador debía agarrar al cordero con ambas manos y confesar su pecado. Era como si la culpa del pecador pasara por sus brazos, se concentrara en sus manos, y fuese transferida al cordero. Después el pecador tomaba el cuchillo y mataba al cordero, de manera que el cordero moría como resultado directo de una acción del pecador. Luego el sacerdote tomaba la sangre del cordero y la rociaba sobre el altar para hacer expiación por el pecado de la persona. Sobre la base de la confesión de pecado del pecador, su obediencia a las instrucciones de Dios y su fe en la sangre sacrificada, la persona era perdonada.

Cuando Juan el Bautista observó a Jesús de Nazaret caminando por la ribera del río Jordán, él exclamó: "He aquí el Cordero de Dios, que quita el pecado del mundo".[26] Juan estaba reconociendo que los sacrificios realizados en el Antiguo Testamento, todos los millones de animales que habían sido sacrificados y todos los océanos de sangre que había sido derramada, eran como ayudas audiovisuales que apuntaban en dirección a Jesucristo mismo.

Los sacrificios eran como pequeñas notas débito o pagarés. Cuando alguien hacía un sacrificio por el pecado, era como si Dios dijera: "Te quedo debiendo el perdón. Te quedo debiendo la redención. Te quedo debiendo la expiación". Toda la sangre de los corderos, toros y machos cabríos nunca pudo hacer expiación por el pecado del hombre,[27] ya que su función era simplemente simbólica. Lo que hacían era señalar a la promesa de que Dios enviaría a Jesús, su Cordero perfecto. Cuando Jesucristo murió en la cruz, su sacrificio por el pecado fue aceptado por Dios, ¡y todos los pagarés quedaron totalmente cancelados!

En la actualidad, cuando ponemos nuestras "manos" de fe sobre el Cordero de Dios y confesamos nuestro pecado, la culpa por nuestro pecado es transferida al Cordero. Aunque los romanos crucificaron físicamente a Jesús, tu pecado y el mío fueron la verdadera causa de su muerte, fuimos los responsables de su muerte en la cruz. Él murió como mi sacrificio personal, y el tuyo también. Su sangre fue rociada sobre el altar de la cruz por mi pecado, y Dios aceptó el sacrificio,[28] concediéndome la expiación, la redención y el perdón a través de la muerte vicaria o substituta de Jesucristo.[29]

Cuando Juan vio al Cordero que había sido inmolado, de pie en medio del trono, ¡Él llevaba las huellas del Calvario pero no estaba sin vida sobre el altar! ¡Estaba vivo, muy vivo! Juan le describió diciendo que tenía siete cuernos que representan su omnipotencia, siete ojos que representan su omnisciencia, y siete Espíritus de Dios que representan su omnipresencia. El número siete corresponde a la perfección consumada. Los cuernos simbolizan la fortaleza, los ojos indican que Él todo lo ve y todo lo conoce, y los espíritus simbolizan la presencia de Dios. Toda la descripción del Cordero corresponde a la de una persona que es perfecta en fortaleza, perfecta en conocimiento y perfecta en su presencia instantánea y simultánea en todos los confines del universo. ¡Es una descripción sublime! Juan estaba describiendo al Creador de los cielos y de la tierra, el Señor Dios Todopoderoso, ¡como Aquel Cordero que murió por mí! El mismo Cordero que murió y se levantó de entre los muertos y ascendió al cielo, y se sentó a la diestra del Padre, ahora estaba de pie "y tomó el libro de la mano derecha del que estaba sentado en el trono" (Ap. 5:7). ¡El Cordero no hizo más que entrar en escena, avanzar hacia el trono y *tomar* el libro! ¡Él estaba afirmando sin titubeos su derecho de gobernar al mundo! Lo había hecho en la creación, lo había comprado en el Calvario, ¡y ahora estaba reclamando su derecho a gobernarlo para sí mismo!

¡Las riendas del gobierno del mundo pasaron a su mano marcada por los clavos! Nadie le dijo: "¡Oye, tú no puedes hacer eso!" Nadie le dijo: "¿Quién crees que eres?" Nadie le dijo: "Vamos a discutirlo un momento". Nadie discutió su aserción como el único digno de gobernar el mundo y cumplir el propósito de Dios con la raza humana, porque ¡Él es digno en verdad! Siempre lo fue, lo es y lo será, ¡y por siempre tendrá el poder absoluto e indiscutible en todo el universo!

Si su poder en el universo es indiscutible, entonces ¿por qué insistimos en discutir con Él y oponernos a sus designios en nuestra vida? Él nos *creó* a ti y a mí, nos *compró* en el Calvario, y Él es el *único* que tiene derecho a gobernar nuestra vida. ¿Estás dispuesto a cederle las riendas del gobierno de tu vida? Necesitamos dejar de ejercer resistencia a su voluntad, de discutir sus propósitos, de quejarnos de sus métodos, ¡y simplemente someternos a su autoridad!

Quedaríamos muy avergonzados si un día llegásemos a descubrir que fuimos los únicos en el universo entero que insistieron en discutir la autoridad del Cordero. Necesitamos cambiar nuestra actitud arrogante y sincronizar nuestros pasos con el resto del universo, ¡donde nadie le resiste sino que más bien se le rinde alabanza unánime!

ENCUENTRA ESPERANZA EN LA ALABANZA UNIVERSAL DE JESUCRISTO

Cuando el Cordero ratificó su dignidad para regir al mundo y cumplir el propósito de Dios para la raza humana, los cuatro seres vivientes y los veinticuatro ancianos cayeron postrados delante de Él en adoración. Tenían en sus manos "copas de oro llenas de incienso, que son las oraciones de los santos" (Ap. 5:8c). Era como si después de

Esperanza cuando estás descorazonado por la minoría de los piadosos 149

miles de años de oraciones que ascendían al cielo provenientes de los corazones, mentes y labios del pueblo de Dios, Él por fin había recibido lo suficiente. Las copas estaban llenas. Ahora la historia humana podía llegar a su conclusión definitiva.

Tras la segunda guerra mundial y la construcción del muro de Berlín, así como el establecimiento de la cortina de hierro, los cristianos de todo el mundo empezaron a orar. Se contaban historias de acoso, persecución, pobreza, maltrato de derechos humanos y tribulación que tenían lugar al otro lado de la cortina y del muro. El pueblo de Dios oraba pidiendo que Él interviniera y librara a Europa oriental de la tiranía del ateísmo y la opresión. A veces las oraciones de los creyentes alrededor del mundo se hacían más intensas con el transcurrir de algunos acontecimientos mundiales. En noviembre de 1989 cayó el muro de Berlín y la cortina de hierro se vino abajo. No hubo explicación lógica alguna para esta serie de acontecimientos dramáticos, aparte del hecho de que se llenaron las copas de incienso que son las oraciones de los santos. Me pregunto de quién fue la última oración que llegó al cielo justo antes de que Dios dijera: "Ya tengo todo lo que necesito para proceder con el cumplimiento de mi propósito". La oración es necesaria, no solamente para que los acontecimientos diarios se ajusten al plan de Dios para las edades, ¡sino también para el cumplimiento final de su plan!

Con frecuencia mi visión en la oración es demasiado pequeña. Me olvido de ver el lugar que ocupa mi oración en el marco general de lo que Dios está haciendo. Si más cristianos oraran que el Señor ejerza su derecho de gobernar el mundo, ¡de hecho estaríamos apresurando el día de su venida!

Cuando los cuatro seres vivientes y los veinticuatro ancianos cayeron postrados en adoración delante del Cordero, Juan notó que "todos tenían arpas" (Ap. 5:8*b*). En el Antiguo Testamento, cuando Israel estaba bajo el juicio de Dios y era llevado a la cautividad, los judíos colgaban sus arpas en señal de tristeza.[30] Cuando los babilonios les pedían que cantasen, no lo podían hacer. Habían perdido su canción y la razón de su *gozo*, porque estaban viviendo por fuera de la voluntad de Dios y separados de Él.

Existen consejeros de todo tipo que han observado una fuerte ola de depresión en la actualidad, incluso dentro de la iglesia. ¡El mundo quiere oírnos cantar! ¡El mundo quiere ver nuestro gozo! El mundo quiere observar la diferencia que Jesucristo hace en nuestra vida. Pero en lugar de escuchar una canción, el mundo está viendo a muchos cristianos colgar sus arpas. En algunos casos esto sucede porque los cristianos han permitido que el pecado los separe de Dios. Un prestigioso psicólogo ha señalado: "Necesitamos vernos a nosotros mismos más como pecaminosos que como lastimados".[31] Vivir fuera de la voluntad de Dios equivale a perder su bendición en la vida, así como el gozo verdadero que acompaña a la vida abundante.

¿Cuándo fue que colgaste tu arpa? Cuando resistes la voluntad de Dios para tu vida o para tus seres queridos, cuando insistes en hacer las cosas a tu modo, ahí es cuando puedes perder tu gozo. Aun estando dentro de la iglesia puedes quedar tan descorazonado que puedes perder tu gozo a causa de la minoría de los piadosos que se dejan barrer por la ola de maldad que inunda al mundo. Cuando quitas tu mirada de Jesús y te fijas en el mundo que te rodea o en tus circunstancias, o en ti mismo u otras personas, estas colgando tu arpa simplemente porque has perdido tu enfoque. La clave para recuperar tu arpa y tu habilidad para tocarla está en enfocarte en Cristo en adoración. Decide someterte y acoger su autoridad en tu vida confesando tus pecados uno por uno y renunciando a ellos delante de Él.

Cuando los cuatro seres vivientes y los veinticuatro ancianos cayeron ante el Cordero, enfocados en Cristo solamente, postrados en adoración genuina al que afirmaba su autoridad para gobernar, ¡cada uno de ellos tenía un arpa! Aunque cantaban juntos, su cántico era una expresión individual que surgía de cada uno de sus corazones. ¡Estaban tan llenos de gozo que desbordaban en alabanza al Cordero, al único digno de recibirla!

Juan consignó: "y cantaban un nuevo cántico" (Ap. 5:9*a*). Era nuevo porque no trataba acerca de la liberación de Israel en Egipto o el nacimiento de Cristo en Belén, ni siquiera de la muerte y resurrección de nuestro Señor. El cántico nuevo tenía que ver con la afirmación de su derecho para gobernar el mundo, ¡porque solo Él es digno de hacerlo ante los ojos de Dios el Padre! En su contenido proclamaba: "Digno eres de tomar el libro y de abrir sus sellos; porque tú fuiste inmolado, y con tu sangre nos has redimido para Dios, de todo linaje y lengua y pueblo y nación; y nos has hecho para nuestro Dios reyes y sacerdotes, y reinaremos sobre la tierra" (Ap. 5:9-10).

No existe una cura más efectiva para el descorazonamiento que un cántico nuevo acerca del poder y la gloria de Aquel que tiene el derecho para regir el universo. Cuando sentimos que nos hace falta una nueva canción, quizás lo que realmente necesitamos es caer postrados y adorar al Señor, quien es el Cordero sobre el trono, y renovar la rendición de nuestro corazón y nuestra vida a Él. Cuando el universo adora al que es Señor, lo hace cantando un cántico nuevo, y los que elevan su voz en alabanza son "de todo linaje y lengua y pueblo y nación" (Ap. 5:9*b*).

Para quienes creen que Jesús es "el dios del hombre blanco" o un "dios occidental", para los que se oponen a la misión que la iglesia tiene de dar a conocer el evangelio a los que pertenecen a otras culturas, naciones y religiones, ¡un día sus voces serán acalladas por la alabanza universal rendida a quien es el Señor y Rey del universo! Todos los que pertenecen a Él representan cada familia, tribu, grupo étnico, cultura, lenguaje y nación del mundo entero. En todos los rincones del cielo se escuchará alabanza universal y unánime. No habrá siquiera una *sombra* de prejuicio racial, división racial, ni tensión racial en absoluto.

¿Será que ese día te va a tomar por sorpresa? Quizás cuando te sorprendas al descubrir que estás rodeado por africanos, árabes, chinos, japoneses, coreanos, rusos, judíos, latinos, indígenas, aborígenes, esquimales, indios, gitanos, así como europeos y anglosajones, ¡van a ser otros los que se sorprendan al descubrir que *tú* estás al lado de ellos! Hoy día es un gozo así como una gran responsabilidad reflejar la alabanza que un día resonará en todo el universo, por medio de los esfuerzos para mantener la unidad dentro del cuerpo de Cristo, el cual debe ser multinacional, multicultural, multirracial y multiétnico.

Con sus oídos aún vibrando por el cántico de las multitudes, Juan nos dice: "Y miré, y oí la voz de muchos ángeles alrededor del trono" (Ap. 5:11*a*). Los mismos ojos que habían visto a Jesús siendo escupido, golpeado, azotado, desvestido y crucificado, eran ahora los que estaban viendo a millones de ángeles rodeando el trono del Rey de reyes en adoración y exaltación. Los mismos oídos que habían escuchado a Jesús siendo blasfemado, acusado falsamente, escarnecido e incriminado, eran ahora los oídos que escuchaban a los cuatro seres vivientes y los veinticuatro ancianos sumarse a los millones de ángeles en una alabanza atronadora del Cordero, ¡el único digno de recibirla!

Si Jesús es digno de toda alabanza, como sin duda lo es, ¿por qué nos la pasamos buscando alabanza para nosotros mismos? ¿Por qué nos sentimos ofendidos cuando los demás no nos dan el mérito por lo que hemos hecho?

En cierta ocasión observé a una mujer hermosa y elocuente que habló con dinamismo y buen sentido del humor durante una hora y cuarenta y cinco minutos, ¡acerca de ella misma! Cuando concluyó, la fatigada concurrencia aplaudió por cortesía mientras ella iba a su asiento. La maestra de ceremonias pasó al púlpito e hizo una señal para que todos los presentes se colocaran de pie para la oración final. La disertante no vio el gesto de la maestra de ceremonias, ¡y pensó que el auditorio se había levantado para darle una ovación adicional! ¡Ella procedió a regresar al púlpito y hacer las genuflexiones de rigor!

¿Cuántas veces hemos hecho en privado lo que esa mujer hizo en público? Buscamos cuadrar bajo las luces del escenario y anhelamos recibir el aplauso de los hombres, aceptando una ovación que en realidad no es nuestra.

Corrie Ten Boom, la mujer holandesa que fue internada en un campo de concentración nazi por esconder judíos durante la segunda guerra mundial, dio su testimonio en muchas oportunidades después de su excarcelación. Cuando terminaba de hablar, la gente hacía fila para decirle qué gran bendición les había traído. Corrie decía que aceptaba cada halago como si fuera una flor. Luego, al final del día le ofrecía todo el "ramillete" al Señor.

¿Te estás quedando con el "ramillete" hasta que las flores se marchitan porque insistes en tener parte del mérito? Alguien ha dicho que no nos parece importar mucho darle la gloria a Dios, siempre y cuando podamos quedarnos con una comisión del 10 por ciento. Pero Dios advierte que Él no comparte su gloria con ningún otro.[32]

Cuando Elías retó a los sacerdotes de Baal a una competencia que revelara si el Señor o Baal era Dios, les dijo que construyeran un altar mientras él construía otro. Les dijo que hicieran un sacrificio y él iba a hacer un sacrificio. Después ellos tenían que invocar a Baal para que enviara fuego del cielo para consumir el sacrificio, y él invocaría al Señor para hacer lo mismo. El Dios que enviara el fuego sería reconocido como el Dios vivo, único y verdadero.

Los sacerdotes de Baal oraron todo el día, danzaron, canturrearon, se hicieron cortadas con cuchillos, solo para terminar exhaustos y sin una "respuesta" de Baal.

Después Elías ordenó que se cavara una zanja alrededor del altar que había construido. Mandó que trajeran agua en abundancia para echarla tres veces sobre el altar hasta que el sacrificio, la madera y las piedras quedaron totalmente mojados. El agua que corrió por el sacrificio y bajó del altar llenó la zanja que rodeaba el altar. ¿Qué estaba haciendo Elías? Se estaba asegurando que todos estuvieran al tanto del carácter insalvable de la situación. Si el sacrificio tan siquiera se chamuscaba, ¡tenía que ser algo sobrenatural! Elías estaba garantizando que si llegaba a caer fuego del cielo, ¡toda la gloria y el mérito iban a ser del Señor y de nadie más! Estaba rehusando siquiera tocar la gloria de Dios. ¿Acaso es de sorprenderse que como respuesta a su sencilla oración de fe, el fuego cayó de inmediato y consumió el sacrificio?

Cuando tocamos la gloria de Dios, cuando tomamos parte del mérito y la alabanza que son suyas solamente, estamos tratando de robarle a Dios lo que le pertenece por derecho propio y somos un obstáculo para su obra. Los que "sacan provecho" de la gloria de Dios van a experimentar un "corte de luz" y finalmente van a privarse a sí mismos y a otros de la plenitud de su bendición.

Juan no solamente le dio la gloria a Dios, sino que vio la gloria de Dios en Jesucristo y describió lo que escuchó cuando el universo entero ofreció una respuesta estruendosa y emocionante de alabanza:

> El Cordero que fue inmolado es digno de tomar el poder,
> las riquezas, la sabiduría, la fortaleza, la honra, la gloria
> y la alabanza. Y *a todo* lo creado que está en el cielo,
> y sobre la tierra, y debajo de la tierra, y en el mar,
> y *a todas* las cosas que en ellos hay, oí decir:
> "Al que está sentado en el trono, y al Cordero,
> sea la alabanza, la honra, la gloria y el poder,
> por los siglos de los siglos" (Ap. 5:12-13, cursivas añadidas)

Todo el universo se estremeció con alabanza. ¡El universo entero rugió en aclamación del Cordero, el único digno de recibirla! Porque Él es inigualable en posición e indiscutible en poder también recibe una alabanza universal.

Me pregunto si aquí abajo en el planeta tierra, donde la mayoría de los impíos blasfeman el nombre de Cristo y participan en toda clase de irreverencias y perversiones, ¿de repente el mundo entero se quedó en silencio? ¿Acaso quienes viven en el planeta tierra pueden de alguna manera escuchar lo que está teniendo lugar en el resto del universo? Juan testificó específicamente que "todo lo creado que está en el cielo, y sobre la tierra, y debajo de la tierra, y en el mar, y todas la cosas que en ellos hay" estaban cantando alabanzas al Cordero. Puesto que "Dios le exaltó hasta lo sumo, y le dio un nombre que es sobre todo nombre", ¿acaso es en este momento que "en el nombre de Jesús se dobla toda rodilla de los que están en los cielos, y en la tierra, y debajo de la tierra; y toda lengua confiesa que Jesucristo es el Señor, para gloria de Dios Padre"?[33]

Cuando los soldados romanos fueron a arrestar a Jesús en el huerto de Getsemaní, Él se adelantó para salir a su encuentro. Cuando ellos dijeron que buscaban a Jesús de Nazaret, Él contestó: "Yo soy".[34] La frase que utilizó es la misma que se emplea a lo largo del Antiguo Testamento como la manera en que Dios se identifica a sí mismo.[35] Los soldados fueron confrontados por Jesús, ¡quien se reveló a sí mismo ante ellos como Dios encarnado! En ese momento, bien sea porque vieron por un instante su majestad o sintieron el efecto de su poder, o fueron apabullados por su gloria, ¡todos cayeron a sus pies!

¿Conoces a personas que se han puesto en contra de Cristo? ¿Qué institución de enseñanza o empresa? ¿Qué organización? ¿Qué nación? ¡Un día el mundo entero se pondrá en contra de Cristo! Pero tarde o temprano, todos los que se pongan en su contra van a terminar sobre sus rostros ante Él, porque Dios nos da a ti y a mí el derecho de escoger a Jesús como Salvador, o de rechazarle. Pero no nos da derecho de escoger si le vamos a reconocer o no como Señor. Un día, todos le reconocerán, sin importar que quieran o no hacerlo, ¡y el universo entero retumbará con la alabanza ensordecedora del Señor soberano y el Cordero suficiente, quien es el único digno de recibirla!

¿Estás descorazonado por la minoría de los piadosos? ¿No quieres darle a Jesús la posición inigualada que goza por derecho propio como Señor de tu vida, y dejar de discutir su poder y autoridad? Entonces fija tu mirada en Jesús, afina tu corazón para adorar a Jesús y abre tus labios para alabar a Jesús. La visión de su gloria nos da la esperanza de que un día, ¡la minoría piadosa se sumará al resto del universo y se convertirá en la mayoría de los que alaban y adoran al Cordero por los siglos de los siglos!

Esperanza cuando estás atribulado...

7. Por malas acciones

8. Por alianzas malignas

He aquí el ojo de Jehová sobre los que le temen, sobre los que esperan en su misericordia, para librar sus almas de la muerte, y para darles vida en tiempo de hambre.

Salmo 33:18-19

7
Esperanza cuando estás atribulado por malas acciones

Apocalipsis 6–12

El ardiente sol africano azotaba sin clemencia todo lo que encontraba a su paso en la frontera entre Uganda y Ruanda en el otoño de 1994. La guerra civil ruandesa había terminado, se ofreció amnistía al lado perdedor por parte de los que ahora detentaban el poder, y mi hermano acababa de hacer los arreglos para suministrar servicios médicos a cientos de miles de refugiados en el interior de Ruanda. Mientras se preparaba para cruzar la frontera, custodiado por soldados que remoloneaban en sus puestos de guardia, pasando las horas fumando y tirando la ceniza al suelo quemado por el sol, mi hermano se fijó en una pequeña niña ruandesa. Estaba sentada en la parte trasera de una camioneta, aferrada a una cobija y meciéndose de atrás hacia adelante, cantando en voz baja para ella misma. En respuesta a su averiguación, le dijeron que era una de los miles de niños cuyos padres habían sido masacrados durante la guerra. Esta pequeña en particular había visto a su familia morir a machetazos, hasta que no quedó uno solo de sus parientes. Estaba completamente sola en el mundo.

Cuando mi hermano le preguntó a un soldado qué estaba cantando ella, el soldado se encogió de hombros con indiferencia y dijo que no sabía porque la niña estaba cantando en francés. Se encontró un soldado que hablaba francés, quien escuchó casualmente y luego dijo: "Está cantando algo acerca de Dios y del amor". Mi hermano le preguntó que escuchara con más atención y le dijera exactamente qué estaba cantando. Esta vez el soldado puso más cuidado y dijo: "Está cantando 'Jesús me ama, y sé esto; porque la Biblia me lo dice'".

Las perversas acciones de otros le habían arrebatado a esta niña todas las cosas, menos lo que sus padres o algunos misioneros le habían transmitido, ¡su fe en Jesús! De una forma profundamente conmovedora, la niña se aferraba a todo lo que le quedaba en el mundo, que era su esperanza en el amor de Dios hacia ella.

Esas historias leídas en los periódicos, aquellas escenas de crueldad observadas en los noticieros de televisión, la violencia presenciada en nuestras calles, escuelas y hogares, podrían hacer que cualquier persona con algo de compasión se aflija y sienta atribulada a causa de las acciones perversas de la gente malvada que hay en nuestro mundo. En ocasiones evito ver las noticias locales e internacionales por motivo de la profunda indignación que experimento cada vez que se presentan esos informes.

No obstante, hay algunos casos en que las acciones malvadas de otros se vuelven muy personales, y no podemos evitarlas porque son cometidas contra nosotros o en contra de nuestros seres queridos. En tales casos, la indignación se puede convertir en la raíz de un enojo profundo, así como de diversos grados de odio, frustración y amargura que se van descomponiendo hasta que nuestra vida se ve infectadas por sentimientos de tribulación en todos los flancos.

¿Te han arrebatado todo lo que tienes? ¿A nivel material, emocional, financiero, social, intelectual, físico? ¿Te han despojado de tu matrimonio, tu salud, tu familia, tu casa, tus amigos, tu reputación, tu juventud? ¿Están tus días llenos de tribulación a causa de las acciones malvadas de otros? ¿Tu futuro se ve devastado y estéril debido a que tu presente está muy lleno de amargura?

Si has sido despojado de cualquier cosa, o de todas las cosas, ¡levanta tus ojos! La visión de su gloria nos da a ti y a mí la misma esperanza para el futuro que tiene esa pequeña refugiada ruandesa. ¿Qué esperanza tiene ella para el futuro? Ninguna, *aparte de la esperanza que mostró tener en Jesús*. En Él, cada uno de nosotros tiene un futuro glorioso y una esperanza gloriosa, porque un día Dios va a enderezar lo torcido, enmendar lo dañado, humillar a los orgullosos, juzgar a los malos, ¡y vindicar a los justos! ¿Por qué? ¡Porque Dios es justo!

ENCUENTRA ESPERANZA AL SABER QUE DIOS ES JUSTO

El apóstol Juan había acabado de ser testigo del momento dramático que anhela el pueblo de Dios, el momento en que el Cordero, quien es el Señor Jesucristo, afirmó su derecho a gobernar el mundo y cumplir el propósito de Dios para la raza humana. Por fin el mundo sería gobernado con justicia y rectitud. Seguramente todo el universo seguía reverberando por la aclamación estruendosa de la dignidad de Cristo al Juan ver "cuando el Cordero abrió uno de los sellos" (Ap. 6:1). Él miró el momento en que el Cordero empezó a tomar las riendas de un mundo pervertido y lleno de malas acciones.

Parece que la apertura del primero de los siete sellos dio comienzo a un tiempo en la historia humana que Jesús describió en Mateo 24:21-22 cuando dijo: "Porque habrá entonces gran tribulación, cual no la ha habido desde el principio del mundo hasta ahora, ni la habrá. Y si aquellos días no fuesen acortados, nadie sería salvo; mas por causa de los escogidos aquellos días serán acortados".

La Biblia se refiere a este período de gran tribulación como "el tiempo de angustia para Jacob",[1] la septuagésima semana de Daniel,[2] y la gran tribulación.[3] En esencia, la gran tribulación es un tiempo en el que la ira de Dios es derramada sobre el mundo entero como respuesta a las acciones perversas del hombre. Puesto que Dios es justo, el juicio es algo que viene con certeza, y los principios con los cuales Él juzgará al mundo en el futuro son los mismos principios conforme a los cuales te juzga a ti y me juzga a mí en el presente.

Dios juzga con paciencia

Uno de los primeros principios del juicio presentados en Apocalipsis 6 es que Dios juzga con paciencia. Juan vio "bajo el altar las almas de los que habían sido muertos por causa de la palabra de Dios y por el testimonio que tenía. Y clamaban a gran voz, diciendo: ¿Hasta cuándo, Señor, santo y verdadero, no juzgas y vengas nuestra sangre en los que moran en la tierra? Y se les dieron vestiduras blancas, y se les dijo que descansasen todavía un poco de tiempo" (Ap. 6:9-11a). Dios es paciente en su juicio.

Cuando leemos acerca de una madre que ahoga deliberadamente a sus dos hijos pequeños...

Cuando leemos acerca de un personaje célebre, rico y famoso acusado de decapitar a su bella y joven esposa...

Cuando leemos acerca de los tiroteos arbitrarios desde automóviles que destruyen vidas de niños inocentes...

Cuando leemos acerca de niños secuestrados con fines pornográficos...

Cuando leemos acerca de bebés que nacen para ser sacrificados en prácticas ocultistas...

Cuando leemos acerca de un joven de trece años que viola y golpea brutalmente hasta la muerte a una joven madre frente a sus hijos...

Cuando leemos acerca de un edificio del gobierno ocupado por cientos de adultos y docenas de niños volado en pedazos a causa de la protesta de unos fanáticos en contra del gobierno...

Cuando leemos acerca de asesinatos, extorsiones, sadismo, perversión, crueldad y blasfemia, queremos gritar a gran voz: "¡Señor, santo y verdadero! ¿cómo puedes soportarlos? ¿Por qué permites que sucedan cosas tan atroces? ¿Por qué no partes con un rayo a esa gente? ¿Qué tal si haces abrir la tierra para que se los trague? ¿O que tal si simplemente los haces morir en sus camas?"

¿Has experimentado injusticia a manos de otra persona? ¿Has sido víctima de acciones perversas por parte de alguien que parece haberse salido con las suyas? Al igual que Jeremías en tiempos antiguos, ¿has llegado a exclamar: "Justo eres tú, oh Jehová, para que yo dispute contigo; sin embargo, alegaré mi causa ante ti. ¿Por qué es prosperado el camino de los impíos?"[4] ¿Tal vez quisiste decir: "Si eres bueno y amoroso, ¿por qué no *haces* algo con respecto a las malas acciones de los demás?"

En medio de la sofocación provocada por nuestra angustia y tribulación, viene la respuesta aquietada: "El Señor no retarda su promesa, según algunos la tienen por tardanza, sino que es paciente para con nosotros, no queriendo que ninguno perezca, sino que todos procedan al arrepentimiento".[5]

¡Dios es paciente porque Él entiende cuán prolongada es la eternidad! Él sabe que cuando un incrédulo muere, esa persona no solamente queda separada de Dios y fuera del cielo, sino que él o ella es condenado a vivir por toda la eternidad en el infierno, un lugar de tormento físico, emocional, mental y espiritual que dura por siempre y para siempre.

Y Dios, quien amó tanto al mundo que lo creó...

Quien amó tanto al hombre que cuando pecó hizo planes para su redención...

Quien amó tanto al mundo que envió a su amado Hijo unigénito para ser el Redentor, pagando el precio de la redención con su propia sangre...

...sigue amando tanto al mundo hasta el día de hoy, aun con todas sus malas acciones, ¡que Él no quiere que *ninguno* perezca! Por lo tanto, Él es paciente. Él contiene su ira mientras procura que *todos* procedan al arrepentimiento para que puedan salvarse del juicio venidero. ¡Cuán magnífico es el Dios a quien adoramos!

¿De qué manera eres consciente de la paciencia de Dios? ¿Acaso no la has entendido bien y has creído que su paciencia es una tolerancia de la maldad?

El 3 de agosto de 1990, Sadam Hussein hizo marchar a su ejército iraquí en Kuwait y tomó por la fuerza ese diminuto emirato rico en petróleo. En consecuencia, las Naciones Unidas emitieron doce comunicados de advertencia a Sadam Hussein para que se retirara de forma pacífica. La primera advertencia condenó la invasión y exigió el retiro inmediato de las tropas. Las siguientes advertencias incluían embargos al comercio por mar y aire en Irak. Cada advertencia era más severa que la anterior hasta que finalmente, el 29 de noviembre, se dio la advertencia final: "Salga o lo sacamos a la fuerza". En esencia le dijeron a Sadam Hussein: "¡Dé la vuelta, cambie el curso de sus acciones, arrepiéntase porque el juicio viene en camino!"

Solo Dios sabe qué estaba pasando por la mente de Sadam Hussein en esa ocasión, pero parece que no tomó en serio las advertencias. Es como si todo el tiempo hubiera estado confundiendo la paciencia de las Naciones Unidas y de los Estados Unidos con algún tipo de tolerancia. ¡Estaba muy equivocado! El 16 de enero de 1991, el juicio cayó sobre Sadam Hussein y él fue sacado a la fuerza de Kuwait, a un tremendo costo para su propio pueblo.

La paciencia de Dios es algo maravilloso, pero no se puede jugar ni abusar de ella. Existen muchas personas hoy día que se oponen a la cruz y creen que todas las bendiciones que hay en sus vidas, su buena salud, una familia afectuosa, relativa seguridad, independencia económica, son evidencia de que Dios las ama y que por ende no va a juzgarlas. En efecto, ¿conoces a alguien que diga: "Soy feliz, tengo salud, soy una persona buena y decente. Dios ha sido bueno conmigo. Él contesta mis oraciones y ha bendecido mi vida. Sé que un Dios de amor no me va a enviar al infierno"? Pablo dice a esa clase de personas: "¿Menosprecias las riquezas de su benignidad, paciencia y longanimidad, ignorando que su benignidad te guía al arrepentimiento?"[6] La bondad de Dios debería hacernos caer de rodillas en gratitud. En lugar de oponer resistencia a la cruz porque pensamos que las bendiciones de Dios en nuestra vida son la prueba de que no la necesitamos, deberíamos echarnos al pie de ella e implorar que la sangre que fue vertida allí por nuestro pecado se aplique a nuestra vida, y rendirlas a Aquel que nos amó tanto que murió en nuestro lugar. La paciencia de Dios debería provocar en nosotros una profunda deuda de gratitud, de tal modo que vivamos nuestra vida para Aquel que dio su vida por nosotros. Cuando insistimos en confundir con tolerancia la paciencia de Dios, esto solamente redunda en nuestra propia destrucción.

A Noé le tomó 120 años construir el arca. La Biblia nos dice que él fue un pregonero de justicia.[7] Una razón por la que el arca tardó tanto tiempo en ser construida fue que Noé se dedicó a predicarle a los de su generación, advirtiéndoles sobre el juicio que había de venir. Dios no quiso que uno solo de ellos pereciera, Él quería que todos procedieran al arrepentimiento. Pero la generación de Noé creyó que la paciencia de Dios durante 120 años era simple tolerancia. La actitud de ellos fue: "Dios no nos ha juzgado todavía. Eso significa que nunca va a juzgarnos". Por esa razón siguieron "comiendo y bebiendo, casándose y dando en casamiento, hasta el día en que Noé entró en el arca, y no entendieron hasta que vino el diluvio y se los llevó a todos, así será también la venida del Hijo del Hombre".[8]

Pedro dijo que debemos entender que en los días que anteceden al juicio de Dios, va a haber personas que digan: "¿Dónde está la promesa de su advenimiento? Porque desde el día en que los padres durmieron, todas las cosas permanecen así como desde el principio de la creación".[9] Hay una generación que está por venir (bien podría ser la nuestra), que cometerá el error fatal de confundir la paciencia de Dios con una simple tolerancia del pecado y la maldad, y como resultado esa generación caerá bajo su ira y juicio finales.

Dios juzga con progresión

Debido a que existe un límite para la paciencia de Dios, vendrá un tiempo en tu vida y la mía, en la vida de nuestra nación y en la vida del mundo, en el cual, si no hay arrepentimiento, Él procederá a juzgar de forma inexorable.

Cuando Él empiece a juzgar el mundo, como se describe en Apocalipsis, lo va a hacer de manera progresiva. La progresión de sucesos está representada simbólicamente con la apertura de los sellos, el toque de las trompetas y el derramamiento de las copas.[10] Cada sello es abierto sucesivamente y por separado, hasta que es abierto el séptimo sello que a su vez da lugar a la primera trompeta. Cada trompeta es tocada una a la vez hasta que la séptima trompeta anuncia el derramamiento de la primera copa de ira. Cada copa de ira es derramada hasta que el juicio de Dios es completado con el regreso del Juez.

La progresión es tal que si en cualquier punto la humanidad se arrepiente de su pecado y se vuelve a Dios, ¡Dios está dispuesto a detener el juicio! La reluctancia de Dios para juzgar puede percibirse en el avance progresivo deliberado de su juicio. Es como si Dios a duras penas soportara el hecho de tener que enviar otro desastre a la raza humana, y por esa razón procede lentamente, con un solo juicio a la vez para utilizar cada uno de ellos como una advertencia específica para la raza humana: "¡Arrepiéntanse! ¡Cambien de curso! Las cosas van a ponerse peores si no cambian de rumbo y se vuelven a mí. ¡El juicio viene en camino!"

Dios podría juzgarnos a todos en un solo instante. Él podría simplemente dar un guiño y poner a girar fuera de control al planeta tierra, haciendo que la raza humana caiga en el olvido en medio del vasto universo. Pero Él no quiere hacer eso. Parece que Él va a juzgar lentamente, pasando por diversos grados a fin de darnos todas las oportunidades para apartarnos del pecado y volver a Él.

Tendemos a pensar en el juicio de Dios como una gran cantidad de fuego cayendo del cielo, o como si la tierra se tragara a los malvados, o como si rayos acabaran con los ofensores. Lo que Pablo dijo en Romanos 1 es que la ira de Dios también se revela en el *abandono* mismo de los malos por parte de Dios. Este abandono se da en diferentes grados.

Pablo describe el abandono progresivo de los malvados en Romanos 1. Cuando los malos rechazan la verdad que les ha sido revelada por medio de su conciencia, Dios da un paso atrás y los entrega a su propia inmoralidad sexual.[11]

Cuando los malvados rehusan arrepentirse, Dios da un paso atrás y los entrega a la perversión sexual, con todas las consecuencias retribuidas de ello.[12]

Cuando endurecen todavía más sus corazones y se niegan a proceder al arrepentimiento, Dios da otro paso atrás para alejarse de ellos y los entrega a la depravación sexual.[13] En ese punto, los malvados, que ya están lejos de Dios, siguen siendo invitados a arrepentirse, pero lo hacen en muy raras ocasiones porque sus corazones están endurecidos contra de Dios.

Tanto en Romanos 1 como en Apocalipsis 6, es claro que los tambores de juicio dejan de sonar en el mismo instante en que se atiende a su advertencia con disposición de cambio, tal como se aplica esta verdad en tu vida y la mía. El problema es que en Apocalipsis 6 se hizo caso omiso a la advertencia. El tambor de juicio empezó a resonar con una serie de seis desastres naturales cuidadosamente controlados que se revelaron cuando los sellos fueron abiertos uno a la vez: "Vi cuando el Cordero abrió uno de los sellos, y oí a uno de los cuatro seres vivientes decir como con voz de trueno: Ven y mira. Y miré, y he aquí un caballo blanco; y el que lo montaba tenía un arco; y le fue dada una corona, y salió venciendo, y para vencer" (Ap. 6:1-2).

Algunos interpretan el caballo blanco como un símbolo de paz, pero el jinete lleva un arco, que es un símbolo de guerra. La contradicción parece indicar a alguien o algo que promete paz pero en lugar de eso trae destrucción. Esto quizás podría describir una filosofía o una forma de gobierno que llena el mundo entero con la promesa de paz, cuando en realidad no hay paz porque la filosofía o el gobierno no lleva al hombre a una relación adecuada con el Príncipe de Paz. Comunismo, humanismo, materialismo, capitalismo y nueva era son sistemas ideológicos que podrían ajustarse a esta descripción.

Otros ven a Jesucristo como el jinete que monta el caballo blanco, puesto que Apocalipsis 19 le describe haciendo su entrada al mundo en un caballo blanco. En este caso, el caballo blanco podría indicar la paz que Él establecerá en forma definitiva, mientras que el arco habla de la destrucción que Él emplea para limpiar al mundo de todas las impurezas del pecado y la maldad. Todas las cosas que vienen tras el paso del caballo blanco serían vistas entonces como acontecimientos controlados por el jinete, y los desastres descritos procederían del arco que está en su mano. Desde este punto de vista se hace sobresalir Apocalipsis 14:1, que destaca el hecho de que el Cordero ha tomado las riendas y su juicio ha comenzado.

La apertura del segundo sello reveló una guerra a nivel mundial: "Cuando abrió el segundo sello, oí al segundo ser viviente, que decía: Ven y mira. Y salió otro caballo, bermejo; y al que lo montaba le fue dado poder de quitar de la tierra la paz, y que se matasen unos a otros; y se le dio una gran espada" (Ap. 6:3-4).

La apertura del tercer sello reveló las consecuencias de esa guerra mundial: "Cuando abrió el tercer sello, oí al tercer ser viviente, que decía: Ven y mira. Y miré, y he aquí un caballo negro; y el que lo montaba tenía una balanza en la mano. Y oí una voz de en medio de los cuatro seres vivientes, que decía: Dos libras de trigo por un denario, y seis libras de cebada por un denario; pero no dañes el aceite ni el vino" (Ap. 6:5-6).

Las consecuencias naturales de una guerra global son escasez de alimentos y bancarrota en la economía mundial. Ahora que los mercados de valores en Nueva York, Tokio, Hong Kong, París, Londres y otros se encuentran conectados entre sí, es fácil ver cómo el hundimiento de uno puede llevar a la quiebra de los otros con el efecto dominó. Ese momento de crisis financiera mundial dará comienzo a una depresión global en la que se va a necesitar todo el salario de un día para comprar un pedazo de pan y no quedará dinero para vestuario, medicina, vivienda o para el pago de cuentas en general. No obstante, al mismo tiempo que los recursos básicos van a quedar fuera del alcance de la persona promedio, los artículos de lujo estarán en abundancia para los ricos, ya que en la depresión mundial no se va a tocar "el aceite y el vino".

Luego fue abierto el cuarto sello: "Cuando [el Cordero] abrió el cuarto sello, oí la voz del cuarto ser viviente, que decía: Ven y mira. Miré, y he aquí un caballo amarillo, y el que lo montaba tenía por nombre Muerte, y el Hades le seguía; y le fue dada potestad sobre la cuarta parte de la tierra, para matar con espada, con hambre, con mortandad, y con las fieras de la tierra" (Ap. 6:7-8).

Este cuarto sello revela la consecuencia inevitable de la guerra mundial: hambre y ruina. El resultado es muerte a una escala que la raza humana aún no ha visto.

Parece que el mundo que tendrá que pasar por todos estos juicios va a buscar algún chivo expiatorio. Tal como Nerón prendió fuego a la ciudad de Roma y después acusó a los primeros cristianos de hacerlo, en el futuro el mundo se autodestruirá y después le va a echar la culpa a los cristianos por las consecuencias. Con la apertura del quinto sello se revela el desencadenamiento de una gran persecución de los creyentes: "Cuando abrió el quinto sello, vi bajo el altar las almas de los que habían sido muertos por causa de la palabra de Dios y por el testimonio que tenían" (Ap. 6:9).

Se ha calculado que desde 1950 más de diez millones de creyentes han muerto a causa de su fe en Jesucristo. Bien que este dato estadístico, que fue dado a conocer en la conferencia de evangelismo mundial celebrada en Manila, sea exacto o no, el caso es que la persecución venidera será mucho peor, de hecho será la peor persecución que el mundo ha conocido jamás. El mundo ha sido testigo en este siglo del holocausto judío en la Alemania nazi; los "campos de muerte" en Cambodia; la carnicería a punta de machete entre los hutus y tutsis de Ruanda; la erradicación de los intelectuales, los educados y los pudientes durante la revolución cultural en la China; el exterminio étnico en Bosnia-Herzegovina; y otros lugares. Pero todavía le falta ver lo peor de todo. La persecución de los cristianos que está por venir hará palidecer en comparación con todos los demás estragos sumados.

La apertura del siguiente sello parece ser la respuesta aterradora de Dios frente a la persecución de los que le pertenecen: "Miré cuando abrió el sexto sello, y he aquí hubo un gran terremoto; y el sol se puso negro como tela de cilicio, y la luna se volvió toda como sangre; y las estrellas del cielo cayeron sobre la tierra, como la higuera deja caer sus higos cuando es sacudida por un fuerte viento. Y el cielo se desvaneció como un pergamino que se enrolla; y todo monte y toda isla se removió de su lugar" (Ap. 6:12-14).

Hemos sido testigos por televisión de fuertes y devastadores terremotos durante este siglo. Grandes sismos como los sucedidos en Japón, California, Rusia y Armenia dejan al espectador así como a la víctima aterrados y sin palabras ante la devastación total causada. El hombre, las máquinas, la tecnología y la riqueza quedan reducidos por completo a la impotencia ante el poder que hace mover grandes capas tectónicas como si fueran un trapo viejo. No obstante, ¡Apocalipsis nos dice que "el más grande de todos" aún está por venir! Además no va a afectar solamente a California, sino que de alguna forma tendrá efecto sobre todo el planeta. Apenas podemos imaginar la cantidad de polvo que se va a levantar tras un terremoto de tal poder destructivo, al punto que la tierra quedará cubierta y aislada por completo de la luz del sol: "negro como tela de cilicio". Hasta el cielo se va a enrollar, lo cual puede hacer referencia a la capa de ozono que se desintegrará por completo.

Al terminar los acontecimientos del sexto sello, se hace evidente que el juicio de Dios ha progresado en un ciclo reiterado de desastres, problemas y tribulaciones que suceden a medida que Dios procura hacer volver a Él a todo el mundo perverso y rebelde antes que sea demasiado tarde.

¿Alguna vez has experimentado un ciclo de problemas? ¿Estás pasando todo el tiempo por crisis financieras? ¿Parece que siempre tienes problemas con los profesores del colegio de tu hijo, sin importar quién sea el profesor? O tal vez siempre tienes dificultades con tu vecino, sin importar dónde vivas o quién sea tu vecino, o quizás siempre has tenido problemas para conservar un empleo.

¿Podría ser que Dios te está diciendo a través de las repetidas y constantes dificultades que el problema no es solo con tus finanzas, los profesores de tu hijo, tu vecino o tu trabajo? ¿Será posible que Él está diciendo que el problema está dentro de ti? ¿Será que Dios está tratando de llamar tu atención con respecto a una actitud, una relación, un hábito o un estilo de vida que necesita ser cambiado? Siempre que caemos dentro de un patrón específico de problemas que se repite una y otra vez en nuestra vida, necesitamos preguntarle al Señor si está tratando de llamar nuestra atención, y si ese es el caso, necesitamos preguntar por qué.

Quizás no has experimentado un patrón de dificultades sino más bien un desastre en potencia que te dejó débil, temblando de miedo y preguntándote qué pasó. Por ejemplo, ¿has estado en un accidente que acabó con tu automóvil y sin embargo tú quedaste a salvo y caminando? ¿Has estado en medio de una tormenta violenta que hizo caer un árbol sobre tu casa a muy corta distancia de la habitación en la que estabas durmiendo? ¿Has experimentado la aparición de un cáncer que ahora es cosa del pasado? ¿Ha pasado un terremoto o un tornado por tu vecindario que arrasó con todas las casas, incluyendo la tuya, pero del cual saliste con vida? ¿Será que Dios está tratando de llamar tu atención por medio de estos desastres naturales? ¿Cuál ha sido tu respuesta para Él?

Apocalipsis 6 describe cómo, a través de su juicio progresivo, Dios logra llamar la atención del planeta tierra. Cuando llegan a su fin los acontecimientos correspondientes a la apertura del sexto sello, el mundo entero sabe que se encuentra bajo el juicio del Cordero; pero en lugar de arrepentirse del pecado y volverse a Dios, ¡el mundo trata de esconderse de Dios! El mundo prefiere morir antes que someterse al Cordero, así que el rico y el pobre, el grande y el pequeño, el educado y el ignorante, el poderoso y el débil, el influyente y el insignificante, todos acuden a cosas creadas para ser librados, en lugar de volverse al Creador. Juan dio triste testimonio de que los hombres "decían a los montes y a las peñas: Caed sobre nosotros, y escondednos del rostro de aquel que está sentado sobre el trono, y de la ira del Cordero; porque el gran día de su ira ha llegado; ¿y quién podrá sostenerse en pie?" (Ap. 6:16-17).

Es casi como si todos los habitantes del planeta, cual avestruces enterraran sus cabezas en la arena, con la falsa esperanza de que el juicio de Dios no fuera a caer sobre ellos. En respuesta a esa muestra de terror paralizante, Dios ejerce su tercer principio de juicio. Él hace una pausa.

Dios juzga con una pausa

Apocalipsis 7 describe la manera como Dios envía ángeles para detener los vientos de la tierra a fin de impedir la circulación de aire:

Súbitamente no se escuchará el silbido de la brisa en las montañas,
 ni el ruido de las hojas en los bosques,
  ni el chasquido de las olas en la costa,
   ni el fragor de las tormentas en la atmósfera,
    ni se verá el paso de las nubes por el cielo.
¡Todo va a quedar absolutamente quieto y en silencio!

Mientras que seguramente todos en la tierra van a estar pendientes del canal dedicado a noticias del clima para ver qué explicación lógica ofrecen los meteorólogos locales y nacionales, Juan procede a revelar la razón sobrenatural de la enigmática quietud: "Después de esto vi a cuatro ángeles de pie sobre los cuatro ángulos de la tierra, que detenían los cuatro vientos de la tierra, para que no soplase viento alguno sobre la tierra, ni sobre el mar, ni sobre ningún árbol" (Ap. 7:1).

El primer versículo del capítulo 8 dice que no solamente el planeta tierra estará completamente tranquilo, sino que habrá un silencio total en el cielo. No se escucharán voces y truenos desde el trono, ni cánticos nuevos entonados por los cuatro seres vivientes y los veinticuatro ancianos, ni coros angelicales de alabanza cantando para el único digno de recibirla, ni aclamaciones sonoras al Cordero. ¡Habrá silencio en el cielo! Un silencio sublime, impresionante y lleno de significado.

La pausa de Dios en medio del juicio es como el ojo de un huracán, un tiempo de arrullo en que el mundo tiene oportunidad para reflexionar en su rebelión y blasfemia, su pecado y sus malas acciones. Es la manera en que Dios le da a la raza humana tiempo para pensar bien las cosas.

¿Acaso Dios ha puesto una "pausa" en tu vida? En medio de todos tus problemas de salud, ¿sientes que te estás sintiendo mejor? En medio de todas tus luchas financieras, ¿sientes que ahora sí puedes cuadrar las cuentas? Después que el cielo de problemas, dificultades y desastres se ha venido repitiendo una y otra vez en tu vida, ¿hoy sientes que lo puedes superar? ¿Cuál es tu respuesta a la pausa?

En la visión de Juan, ¡el planeta tierra responde tratando de racionalizar lo que había tenido lugar! La rebelde raza humana decide que las cosas no han sido tan malas como se pensaba. Es posible que instituciones educativas, analistas e investigadores así como algunas comisiones gubernamentales se dediquen a estudiar el ciclo de acontecimientos para llegar a la conclusión de que fueron el resultado de desastres naturales, ¡y no del juicio de Dios en fin de cuentas! Así como Faraón cuando se opuso a Moisés, la humanidad sencillamente endurece su corazón hacia Dios y se niega a proceder al arrepentimiento.

Es posible que la pausa también de algo de tiempo a los creyentes para que lean sus Biblias y logren entender lo que está sucediendo. Sin duda alguna tendrá lugar un concierto mundial de oración y miles de oraciones ascenderán al cielo. Una razón del silencio en el cielo es que tal vez Dios está a la espera mientras su pueblo ora antes de que Él proceda a actuar en favor de ellos y a juzgar a los malos. Puede ser que suceda como en el día de Pentecostés, cuando el fuego del Espíritu Santo descendió como resultado de la oración,[14] que en los últimos días el fuego del juicio también va a caer en respuesta a la oración.

El mismo Juan que fue testigo de la caída de fuego del cielo en el Pentecostés[15] es el mismo Juan que vio a otro ángel delante del altar con un incensario. "Y se le dio mucho incienso para añadirlo a las oraciones de todos los santos, sobre el altar de oro que estaba delante del trono. Y de la mano del ángel subió a la presencia de Dios el humo del incienso con las oraciones de los santos. Y el ángel tomó el incensario, y lo llenó del fuego del altar, y lo arrojó a la tierra; y hubo truenos, y voces, y relámpagos, y un terremoto" (Ap. 8:3-5).

Cuando ascienden al cielo las oraciones de los creyentes que están siendo perseguidos sin clemencia en la tierra, el silencio en el cielo y la quietud en la tierra son interrumpidos con una tormenta eléctrica mundial y aterradora. La tormenta tiene un efecto más violento porque su comienzo repentino e inesperado tiene lugar en medio de la quietud y el silencio que le preceden. Es como si Dios tomara al planeta tierra por la solapa del abrigo para sacudirlo y decirle en voz alta: "¡Despierta! ¡Arrepiéntete! ¡Si no te apartas de tus malas acciones vas a experimentar todo el furor de mi ira!"

Cuando oímos acerca de las malas acciones de otros en los informes de los noticieros o cuando vemos maldad en la televisión, me pregunto qué efecto tendría el hecho de que nos dedicáramos a orar en vez de expresar nuestra desaprobación, unirnos a una marcha de protesta, boicotear los productos de alguna empresa malévola o escribiendo cartas de censura a los editores. En la tierra nos sentimos atribulados a causa de las malas acciones de los demás. Cuando lleguemos al cielo, ¿será que vamos a sentirnos atribulados por nuestra propia falta de oración durante la vida terrenal?

En respuesta a la oración unida de los creyentes, Dios interviene de forma sobrenatural en la rebelión del planeta tierra. ¿Qué personas conoces y sabes que cuando muera va a ir directo al infierno para su destrucción? ¿Alguien que está en rebelión total contra Dios? ¡Ora! Si Dios está dispuesto a mover el cielo y la tierra para dar una advertencia al planeta, ¿cuánto más estará Él dispuesto a hacer por tu ser querido si tan solo oras? Esta escena del cielo revela que en respuesta a las oraciones de su pueblo, ¡Dios se mueve con poder!

Dios juzga con precisión

La serie de juicios que Juan describió como los que se anunciaban con el toque de las siete trompetas después de los siete sellos es algo totalmente sobrenatural. Una de las características más sobresalientes de estos juicios es la forma tan precisa en que se llevan a cabo.

Durante la guerra del golfo pérsico, la fuerza aérea de los Estados Unidos utilizó armas a las que se hace referencia como "bombas inteligentes". Aunque se dejan caer desde aviones que vuelan a miles de pies de altura, estas bombas se podían programar por computadora a fin de que cayeran con precisión a unos cuantos centímetros del blanco. Bastante se ha dicho acerca de la precisión de los ataques con bombas que mantuvieron a un nivel mínimo la pérdida de civiles al mismo tiempo que lograron maximizar la destrucción de los objetivos militares. A pesar de la sofisticada precisión de estas "bombas inteligentes" lanzadas sobre Bagdad durante la guerra del golfo, su exactitud es primitiva si se compara con los juicios anunciados por las siete trompetas: "Y los siete ángeles que tenían las siete trompetas se dispusieron a tocarlas.

"El primer ángel tocó la trompeta, y hubo granizo y fuego mezclados con sangre, que fueron lanzados sobre la tierra; y la tercera parte de los árboles se quemó, y se quemó toda la hierba verde.

"El segundo ángel tocó la trompeta, y como una gran montaña ardiendo en fuego fue precipitada en el mar; y la tercera parte del mar se convirtió en sangre. Y murió la tercera parte de los seres vivientes que estaban en el mar, y la tercera parte de las naves fue destruida.

"El tercer ángel tocó la trompeta, y cayó del cielo una gran estrella, ardiendo como una antorcha, y cayó sobre la tercera parte de los ríos, y sobre las fuentes de las aguas. Y el nombre de la estrella es Ajenjo. Y la tercera parte de las aguas se convirtió en ajenjo; y muchos hombres murieron a causa de esas aguas, porque se hicieron amargas.

"El cuarto ángel tocó la trompeta, y fue herida la tercera parte del sol, y la tercera parte de la luna, y la tercera parte de las estrellas, para que se oscureciese la tercera parte de ellos, y no hubiese luz en la tercera parte del día, y asimismo de la noche" (Ap. 8:6-12).

La primera trompeta suena, y algo parecido a un potente herbicida acaba con la tercera parte de los pastos y los árboles del mundo. La segunda trompeta suena, y algo parecido a aceite ardiente destruye la tercera parte del agua de mar, la vida y el transporte marítimos. La tercera trompeta suena, y algo semejante a una guerra química y biológica contamina la tercera parte de las reservas de agua potable. La cuarta trompeta suena, y algo semejante al crepúsculo producido por el humo de una batalla o de aceite ardiente oculta la tercera parte de la luz del sol, la luna y las estrellas.

¡La tercera parte! ¡La tercera parte! ¡La tercera parte! ¡La tercera parte! Las trompetas anuncian una serie cuidadosamente controlada de desastres diseñados con el propósito de hacerle saber al mundo que no son acontecimientos arbitrarios o circunstanciales sino los juicios exactos de Dios.

Una y otra vez, sin darse cuenta de ello, los comentaristas de noticias en la actualidad detallan la precisión del juicio divino. Hace poco un terremoto sacudió a cierta ciudad principal, los informes de noticias hablaban de "buena suerte" porque el sismo sucedió una hora antes de la congestión de tránsito, cuando habría aumentado sustancialmente el número de víctimas. También leemos acerca de un fuego forestal que devora sin control todo lo que encuentra a su paso y luego se extingue de repente al irse acercando a los suburbios de un área residencial. También hemos visto cómo un huracán, con el poder para destruir cualquier cosa que tenga por delante, apenas roza la tierra y luego se desvanece en el mar. O escuchamos acerca de un tornado que hace contacto con el suelo y destruye por completo unas casas que por alguna razón estaban deshabitadas en el momento.

Cuando ocurren grandes desastres, de manera invariable quienes los reportan siempre llaman la atención sobre el hecho de que los daños y la pérdida de vidas humanas podrían haber sido mucho mayores. ¡A pesar de eso parece que no captamos el mensaje! Puede ser que Dios nos está dando claras advertencias por medio de estos desastres cuidadosamente controlados, de que Él nos hará responsables por nuestro pecado y nuestra rebelión en contra de Él.

A menudo su mensaje de advertencia nos llega a través del ambiente, como sucedió con las primeras cuatro trompetas. En el Antiguo Testamento, cuando el pueblo se negaba a prestar atención a la Palabra de Dios hablada por medio de sus profetas y además de todo menospreciaban su Palabra escrita, Él les hablaba por medio del ambiente. Lograba captar su atención enviando una plaga de langostas o una fuerte sequía o inundación, advirtiéndoles con juicios precisos que si no se arrepentían de su pecado y se volvían a Él, se convertirían en objeto de su ira.

Jesús dijo que la última generación que vivirá en la tierra y experimentará su segunda venida, también experimentará cambios drásticos en el ambiente. Él dijo: "Y habrá pestes, y hambres, y terremotos en diferentes lugares. Y todo esto será principio de dolores".[16]

Cuando di a luz a cada uno de mis hijos, pasé por largos períodos de dolores previos al parto que me hacían sentir como si una mano gigante me tuviera agarrada por la cintura y me exprimiera lentamente. Aunque fueron dolorosos, las contracciones no eran insoportables. Al acercarse el momento del trabajo de parto, los dolores estaban separados por intervalos de cuatro o cinco minutos y apenas me incomodaban, pero cuando ya estaba próximo el nacimiento del bebé, los dolores aumentaron en frecuencia hasta que se juntaban uno con el otro y la intensidad era tan grande que en el momento mismo del parto eran como una verdadera tortura.

Cuando Jesús dijo que la generación del fin de los tiempos iba a experimentar el principio de dolores, quiso decir que ciertas "señales" en la esfera espiritual, nacional, ambiental y personal empezarían a aumentar en su frecuencia e intensidad. Por ejemplo, el mundo siempre ha tenido terremotos, pero ahora suceden con mayor frecuencia y muchas veces son reportados como los peores en la historia registrada. Siempre hemos tenido inundaciones, incendios, huracanes, sequías y tormentas de todas las descripciones, pero es evidente que han tenido fuertes incrementos en frecuencia e intensidad.

Aunque no estemos viviendo en el período de tiempo descrito en Apocalipsis 8, los cambios y desastres ambientales nos hacen sentir que Dios una vez más está tratando de llamar nuestra atención. Tengo una gran simpatía por algunos de los ambientalistas de nuestros días. Parece que conocen casi por instinto lo que la Biblia dice en Génesis 1: que el hombre recibió señorío sobre la tierra, pero en lugar de ejercer su señorío con cuidado e interés por nuestro ambiente, lo hemos maltratado por lucro, egoísmo y ambición, mientras la naturaleza ha tenido que pagar el precio con el deterioro e incluso la destrucción completa de muchos recursos. Pero la solución definitiva a ese maltrato no radica en promulgar normas ambientales más inflexibles sino en arrepentirnos de nuestro pecado, volvernos a nuestro Creador y rendir a Él nuestra vida.

La amenaza más grande en contra de nuestro ambiente no proviene de los fluorocarbonos o el monóxido de carbono o las plantas químicas o los reactores nucleares o la tala de bosques o los pirómanos. ¡La mayor amenaza a nuestro ambiente es el *pecado*!

Cuando Adán y Eva pecaron en el huerto de Edén, una de las consecuencias fue la maldición de Dios sobre el ambiente.[17] El apóstol Pablo explicó: "El anhelo ardiente de la creación es el aguardar la manifestación de los hijos de Dios. Porque la creación fue sujetada a vanidad, no por su propia voluntad, sino por causa del que la sujetó en esperanza; porque también la creación misma será libertada de la esclavitud de corrupción, a la libertad gloriosa del os hijos de Dios. Porque sabemos que toda la creación gime a una, y a una está con dolores de parto hasta ahora".[18] Aunque los cristianos comprometidos deberíamos ser muy conscientes acerca del cuidado del ambiente, la creación no será verdaderamente libertada y restaurada a su condición original hasta que toda la humanidad esté a cuentas con Dios.

En tanto que las primeras cuatro trompetas revelan parte del efecto definitivo que nuestro pecado tendrá en la naturaleza, las últimas tres trompetas afectan directamente al hombre mismo: "El quinto ángel tocó la trompeta, y vi una estrella que cayó del cielo a la tierra; y se le dio la llave del pozo del abismo. Y abrió el pozo del abismo, y subió humo del pozo como humo de un gran horno; y se oscureció el sol y el aire por el humo del pozo. Y del humo salieron langostas sobre la tierra; y se les dio poder, como tienen poder los escorpiones de la tierra. Y se les mandó que no dañasen a la hierba de la tierra, ni a cosa verde alguna, ni a ningún árbol, sino solamente a los hombres que no tuviesen el sello de Dios en sus frentes. Y les fue dado, no que los matasen, sino que los atormentasen cinco meses; y su tormento era como tormento de escorpión cuando hiere al hombre. Y en aquellos días los hombres buscarán la muerte, pero no la hallarán; y ansiarán morir, pero la muerte huirá de ellos" (Ap. 9:1-6).

La estrella caída correspondería a Satanás, a quien se le permite soltar en la tierra hordas incontables de demonios. La actividad demoniaca que viene como resultado es la causa de depresión, desencanto, desaliento, desventura, derrota, disgusto y desesperación a nivel mundial. ¡Se podría decir que toda la raza humana se vuelve disfuncional!

¿Alguna vez has estado profundamente atribulado? ¿Has estado cerca de una persona profundamente deprimida? ¿Puedes imaginar lo deprimente que sería vivir en un mundo donde todos sufren depresión profunda? Además de esto, antes de que esta gente pueda ajustarse a su situación miserable y sentarse a hablar con un psicólogo que a su vez también estaría en depresión profunda, suena la sexta trompeta: "El sexto ángel tocó la trompeta, y oí una voz de entre los cuatro cuernos del altar de oro que estaba delante de Dios, diciendo al sexto ángel que tenía la trompeta: Desata a los cuatro ángeles que están atados junto al gran río Éufrates. Y fueron desatados los cuatro ángeles que estaban preparados para la hora, día, mes y año, a fin de matar a la tercera parte de los hombres. Y el número de los ejércitos de los jinetes era doscientos millones. Yo oí su número" (Ap. 9:13-16).

Si el cuarto sello describía una guerra mundial, ¡puede ser que la sexta trompeta describa otra guerra mundial! También es posible que Juan esté describiendo de una forma simbólica la destrucción de la raza humana por medio de una plaga tal como el SIDA o una forma virulenta de cáncer o un virus incontrolable tal como el Ébola. Sin importar cómo se logre, el resultado es la aniquilación de la tercera parte de la raza humana.

Hemos visto fotografías de los muertos y los que están a punto de morir en Bosnia y Somalia. Hemos visto imágenes de cuerpos sin vida flotando por ríos que salen de China continental durante la revolución cultural, hasta el punto que el agua misma se volvió rojiza por la cantidad de sangre. Hemos visto imágenes provenientes de Vietnam y Cambodia en las que se observan masacres y fosas comunes. ¿Quién podría olvidar las fotografías de los campos de muerte controlados por la Alemania nazi? No obstante, todas estas cosas sumadas son como *nada* en comparación con la destrucción de vidas humanas que vendrá como resultado del toque de la sexta trompeta.

¿Has tenido alguna vez un encuentro cercano con la muerte? ¿Quizás en un accidente de automóvil o alguna actividad al aire libre? O simplemente al estar frente a la tumba de un ser querido, ¿te has visto enfrentado con la eternidad? Cuando paso por esas experiencias adquiero en mi vida una nueva perspectiva de la realidad, así como una seriedad renovada con estas cuestiones. Mi deseo profundo es estar a cuentas con Dios y vivir de tal manera que mi vida le agrade y le sirva.

En la visión de Juan, cuando la raza humana es confrontada con la muerte por todos los flancos y de una manera tan masiva, ¿cuál es la reacción que tienen? ¿Se aseguran de ordenar nuevamente sus prioridades? ¿Se ponen serios acerca de Dios? ¿Se arrepienten de su pecado?

Uno creería que en esa situación todos y cada uno de los miembros de la raza humana exclamarían: "¡Señor, soy miserable! ¡Ya no estoy disfrutando mi rebelión! ¡El pecado ya no me trae más placer, ni siquiera por una temporada! ¡Me arrepiento! Por favor, ¡perdóname de mi pecado! Quiero conocer el gozo en mi corazón y la paz en mi mente, y el contentamiento en mi vida. ¡Quiero estar a cuentas contigo, para que cuando llegue la hora de mi muerte esté bien preparado!"

En lugar de eso, la reacción de la gente es lo más parecido a levantar el puño ante el rostro de Dios, y casi podemos percibir la incredulidad y extrañeza de Juan cuando relata esa reacción: "Y los otros hombres que no fueron muertos con estas plagas, ni aun así se arrepintieron de las obras de sus manos, ni dejaron de adorara los demonios, y a las imágenes de oro, de plata, de bronce, de piedra y de madera, las cuales no pueden ver, ni oír, ni andar: y no se arrepintieron de sus homicidios, ni de sus hechicerías, ni de su fornicación, ni de sus hurtos" (Ap. 9:20-21).

A continuación, mientras la rebelión, la blasfemia, el pecado y toda clase de malas acciones siguen destruyendo el ambiente de la tierra y la humanidad en general, la séptima trompeta nos ofrece una vislumbre de lo que está ocurriendo en el cielo:

El séptimo ángel tocó la trompeta, y hubo grandes voces en el cielo, que decían:

Los reinos del mundo han venido a ser de nuestro Señor
y de su Cristo; y él reinará por los siglos de los siglos.
Y los veinticuatro ancianos que estaban sentados delante de Dios
en sus tronos, se postraron sobre sus rostros, y adoraron a Dios, diciendo:
Te damos gracias, Señor Dios Todopoderoso,
el que eres y que eras y que has de venir,
porque has tomado tu gran poder, y has reinado.
Y se airaron las naciones,
y tu ira ha venido,
y el tiempo de juzgar a los muertos,
y de dar el galardón a tus siervos los profetas,
a los santos, y a los que temen tu nombre,
a los pequeños y a los grandes,
y de destruir a los que destruyen la tierra. (Ap. 11:15-18)

Vendrá un tiempo cuando todo el cielo se regocijará porque...
...lo torcido será enderezado...
   y la justicia prevalecerá...
      y se gobernará con rectitud ...
         y triunfará la verdad...
           ¡y el pueblo de Dios será vindicado de una vez y para siempre!

¡La pequeña niña refugiada de Ruanda puede levantar su cabeza! El mismo Jesús quien la ama es Señor y Rey y Juez sobre aquellos malvados que destruyeron brutalmente su familia. Él hará que ellos y todos los pecadores que no están bajo su sangre respondan por todas sus malas acciones.

Al pensar en este tiempo que ha de venir recuerdo la historia de un granjero entrado en años que trabajaba duro en su campo, el cual estaba contiguo al campo de su vecino. Por respeto y reverencia al día del Señor, el granjero nunca trabajaba los domingos, en tanto que su vecino siempre lo hacía. Aunque trabajaba con tesón para recuperarse, el tiempo perdido le salía costoso al granjero. Su tierra no estaba siendo arada a tiempo, las cosechas no eran sembradas a tiempo y al final de cuentas su cosecha de otoño no era tan grande y rentable como la de su vecino. Cuando el vecino señaló la diferencia entre ellos y le dijo al granjero que parecía que Dios lo había bendecido más aunque no había honrado el día del Señor, el viejo granjero contestó: "Dios no cuadra todas sus cuentas en octubre".

¿Te sientes atribulado por las malas acciones de hombres y mujeres inicuos? ¿En especial cuando parece que se salen con la suya a pesar de su pecado y maldad? Recuerda lo que dijo el granjero, ¡Dios no ajusta todas sus cuentas en octubre! Habrá una rendición de cuentas, si no es hoy entonces mañana. ¡El juicio viene en camino! Cuando Jesucristo asume y ejerce su gran poder y empieza a reinar, bien sea sobre el planeta tierra o en tu corazón, hay sin lugar a dudas un juicio por el pecado, ¡porque Dios es justo!

Sin embargo, Dios no es justo solamente, Él es misericordioso. Como Habacuc oró: "En la ira acuérdate de la misericordia".[19]

ENCUENTRA ESPERANZA AL SABER QUE DIOS ES MISERICORDIOSO

Al mismo tiempo que Dios hace advertencias a los habitantes del planeta tierra por medio de juicios progresivos, pausados y precisos, a fin de que sean conscientes de su necesidad de arrepentirse, también hace provisión especial para que se vuelvan a Él. Una y otra vez, durante los primeros tres años y medio del período de siete años de la gran tribulación, Dios extiende su misericordia a la raza humana.

La provisión de 144.000 predicadores en su misericordia

Mientras el mundo es presa del caos por su rebelión contra Dios, Él en su gran misericordia sigue ofreciendo recursos para que se escuche el evangelio y la raza humana se salve. Él sella a 144.000 judíos evangelistas cuyas vidas son preservadas de manera sobrenatural con el propósito de proclamar el evangelio de Jesucristo: "Vi también a otro ángel... y tenía el sello del Dios vivo; y clamó a gran voz a los cuatro ángeles, a quienes se les había dado el poder de hacer daño a la tierra y al mar, diciendo: No hagáis daño a la tierra, ni al mar, ni a los árboles, hasta que hayamos sellado en sus frentes a los siervos de nuestro Dios. Y oí el número de los sellados: ciento cuarenta y cuatro mil sellados de todas las tribus de los hijos de Israel" (Ap. 7:2-4).

La protección del sello de Dios asegura que
   no pueden ser tocados por ejércitos,
     no pueden ser ahogados por inundaciones,
       no pueden ser quemados por incendios,
         no pueden morir de hambre por escasez de alimentos,

las cámaras de tortura y los campos de concentración no los pueden detener, y la policía secreta no puede obstaculizar su trabajo.

Ellos van a ser un recordatorio constante para Satanás y el mundo malvado de que Jesucristo está en control absoluto de la situación.

Estos evangelistas serán tan eficaces en lo que hacen que podrán saturar al mundo entero con el evangelio produciendo así un avivamiento a escala mundial. Miles responderán a su invitación para recibir a Cristo como Salvador y entregar sus vidas a Él como Señor.

A lo largo de la historia, los tiempos de mayor sufrimiento humano han producido ostensiblemente los avivamientos más grandes. Parece que la presión del dolor, la persecución y el sufrimiento obligan al hombre en su desespero a acudir a Dios. ¡Además la desesperación es uno de los requisitos previos para un avivamiento!

Va a ser emocionante ver a 144.000 judíos asumir el privilegio y la responsabilidad de la evangelización mundial. Recuerda que Dios escogió a los judíos porque les amó,[20] pero entre más se les revelaba, más ellos le rechazaban, y ese rechazo llegó a su punto máximo cuando instigaron a la crucifixión de Jesucristo.[21] Durante los últimos dos mil años, aunque existe un remanente de judíos que han creído en Jesucristo como su Mesías, Salvador y Señor, la mayoría de los judíos no ha estado dispuesto a hacerlo. Sin embargo, en el futuro próximo la mayoría de ellos no solamente creerá en Jesucristo, sino que van a llevar a otros a un conocimiento de Jesús el Mesías para su salvación, ¡a la gloria de Dios Padre![22]

Este avivamiento único y sin paralelos en la historia que está por venir, será un tiempo de éxtasis y agonía. El éxtasis será experimentado por los miles que vendrán a la fe en Cristo. La agonía será experimentada por ellos también, ya que estos nuevos creyentes morirán por su fe: "Después de esto miré, y he aquí una gran multitud, la cual nadie podía contar, de todas naciones y tribus y pueblos y lenguas, que estaban delante del trono y en la presencia del Cordero, vestidos de ropas blancas, y con palmas en las manos... Entonces uno de los ancianos habló, diciéndome: Estos que están vestidos de ropas blancas, ¿quiénes son, y de dónde han venido?

"Yo le dije: Señor, tú lo sabes.

"y él me dijo: Estos son los que han salido de la gran tribulación, y han lavado sus ropas, y las han emblanquecido en la sangre del Cordero" (Ap. 7:9, 13-14).

La verdad solemne que Juan revela es que no se desata solamente un gran avivamiento mundial, sino también una persecución letal. Estos jóvenes creyentes tendrán que poner su fe a prueba casi de inmediato tras su nuevo nacimiento. A medida que entregan sus vidas en sacrificio por el Señor, también nos avergozarán a muchos que hemos vivido en tiempos más fáciles.

La provisión de dos profetas en su misericordia

Mientras que la mayoría de la población y de los líderes del mundo rehusarán volverse a Cristo, millares de personas lo harán. Juan dijo que responderán al llamado de los 144.000 evangelistas judíos y al testimonio de aquellos martirizados por su fe, así como al ministerio de los dos testigos: "Y daré a mis dos testigos que profeticen por mil doscientos sesenta días, vestidos de cilicio" (Ap. 11:3). Aunque no se dan los nombres de estos dos testigos, se ha estimado que uno de ellos podría ser Elías.

Elías fue un profeta muy poderoso. Como mencionamos anteriormente, en cierta ocasión Elías oró y cesó la lluvia durante tres años en Israel.[23] Él oró de nuevo y terminó la sequía de tres años.[24] Puesto que él no murió sino que fue llevado al cielo en un torbellino[25] y está profetizado que regresará a la tierra en ejercicio de su papel profético justo antes del regreso físico de Jesucristo a la tierra,[26] se ha pensado que él es uno de los dos testigos que "tienen poder para cerrar el cielo, a fin de que no llueva en los días de su profecía" (Ap. 11:6*a*).

Se ha pensado que el otro testigo será Moisés, el gran libertador del pueblo de Dios.[27] Cuando él pronunció la Palabra de Dios a Faraón ordenándole que soltara a los hebreos de la esclavitud, Faraón se negó. Moisés recibió poder y autoridad de Dios para herir a Faraón y Egipto con una serie de plagas sobrenaturales que al final doblegaron a Faraón a someterse al mandato de Dios. La primera de esas plagas ocurrió cuando Moisés extendió su vara y toda el agua de Egipto se convirtió en sangre.[28] Puesto que no existe un acuerdo acerca del lugar en que fue sepultado tras morir,[29] y debido a que apareció con Jesús y Elías en el monte de la transfiguración,[30] se cree que él es uno de los dos testigos que "tienen poder sobre las aguas para convertirlas en sangre, y para herir la tierra con toda plaga, cuantas veces quiera" (Ap. 11:6*b*). Si los dos testigos son Moisés y Elías, entonces ellos vendrían en representación de la ley que reveló los estándares de justicia y rectitud de Dios, así como profetas que revelaron el amor y la gracia de Dios.

Sin importar cuál sea la identidad de los dos testigos, ellos estarán en capacidad de predicar el evangelio al mundo entero. El mensaje que predican queda demostrado por las vidas que llevan. Cada aspecto de su ministerio y de sus vidas se somete a un cuidadoso escrutinio y el mundo queda sin excusa alguna.

Me pregunto cómo saldría tras ser objeto de un escrutinio así. ¿He tenido la entereza suficiente para predicar lo que practico? Estos dos testigos no solamente van a predicar lo que practican, sino que van a poner en práctica lo que predican.

¡Su testimonio va a sacudir al mundo entero!

En cierto momento, los dos testigos van a quedar sin más que decir, de modo que Dios permite que mueran por su causa. Juan registra que las autoridades se niegan a permitir que sus cuerpos sean sepultados, de modo que permanecen en las calles públicas de Jerusalén, donde van a caer muertos. El mundo entero se va a regodear con sus muertes y hará despliegue de su mórbida complacencia con el intercambio de regalos entre todos, como si estuvieran celebrando una versión pervertida de la temporada navideña. Parece que el mundo sentirá un gran alivio cuando vea eliminados a estas dos "aves de mal agüero" para ellos. "Después de todo", dirán tal vez: "ya todos tenemos nuestros propios dioses, y si existe un Dios que es supremo sobre los demás, no puede ser que esté airado como ellos decían. Él es amoroso y bueno, y nunca nos enviaría al infierno. Menos mal, nos libramos de esos dos viejos que siempre nos estaban hablando acerca de juicio y arrepentimiento".

Pero la celebración va a ser efímera. El mundo entero (que probablemente estará observando el acontecimiento gracias a la cobertura de noticias por televisión las veinticuatro horas del día), quedará estupefacto cuando después de tres días y medio, los dos testigos vuelven a la vida, resucitan en sus mismos cuerpos físicos, ¡empiezan a flotar por el aire y finalmente desaparecen en su ascenso al cielo!

Al mismo tiempo que los testigos se levantan y ascienden al cielo, ¡un terremoto gigantesco destruye la décima parte de la ciudad de Jerusalén y como resultado mueren siete mil personas! El carcelero de Filipos que estuvo con Silas y Pablo podría identificarse con la reacción que tendrán quienes quedaron con vida en la ciudad.[31] Juan dio testimonio de que ellos van a darle gloria a Dios y suponemos que muchos de ellos se volverán a Él en arrepentimiento para salvación.

Si fue necesario en el pasado un terremoto para hacer que el carcelero filipense recibiera la salvación en Cristo, y si va a requerirse un terremoto, más la muerte, resurrección y ascensión de los dos testigos para que Jerusalén acceda a la salvación en Cristo en el futuro, ¿qué va a ser necesario que ocurra para que tú lo hagas? ¿Y tus seres queridos? ¡Gloria a Dios! No hay profundidad a la que Dios no esté dispuesto a inclinarse ni altura a la que no quiera subir, ni distancia que no esté dispuesto a recorrer para salvar a los perdidos de su propia ira a causa del pecado de ellos, ¡porque nuestro Dios, quien es justo, también es misericordioso!

La provisión de gente transformada en su misericordia

Sin embargo, existen personas que no se dejan conmover y que hasta se niegan a asistir a campañas evangelísticas como las que serán realizadas muy probablemente por los 144.000 evangelistas. Hay otra clase de personas a quienes les encanta buscar explicaciones lógicas para acontecimientos sobrenaturales tales como la muerte, resurrección y ascensión de los dos testigos. Hay muchas personas que solo pueden ser ganadas para Jesucristo por su vecino o el compañero de trabajo en la oficina adjunta, o su compañero de deportes, o su compañero de cuarto en la universidad o un amigo a través de lo que consideramos evangelismo con estilo de vida. Por eso Dios en su misericordia le provee al mundo malvado y rebelde el testimonio de hombres y mujeres comunes y corrientes cuyas vidas han sido transformadas en Cristo y quienes dan un fiel testimonio de Él incluso hasta la muerte.

Juan escribió: "Ellos le han vencido [a Satanás el acusador] por medio de la sangre del Cordero y de la palabra del testimonio de ellos, y menospreciaron sus vidas hasta la muerte" (Ap. 12:11). Todos los del mundo verán a sus amigos, vecinos, colegas y parientes que han estado en rebelión contra Dios, ¡cambiados de un momento a otro! Han dejado de estar profundamente deprimidos como todos los demás porque tienen paz y gozo, además se caracterizan ahora porque son:

pacientes al ser confrontados con rudeza,
amables cuando son tratados con malignidad,
afectuosos al ser tratados con odio,
considerados con quienes los tratan sin consideración.

Algunos de los que van a observar el testimonio de estas personas comunes y corrientes responderán a ello preguntando cómo pueden ellos también experimentar una vida así de transformada. Cuán emocionante será entonces, para las personas comunes y corrientes poder contarles que el secreto es una relación personal con Jesucristo. ¡Qué deleite más grande tendrán al conducir a sus seres queridos antes perdidos a depositar su fe y confianza en Él solamente!

No obstante, lo triste es que la vasta mayoría de quienes queden viviendo en el mundo no van a querer ser cambiados; en lugar de eso van a enfurecerse con los "inconformes" y van a confabularse para matarlos.

En un mundo donde los modelos a seguir son comediantes, atletas y políticos, muchos de los cuales carecen de moral, integridad y hasta la más mínima decencia...

En un mundo donde nadie parece defender alguna causa que no sea la suya propia...

En un mundo donde se está dispuesto a sacrificar cualquier cosa que se interponga al éxito individual...

En un mundo donde el placer tiene precedencia sobre los principios...

En un mundo donde no existen absolutos, donde lo que es correcto es lo que funciona o lo que se siente bien...

En un mundo donde el carácter ya no cuenta para nada...

En un mundo así, piensa cuán poderoso será el testimonio de *una sola vida* vivida para ti. *Una vida* que ha sido limpiada por la fe en la sangre del Cordero... *Una vida* que confiesa para salvación que Jesús es Señor,[32]... *Una vida* que tiene la valentía de sostener sus convicciones piadosas frente al mundo impío, dispuesta a pagar el precio supremo con una vida ofrendada para Aquel quien es Señor... *¡Cuánto pido a Dios que pueda vivir una vida así!*

La provisión de proclamación angelical en su misericordia

Por último, para los que no quieran responder al testimonio de los 144.000 evangelistas o al de los dos testigos sobrenaturales o al de los miles de testigos comunes y corrientes, Dios usará un último medio para presentar el evangelio a un mundo completamente enajenado. Juan escribió: "Vi volar por en medio del cielo a otro ángel, que tenía el evangelio eterno para predicarlo a los moradores de la tierra, a toda nación, tribu, lengua y pueblo, diciendo a gran voz: Temed a Dios, y dadle gloria, porque la hora de su juicio ha llegado; y adorad a aquel que hizo el cielo, y la tierra, el mar y las fuentes de las aguas" (Ap. 14:6-7).

¿Alguna vez te has preguntado por qué Dios dejó la evangelización del mundo en tus manos y las mías cuando parecemos más propensos a fracasar en ello? Dado que somos tan inadecuados para una misión tan crucial, ¿por qué no lo hace Él mismo? ¿Por qué simplemente no le da el evangelio a los ángeles, quienes podrían proclamarlo perfectamente desde los cielos de manera simple y potente, en un lenguaje universal que todos pudieran entender? Al final de los tiempos y como último recurso, ¡eso es precisamente lo que Él hace! Es como si Dios pidiera la palabra y se encargara de llamar personalmente al mundo a volver a Él, porque no quiere "que ninguno perezca, sino que todos procedan al arrepentimiento".[33]

No obstante, el mundo hará caso omiso con sus oídos sordos, sus ojos ciegos y su corazón endurecido. El mundo que fue creado por Él y para Él va a rechazarle totalmente al final y quedará sometido bajo el peso de su ira.

¿Qué malas acciones en contra tuya o contra alguien a quien amas están atormentando ahora tu espíritu? ¿Qué te está haciendo llorar con amargura y rabia porque piensas: "¡No es justo! ¿Cómo pueden salirse con las suyas? ¿No van a ser castigados por lo que hicieron?"

¿No quieres poner todas esas malas acciones y gente malvada delante del trono de Dios, delante de Aquel que está llevando las cuentas de todo en sus libros? Pídele que se encargue de enderezar lo torcido, y recuerda que Dios no ajusta todas sus cuentas en octubre, ¡pero sin lugar a dudas Él *sí* va a hacer un ajuste de todas sus cuentas! Después líbrate de esa actitud de odio y amargura para reemplazarla con una actitud de amor y perdón. ¿Por qué? Porque "para esto fuisteis llamados; porque también Cristo padeció por nosotros, dejándonos ejemplo, para que sigáis sus pisadas; el cual no hizo pecado, ni se halló engaño en su boca; quien cuando le maldecían, no respondía con maldición; cuando padecía, no amenazaba, sino encomendaba la causa al que juzga justamente".[34]

Como los rayos punzantes del sol que atraviesan las nubes oscuras de una tormenta, la visión de su gloria irrumpe en medio de nuestros sentimientos atribulados, causados por las malas acciones de otros, ¡haciéndonos libres para que podamos poner nuestra esperanza en quien es el único absolutamente justo y misericordioso!

¿Por qué te abates, oh alma mía, y te turbas dentro de mí? Espera en Dios; porque aún he de alabarle, salvación mía y Dios mío.

Salmo 42:5

8
Esperanza cuando estás atribulado por alianzas malignas

Apocalipsis 13:1–19:21

En nuestra generación, la alianza maligna conocida como la Unión de Repúblicas Socialistas Soviéticas, que era atea de corazón y represiva por naturaleza, fue considerada por muchos como la causante de más tribulación y desventura en el mundo moderno que cualquier otra causa singular. Se caracterizó por esclavizar naciones enteras, mantener a sus ciudadanos en la pobreza mientras los líderes vivían como zares, patrocinar y financiar el terrorismo a nivel mundial, así como perseguir sin clemencia a judíos y cristianos por igual. Con un ejército de clase mundial y un arsenal que incluía armas nucleares, era un enemigo formidable que parecía imparable una vez determinara un curso de acción a seguir.

Más adelante, debido en parte a una economía en colapso, el muro de Berlín cayó en el invierno de 1989, y la Unión Soviética empezó a desintegrarse. Para sorpresa del mundo entero, ¡toda la Unión Soviética se deshizo pedazo a pedazo!

La capital de la antigua Unión Soviética era Moscú. Allí se localizaba un inmenso edificio gris donde operaba la KGB, la temida policía secreta que simbolizaba la brutal represión típica en todos los territorios de la URSS. Durante los setenta años que duró el estado socialista, una estatua del fundador de la KGB se había sostenido de pie, imponente, en la plaza que estaba frente al edificio. Cuando tuvo lugar la revolución pacífica que ocasionó el desbarajuste del comunismo, la estatua que estaba frente al edificio de la KGB fue derribada. En su lugar, los cosacos, un robusto clan ruso conocido por su capacidad de lucha, erigieron una réplica de la cruz de Cristo. Los antiguos devotos de la KGB se encargaron de quitarla de inmediato. Los cosacos volvieron a erigir la cruz, y los leales a la KGB la quitaron otra vez. Por tercera vez, los cosacos levantaron la cruz, pero esta vez veinte cosacos formaron un anillo de protección alrededor de la estatua veinticuatro horas al día, diciendo que si la cruz era quitada, ellos se prenderían fuego a sí mismos.

De este modo, al frente del antiguo edificio de la KGB en Moscú, sobre el pedestal que alguna vez sostuvo en alto la estatua del fundador de la KGB, se mantenía erguida una cruz. En la parte de abajo podía leerse esta inscripción: "Por esta señal conquistamos".

¿Qué alianza maligna está siendo la causa de tus sentimientos atribulados? Tal vez no sea tan descomunal en tamaño como la antigua Unión Soviética, pero lo más probable es que a ti personalmente te resulta igual de formidable. ¿Se trata de una alianza entre tu cónyuge y sus padres? ¿O una alianza entre tu cónyuge y la persona con quien te está siendo infiel? ¿O es una alianza amenazadora entre tu jefe y el secretario de la junta directiva? ¿O una alianza entre tu pastor y un asesor financiero? ¿O una alianza entre tu hijo y otra persona?

Sin importar cuán poderosa parezca ser ahora la alianza que te confronta, la Biblia revela que una alianza maligna está aún por venir y hará ver a todas las demás como insignificantes en comparación. Esta alianza del mal llegará al extremo de dominar el mundo y darle a Satanás libertad sin restricciones para tratar de ejecutar su plan blasfemo de rebelión y destrucción.

No obstante, la visión de su gloria nos da esperanza cuando estamos atribulados por alianzas malignas, sin importar su tamaño o alcance, porque revela a Jesucristo afirmando su poder, vindicando a su pueblo, y al final de todo apareciendo en persona para deshacer todas las alianzas malignas y establecer su reino en la tierra.

**ENCUENTRA ESPERANZA AL
SABER QUE JESUCRISTO AFIRMARÁ SU PODER**

Nuestro Dios es un Dios misericordioso, pero ciertamente existe un límite para la paciencia de Dios.

Después de dos mil años tratando de enseñar al mundo acerca de Él mismo por medio de la familia de Abraham...

Después de treinta y tres años de haberse revelado de forma visible y física en la persona de su propio Hijo enviado a habitar en medio de los hombres en la tierra...

Después de haber demostrado su amor hacia una raza humana indiferente y que no se arrepiente a través de nueve horas de juicios injustos, seis horas en una cruz romana y tres días en una tumba prestada...

Después de por lo menos dos mil años de estar mostrando su gracia por medio de la iglesia...

Después de tres años y medio de estar procurando advertirle al mundo acerca de su juicio final e inexorable y tratando de atraer al mundo hacia Él, Dios en último término deja de contenerse a sí mismo: "El vino de la ira de Dios... [será] vaciado puro en el cáliz de su ira".[1]

Al llegar la paciencia de Dios a su límite, su furia estalla con pleno vigor y en su estado puro, es decir, sin estar más mezclada con la misericordia o la gracia. ¡Este sí es el principio del fin!

Cuando el Señor Jesucristo proceda a afirmar su poder limpiando al mundo de su pecado y rebelión en contra suya, Él utiliza tres instrumentos básicos, los mismos que usa en la actualidad, aunque no al grado que los utilizará durante la gran tribulación.

Jesús afirma su poder por medio de líderes políticos

El primer instrumento que Él usa para afirmar su poder se encuentra en los líderes políticos del mundo. "No hay autoridad sino de parte de Dios, y las que hay, por Dios han sido establecidas".[2]

Uno de los ejemplos más dramáticos de la manera como Dios usa a los líderes políticos es el del rey Nabucodonosor de Babilonia, un déspota pagano. Dios hizo referencia al rey Nabucodonosor como "Nabucodonosor rey de Babilonia, mi siervo".[3] Cuando Judá se olvidó de Dios y fue tras dioses paganos de piedra y madera, negándose a hacer caso a todas las advertencias que Dios les daba por medio de sus profetas, Dios afirmó su poder por medio de Nabucodonosor, quien asoló por completo a la nación de Judá, destruyó la ciudad de Jerusalén, convirtió el templo en un montón de escombros sin dejar una sola piedra sobre otra, y expatrió a los judíos unos mil kilómetros al oriente como cautivos en Babilonia. Por medio de Nabucodonosor, Dios afirmó su poder con el propósito de purgar a Israel por completo de su idolatría.

En el Nuevo Testamento, cuando los judíos rechazaron a su Hijo unigénito, Dios afirmó su poder por medio de los romanos, quienes devastaron a Israel a tal punto que la nación no solamente quedó destruida sino que todos los integrantes de su pueblo fueron dispersados por todo el mundo.

Cuando los líderes se levantan y caen, cuando las naciones desaparecen o prosperan, cuando los ejércitos marchan y se retiran, en lugar de dejarnos atribular por todas las alianzas malignas haríamos bien en buscar con cuidado los rastros de la mano de nuestro Dios, quien en medio y a través de todo ello está afirmando su poder en el mundo.[4] Dios ha usado, sigue usando y usará en el futuro a líderes políticos para el cumplimiento de sus propósitos divinos.

Durante los últimos tres años y medio de la gran tribulación, Dios afirmará su poder a través de un líder político en particular a fin de juzgar al mundo y purgarlo de su pecado. Este líder es descrito en Apocalipsis 13 como una bestia que sube del mar. También es conocido como el anticristo y fue descrito por Pablo como "el hombre de pecado, el hijo de perdición",[5] debido a que su característica principal será de rebelión contra Dios. Va a ser una falsificación casi exacta de Cristo, pero en lugar de traer paz y justicia será el causante de una guerra y un desbordamiento de la maldad a un grado que el mundo jamás ha conocido.

Cuando el anticristo aparezca por primera vez en la escena mundial, surgirá de manera súbita, muy probablemente durante un período de gran crisis. Tendrá la atractiva imagen de una persona brillante, idónea y sabia, de modo tal que será deseado por un mundo que estará dispuesto a reconocerle y someterse a su liderazgo. Tendrá habilidades descollantes a nivel ejecutivo y administrativo, pero será orgulloso y profano moralmente. "Hará su voluntad, y se ensoberbecerá, y se engrandecerá sobre todo dios; y contra el Dios de los dioses hablará maravillas"[6] y toda clase de cosas inauditas. Tendrá una mente científica que "honrará... al dios de las fortalezas"[7] representado por la ciencia, la tecnología y el poderío militar. Su reino en el mundo estará caracterizado por el esplendor, el lucimiento y los poderes sobrenaturales. De hecho, estos mismos conceptos se aluden en Segunda de Tesalonicenses para describir el poder del anticristo y también se emplean en la carta a los hebreos para describir el poder de Dios que confirma la autoridad de los apóstoles, cuando dice que el anticristo vendrá con "gran poder y señales y prodigios mentirosos".[8] Al principio de su dominio, usará la religión para que le ayude a sujetar el mundo entero a él mismo, pero al final se opondrá tanto a la religión,[9] que intentará eliminar todas las festividades religiosas del calendario,[10] así como destruir todas las religiones para declararse a sí mismo como dios y exigir que todos le adoren.[11]

En algún punto de su carrera política va a ser asesinado y morirá físicamente, ¡pero después se levantará de los muertos por medios sobrenaturales y esta vez como la encarnación misma de Satanás![12] Todo el mundo quedará maravillado y pondrá a sus pies toda su soberanía, sus economías, sus fuerzas militares y sus tesoros, *todo* entregado a él "hasta que sea consumada la ira; porque lo determinado se cumplirá".[13]

Si estamos tan cerca de la segunda venida de Jesucristo como muchos cristianos creen que lo estamos, entonces este anticristo ya podría estar en alguna parte del mundo el día de hoy. Apocalipsis 13 le describe como una bestia que irrumpe en la escena política mundial y a continuación procede a controlar el mundo entero:

"Me paré sobre la arena del mar, y vi subir del mar una bestia que tenía siete cabezas y diez cuernos; y en sus cuernos diez diademas; y sobre sus cabezas, un nombre blasfemo.

"Y la bestia que vi era semejante a un leopardo, y sus pies como de oso, y su boca como boca de león. Y el dragón le dio su poder y su trono, y grande autoridad. Vi una de sus cabezas como herida de muerte, pero su herida mortal fue sanada; y se maravilló toda la tierra en pos de la bestia, y adoraron al dragón que había dado autoridad a la bestia, diciendo: ¿Quién como la bestia, y quién podrá luchar contra ella?

"También se le dio boca que hablaba grandes cosas y blasfemias; y se le dio autoridad para actuar cuarenta y dos meses. Y abrió su boca en blasfemias contra Dios, para blasfemar de su nombre, de su tabernáculo, y de los que moran en el cielo. Y se le permitió hacer guerra contra los santos, y vencerlos. También se le dio autoridad sobre toda tribu, pueblo, lengua y nación. Y la adoraron todos los moradores de la tierra cuyos nombres no estaban escritos en el libro de la vida del Cordero que fue inmolado desde el principio del mundo" (Ap. 13:1-8).

En tanto que el "mar" parece representar las naciones gentiles de donde surgirá el anticristo,[14] las cabezas y los cuernos se refieren a las naciones que él regirá y los reyes que se someterán a su autoridad. Su imperio reflejará imperios mundiales del pasado simbolizados por el leopardo, el oso y el león[15] pero los excederá a todos en poder por cuanto el dragón, que es Satanás,[16] dará al anticristo poder y autoridad sobrenaturales. Esta superlativa alianza del mal entre Satanás y el anticristo durará cuarenta y dos meses que corresponden a los últimos tres años y medio de la gran tribulación.

Será como una combinación de todas las alianzas malignas que se han dado en la historia mundial, y el anticristo estará a la cabeza de todo. Por difícil que nos resulte entenderlo, esta bestia que sube del mar y se levanta para regir al mundo con sus blasfemias es un instrumento en las manos de Dios. Dios usa al anticristo para revelar las profundidades de la depravación y la maldad de la raza humana, así como para purificar a los santos[17] y preparar el camino para el regreso visible de Cristo a la tierra.

Jesús afirma su poder por medio de predicadores y profetas

Además de líderes políticos, Apocalipsis 13 dice que Dios también usa a líderes religiosos para afirmar su poder y autoridad para purgar al mundo de pecado. Por ejemplo, en el Antiguo Testamento, cuando Israel se había apartado tanto de Dios que estaba viviendo en rebelión y pecado, negándose a hacer caso o tan siquiera oír lo que decían los profetas, Dios envió hambre de oír su Palabra.[18] En otras palabras, había predicadores para cada púlpito y profetas en todas las esquinas, pero la Palabra de Dios no estaba siendo impartida. En lugar de eso, los líderes religiosos daban sus propias opiniones o hablaban acerca de temas sociales, o sencillamente le decían a la gente lo que ellos querían escuchar. Todo los profetas eran falsos. Por eso, aunque en Israel todos eran muy religiosos, nadie estaba recibiendo la Palabra verdadera del Señor ni la verdad como tal.

En la actualidad, gran parte del mundo que ha rechazado a Dios y a su Hijo Jesucristo es bastante religioso. Por ejemplo, la mayoría de las personas en la India considera como parte de su propia identidad el ser hindúes, mientras que los chinos se definen a sí mismos en términos del budismo y los árabes mediante su apego recalcitrante al islamismo. El origen mismo de su rechazo a la verdad puede trazarse de vuelta a Génesis 11 en la torre de Babel, tema que discutiremos en detalle más adelante en este capítulo. Por cuanto ellos tienen la verdad tal como ha sido revelada mediante sus propias conciencias y a través de la creación, carecen de toda excusa para justificar su recha-

20. Por lo tanto, Dios los ha entregado a los engaños de los falsos profetas que los han dirigido en su decisión de cambiar "la verdad de Dios por la mentira".[19] El apóstol Pablo dijo que en fin de cuentas, la gente rebelde que continúe sobre el planeta tierra rehusará "el amor de la verdad para ser salvos. Por esto Dios les envía un poder engañoso, para que crean la mentira, a fin de que sean condenados todos los que no creyeron a la verdad, sino que se complacieron en la injusticia".[20]

El "poder engañoso" que Dios envía no es solamente el liderazgo del anticristo que el mundo en su engaño va a considerar como la respuesta a todos sus problemas, sino también el liderazgo de un líder religioso de renombre mundial que da credibilidad y respetabilidad al anticristo: "Después vi otra bestia que subía de la tierra; y tenía dos cuernos semejantes a los de un cordero, pero hablaba como dragón. Y ejerce toda la autoridad de la primera bestia en presencia de ella, y hace que la tierra y los moradores de ella adoren a la primera bestia, cuya herida mortal fue sanada. También hace grandes señales, de tal manera que aun hace descender fuego del cielo a la tierra delante de los hombres. Y engaña a los moradores de la tierra con las señales que se le ha permitido hacer en presencia de la bestia" (Ap. 13:11-14).

El falso profeta realizará muchas señales y prodigios sobrenaturales a favor del anticristo. ¡Tenemos que despertar del sueño! ¡No todos los milagros, señales y prodigios vienen de Dios! Satanás ha producido una serpiente que habla,[21] palos que se convierten en culebras,[22] y esclavos que predicen el futuro,[23] para nombrar solo algunos de sus milagros que han sido registrados en las Escrituras.

En nuestros días, el mundo se deja fascinar cada vez más por lo sobrenatural. La popularidad de algunas películas de Steven Spielberg, la aceptación general de la filosofía de la nueva era, la creciente credibilidad que gozan la percepción extra sensorial, las sesiones espiritistas, la canalización y los supuestos servicios psíquicos que se prestan por teléfono, así como muchas otras cosas, dan evidencia de que el mundo se prepara para creer en la mentira más grande de todas. Como creyentes no deberíamos impresionarnos porque alguien se pueda concentrar intensamente y hacer que un pedazo de papel se queme sin tocarlo, o porque hace flotar en el aire una mesa, o porque puede revelar con cierta precisión algún fragmento de información secreta. ¡Satanás todavía sigue "vivito y coleando", y puede hacer muchas señales y prodigios!

El despliegue de poder sobrenatural de Satanás llega a su punto culminante con la obra del falso profeta, y el mundo entero va a ser engañado al punto de creer que como él puede hacer señales y prodigios entonces seguramente es bueno. El falso profeta engaña al mundo para que siga al anticristo y luego establece una alianza con el anticristo para esclavizar al mundo:

"...mandando a los moradores de la tierra que le hagan imagen a la bestia que tiene la herida de espada, y vivió. Y se le permitió infundir aliento a la imagen de la bestia, para que la imagen hablase e hiciese matar a todo el que no la adorase. Y hacía que a todos, pequeños y grandes, ricos y pobres, libres y esclavos, se les pusiese una marca en la mano derecha, o en la frente; y que ninguno pudiese comprar ni vender, sino el que tuviese la marca o el nombre de la bestia, o el número de su nombre" (Ap. 13:14*b*-17).

En este punto de la revelación, el Espíritu Santo inspira a Juan para que inserte una palabra de ánimo para el lector: "Aquí hay sabiduría" (Ap. 13:18). Job nos cuenta que la sabiduría es de quienes adoran al Señor con temor reverente.[24] Mientras todo el mundo se deja sugestionar casi que hipnóticamente por las señales y maravillas del falso profeta, quien los lleva a adorar a la bestia, seguirá siendo sabio temer, reverenciar y adorar a Dios solamente, porque después de todo la bestia no es más que un hombre, aunque sea un hombre *muy malvado*: "El que tiene entendimiento, cuente el número de la bestia, pues es número de hombre. Y su número es seiscientos sesenta y seis" (Ap. 13:18). Con toda la espectacularidad de sus poderes sobrenaturales así como políticos, económicos y militares, tanto la bestia como el falso profeta son hombres mortales que habrán de rendir cuentas a su Creador y que van a ser juzgados por sus actos.

Jesús afirma su poder por medio de plagas

Jesucristo afirma su poder usando a líderes políticos y religiosos como sus instrumentos de la ira que derrama sobre un mundo perverso. Hacia el final de la gran tribulación, Él también utiliza una serie de plagas precedidas por un anuncio solemne:

"Miré, y he aquí una nube blanca; y sobre la nube uno sentado semejante el Hijo del Hombre, que tenía en la cabeza una corona de oro, y en la mano una hoz aguda. Y del templo salió otro ángel, clamando a gran voz al que estaba sentado sobre la nube: Mete tu hoz, y siega; porque la hora de segar ha llegado, pues la mies de la tierra está madura. Y el que estaba sentado sobre la nube metió su hoz en la tierra, y la tierra fue segada" (Ap. 14:14-16).

El ángel sale "del templo" para revelar que las plagas que vienen a continuación proceden directamente de Dios. Tal como Él usó plagas para juzgar a Faraón y Egipto cuando se negaron a acatar su mandato, Dios usará plagas otra vez para juzgar el mundo al final de la era.

Hoy día, cuando somos azotados por plagas tales como la epidemia mundial del SIDA, antes que gastar inmensas sumas de dinero en la investigación de curas y vacunas preventivas, bien haríamos en clamar a Dios, confesar y arrepentirnos de nuestro pecado e implorar su misericordia. ¡No existe cura alguna sobre la faz de la tierra para una plaga que es un instrumento de la ira de Dios, con la única excepción de la sangre de Jesucristo derramada en la cruz del Calvario!

La prodigiosa escena descrita en Apocalipsis 15 no corresponde al estallido colérico de un enojo impulsivo sino al pronunciamiento de un juicio santo y solemne. Dios no estará dispuesto a tolerar por más tiempo el pecado, la rebelión ni la blasfemia entre los hombres en la tierra: "Vi en el cielo otra señal, grande y admirable: siete ángeles que tenían las siete plagas postreras; porque en ellas se consumaba la ira de Dios" (Ap. 15:1).

Cuando las plagas, representadas por las copas de ira, son derramadas sobre la tierra, los que habían vencido a la bestia y sido fieles a Cristo hasta la muerte entonarán un cántico de victoria. A cada uno Dios le da un arpa. Después de días, semanas, meses y hasta años de tortura, sufrimiento y persecución indescriptible, ¡ellos tienen una canción! ¡Están llenos de gozo! ¿Por qué? Porque los malvados con todas sus alianzas malignas que no se arrepintieron de sus hechos, finalmente van a tener que rendir cuentas a Dios:

> Grandes y maravillosas son tus obras,
>   Señor Dios Todopoderoso;
> justos y verdaderos son tus caminos,
>   Rey de los santos.
> ¿Quién no te temerá, oh Señor,
>   y glorificará tu nombre?
> Pues sólo tú eres santo;
>   por lo cual todas las naciones vendrán
> y te adorarán,
>   porque tus juicios se han manifestado.
>   (Ap. 15:3-4)

Los redimidos en gloria afirman con gozo en sus corazones, que Dios es justo, verdadero, santo e íntegro al derramar su ira sobre la tierra: "Oí una gran voz que decía desde el templo a los siete ángeles: Id y derramad sobre la tierra las siete copas de la ira de Dios" (Ap. 16:1).

La primera copa es vertida, y como resultado viene una plaga que destruye la salud humana. Hoy estamos aquejados por el aumento en las enfermedades del corazón, el cáncer, las afecciones venéreas y otra cantidad de problemas en la salud humana. La diferencia es que esta primera plaga no solo *aumenta* las enfermedades, ¡sino que *borra por completo el concepto mismo de salud*! Todos los seres humanos en el planeta tierra que se han rebelado contra Dios sufrirán personalmente en sus cuerpos físicos a causa de su pecado.

La segunda copa es vertida, y el mar se convierte en sangre, trayendo así la muerte de *toda* la vida marina. Uno apenas puede imaginar cómo va a ser la fetidez de la muerte que se apoderará del planeta como resultado. Notemos que en esta ocasión Dios no destruye cosas por terceras partes, como lo hacía cuando su juicio era atemperado por su misericordia. Ahora su ira trae consigo destrucción total e irreversible.

La tercera copa es derramada, y *toda* el agua potable queda contaminada al convertirse también en sangre. Cuando el ángel vierte la tercera copa de ira, proclama la justicia de Dios al permitir que a quienes derramaron la sangre de su pueblo no les quede más para beber que sangre. Si el mundo sanguinario tiene tanta sed de sangre inocente, Dios se las va a dar por montones, ¡con fuentes de sangre, manantiales de sangre, ríos de sangre, océanos de sangre!

La cuarta copa es vertida, ¡y es como si el sol hiciera explosión! Se trata de una medida tomada por Dios para dejar una tierra chamuscada. El intenso calor hará hervir los océanos hasta secarlos y derretir los polos y todos los témpanos de hielo, además los rayos ultravioleta afectarán al hombre mucho más drásticamente que a la vida animal y vegetal. Si alguna vez te has expuesto demasiado al sol y acaso hayas quedado con una dolorosa quemada en la playa, ¡apenas tienes una mínima idea de la agonía que los habitantes de la tierra sentirán cuando su piel quede *achicharrada* por el intenso calor!

Si se da el caso de que alguien sienta lástima por los "pobres e indefensos" habitantes del planeta tierra en este punto del juicio, Juan nos ofrece una idea de la clase de reacción que tendrán frente a la ira de Dios: "Y los hombres se quemaron con el gran calor, y blasfemaron el nombre de Dios, que tiene poder sobre estas plagas, *y no se arrepintieron* para darle gloria" (Ap. 16:9, cursivas añadidas). ¡*Ni uno solo* en el planeta entero acepta la responsabilidad por las consecuencias de su pecado ni se arrepienten. ¡*Todos y cada uno* de los hombres y mujeres que quedan sobre el planeta maldicen a Dios y endurecen su corazón en ciega rebelión contra Él!

La quinta copa es vertida, y el mundo queda en tinieblas. Hasta una persona saludable puede ponerse lánguida y decaída tras días y semanas de cielos grises y deprimentes. Pero recuerda que la gente que va a estar en el planeta tierra durante la sucesión de estas plagas tienen una salud bastante quebrantada, si es que no la han perdido por completo. Algunas de las peores noches de mi vida las he pasado cuando estaba enferma y no podía dormir. La oscuridad parece intensificar el sufrimiento y el decaimiento porque no hay distracción que la obvie. Sin embargo, al igual que Faraón en la antigüedad, la gente va a endurecer todavía más sus corazones contra Dios a medida que se propaga la plaga de tinieblas y miseria: "Y [los hombres] mordían de dolor sus lenguas, y blasfemaron contra el Dios del cielo por sus dolores y por sus úlceras, *y no se arrepintieron* de sus obras" (Ap. 16:10-11, cursivas añadidas). La *población* entera del planeta tierra tendrá una mentalidad de víctima en la que *nadie* acepta responsabilidad por la causa del derramamiento de la ira de Dios sobre la raza humana.

Luego es vertida la sexta copa, y se da inicio a la última guerra mundial. Dado que en este punto el anticristo rige un mundo que ya se está desintegrando bajo la ira del Dios Todopoderoso, las naciones del mundo deciden que ya no están dispuestas a tolerar su liderazgo. Los ejércitos del oriente, que presumiblemente abarcará todo lo que esté al oriente de Israel incluyendo China, Japón y Corea, marchan en contra de los ejércitos del occidente, que incluirían Europa y posiblemente los Estados Unidos. "Y los reunió en el lugar que en hebreo se llama Armagedón" (Ap. 16:16).[25] Ahora está dispuesto el escenario para la última batalla sobre la tierra que llegará a su momento crítico y culminante con el regreso físico de Cristo.

Por último, la séptima copa de ira es vertida, acompañada por "una gran voz del templo del cielo, del trono, diciendo: Hecho está" (Ap. 16:17). Como resultado de esta séptima plaga, las ciudades del mundo son destruidas y una tormenta global altera la topografía de la tierra: "Entonces hubo relámpagos y voces y truenos, y un gran temblor de tierra, un terremoto tan grande, cual no lo hubo jamás desde que los hombres han estado sobre la tierra. Y la gran ciudad fue dividida en tres partes, y las ciudades de las naciones cayeron; y la gran Babilonia vino en memoria delante de Dios, para darle el cáliz del vino del ardor de su ira. Y toda isla huyó, y los montes no fueron hallados. Y cayó del cielo sobre los hombres un enorme granizo como del peso de un talento" (Ap. 16:18-21*a*).

Nota que las copas de ira son derramadas en una sucesión muy rápida, no hay paciencia ni provisión ni pausa, simplemente un derramamiento continuo e inexorable de la ira de un Dios santo que está juzgando a un mundo perverso y rebelde. ¿Cuál es la respuesta del mundo? "Y los hombres blasfemaron contra Dios por la plaga del granizo; porque su plaga fue sobremanera grande" (Ap. 16:21*b*).

Cuando el mundo endurece su corazón en una actitud desafiante y perdidamente rebelde contra Él, Dios declara: "Hecho está" (Ap. 16:17). Jesucristo ha afirmado su poder para purgar la tierra de toda contaminación de pecado, rebelión y alianzas malignas. Con esta plaga final, se habrá cumplido todo lo que era necesario preparar para el regreso y dominio visibles de Jesucristo.

No obstante, antes que Juan recibiera la visión del cielo abierto y el jinete Fiel y Verdadero montado sobre el caballo blanco y listo para regresar desde el cielo, el profeta recibe detalles relacionados con la caída de Babilonia. Es como si hubiera estado mirando hacia el futuro a través de un lente de ángulo abierto. Ahora ajusta el lente para observar de cerca un aspecto importante del juicio de Dios que da esperanza a quienes están atribulados por alianzas del mal, en especial aquellas alianzas malignas que deshonran, vejan y destruyen al pueblo de Dios. ¡Porque se acerca el día cuando Jesucristo vengará a su pueblo!

ENCUENTRA ESPERANZA AL SABER QUE JESUCRISTO VENGARÁ A SU PUEBLO

¿Alguien te ha perseguido? ¿Te ha hecho sufrir injustamente? ¿Te han maltratado por tu fe en Jesucristo y la palabra de tu testimonio? ¿Has sido humillado reiteradamente, te han hecho sentir inferior y estúpido a causa de tu relación y devoción a Cristo? ¿Quizás has visto cómo un ser querido o amigo ha sido relegado en su profesión, destruido en su vida personal o devastado en sus emociones debido a la posición radical que ha defendido como cristiano? ¿De qué forma has respondido a ello? Lee Iacocca, el antiguo gerente de la Corporación

Chrysler y quien es bastante respetado en el mundo corporativo, dijo que le había enseñado a sus hijos a responder a quienes cometieran faltas contra ellos, no poniéndose furiosos ¡sino desquitándose para quedar empatados!

La venganza puede tomar muchas formas. Se puede expresar negando el perdón, rehusando hablar, buscando un divorcio, instaurando una demanda legal, reprochando con palabras crudas, destruyendo la reputación de alguien con chismes, o simplemente correspondiendo en la misma medida de la ofensa. No obstante, es posible que si tomamos la venganza por nuestras propias manos, ¡Dios dé un paso atrás para permitir que sustituyamos su venganza con la nuestra! En otras palabras, si tomas venganza el ofensor va a salir mejor librado que si dejas la venganza en manos de Dios.

Jesús dijo: "¿Y acaso Dios no hará justicia a sus escogidos, que claman a él día y noche? ¿Se tardará en responderles? Os digo que pronto les hará justicia".[26]

La Biblia enseña que aunque está bien aborrecer la iniquidad, la maldad, el pecado y la injusticia, tomar venganza en nuestras propias manos es incorrecto.

Pablo nos amonesta: "No os venguéis vosotros mismos, amados míos, sino dejad lugar a la ira de Dios; porque escrito está: Mía es la venganza, yo pagaré, dice el Señor".[27]

Apocalipsis 17 y 18 ofrecen detalles acerca de la justa venganza de Jesucristo a favor de su pueblo. Miles, si no millones de personas llegan a la fe en Jesucristo durante los primeros tres años y medio de la gran tribulación, respondiendo a la provisión que Dios hace en su misericordia y que ya se discutió previamente. Una vez que hayan recibido a Jesucristo como su Salvador y le hayan confesado como su Señor, estarán viviendo en un mundo que se encuentra en rebelión sacrílega contra Cristo. La sociedad en que tienen que vivir, trabajar, estudiar, hacer compras y levantar a sus familias estará en oposición directa a ellos. A todos los ciudadanos del planeta se les exigirá que lleven "el nombre de la bestia", de tal modo que ningún ser humano podrá comprar o vender a no ser que ese hombre o mujer tenga la marca.[28]

El hecho de llevar la marca va a constituir un reconocimiento externo de lealtad a la bestia e invocará la ira de Dios (véase Ap. 14:9-12). Pero sin la marca de la bestia, cualquier persona se verá privada efectivamente de todos los medios de subsistencia, y literalmente serán considerados como "no personas" porque no podrán tener un empleo, comprar comida o vestuario, pagar una vivienda, tener acceso a un medio de transporte o a cuidados médicos. Los que no mueran de hambre, abandono a los elementos o falta de atención médica, morirán de todas las formas imaginables.

Esta persecución sin paralelo en la historia será organizada por un antiguo sistema político y religioso al que se hace referencia en Apocalipsis 17 y 18 como "Babilonia". Babilonia simboliza la rebelión de toda la raza humana contra Dios y su pueblo en toda la historia. Las raíces de Babilonia pueden hallarse a partir de Génesis 11.

Después del diluvio, Dios le dio a Noé un mandato en dos ocasiones diciendo: "Fructificad y multiplicaos, y llenad la tierra".[29] Pero en lugar de esparcirse por la tierra para llenarla como Dios había ordenado, los descendientes de Noé insistieron en quedarse apiñados y moverse en masa hasta que llegaron a la llanura de Sinar en lo que ahora es Irak. "Y dijeron: Vamos, edifiquémonos una ciudad y una torre, cuya cúspide llegue al cielo; y hagámonos un nombre, por si fuéremos esparcidos sobre la faz de toda la tierra".[30]

Nótese que la ciudad fue concebida en actitud de rebelión. No hay algo malo intrínsecamente con la construcción de una ciudad, pero los babilonios hicieron énfasis en que esta ciudad iba a ser *para ellos mismos*. El plan que tenían era edificar una sociedad totalmente humanista donde no había lugar para Dios ni necesidad de su existencia.

Al mismo tiempo que estaban totalmente centrados en el humanismo, también tenían un sistema religioso simbolizado por la torre cuya cúspide alcanzaría hasta el cielo. Los babilonios reconocían que tenían necesidades espirituales, pero simplemente habían decidido satisfacerlas por medio de un sistema religioso que se inventaron para complacer sus propios caprichos.

No fue una sorpresa que esta ciudad rebelde con un credo religioso rebelde produjera una cultura rebelde cuyos miembros querían "hacerse un nombre" para ellos mismos. ¡El orgullo era su virtud número uno! La cultura rebelde produjo un pueblo con una conducta rebelde y que resolvió no propagarse "sobre la faz de toda la tierra" sino quedarse en un solo lugar, en una actitud desafiante directamente en contra de la palabra expresa de Dios.

Como respuesta a ello, Dios les obligó de una manera única a obedecerle, y los esparció por todo el mundo, pero también con ellos a todas las semillas de rebelión que habían plantado en sus corazones.

La ciudad que se les impidió terminar de construir fue llamada Babel, y el pueblo que había habitado en ese lugar fueron conocidos como "babilonios".

Cuando Juan tuvo la visión de Babilonia que se describe en Apocalipsis 17 y 18, estaba recibiendo la oportunidad de mirar de cerca una rebelión a escala mundial que había empezado con aquella antigua ciudad de Babel tal como se relata en Génesis 11. "Babilonia" será responsable por el holocausto venidero que tendrá lugar cuando la rebelión contra Dios y su pueblo alcance un punto de ebullición durante la gran tribulación, con el anticristo y el falso profeta a la cabeza de esa insurrección global. Babilonia será la culminación de la rebelión contra Dios que ha continuado con cada generación en todas las épocas, y también provoca la justa venganza de Jesucristo a favor de su pueblo, porque Babilonia está atiborrada con la sangre de los santos:

"Vino entonces uno de los siete ángeles que tenían las siete copas, y habló conmigo diciéndome: Ven acá, y te mostraré la sentencia contra la gran ramera, la que está sentada sobre muchas aguas; con la cual han fornicado los reyes de la tierra, y los moradores de la tierra se han embriagado con el vino de su fornicación.

"Y me llevó en el Espíritu al desierto; y vi a una mujer sentada sobre una bestia escarlata llena de nombres de blasfemia, que tenía siete cabezas y diez cuerno. Y la mujer estaba vestida de púrpura y escarlata, y adornada de oro, de piedras preciosas y de perlas, y tenía en la mano un cáliz de oro lleno de abominaciones y de la inmundicia de su fornicación; y en su frente un nombre escrito, un misterio:

BABILONIA LA GRANDE,
LA MADRE DE LAS RAMERAS
Y DE LAS ABOMINACIONES DE LA TIERRA.

"Vi a la mujer ebria de la sangre de los santos, y de la sangre de los mártires de Jesús" (Ap. 17:1-6).

Juan emplea el simbolismo de una ramera para describir un sistema religioso mundial que es totalmente infiel a Dios, su Hijo, su Palabra, su evangelio y su verdad. Este falso sistema religioso ha logrado abarcar a la raza humana y se convierte en responsable de martirizar a millones de creyentes.

Se ha dicho que los acontecimientos venideros arrojan sombras largas antes de suceder. En ciertas ocasiones podemos ver las oscuras proyecciones de una religión mundial de ese tipo en la actualidad. La astrología y los horóscopos parecen tener una aceptación cada vez mayor como sendas para hallar sabiduría y orientación. Esta fascinación con las estrellas ha conducido a un misticismo oriental que corresponde a una mezcla entre budismo e hinduismo que se ha denominado filosofía de la nueva era. A su vez, la nueva era ha producido adoradores radicales de la naturaleza con creencias paganas y que invocan a la diosa madre como fuente de toda vida.[31] La religión mundial que viene en camino posiblemente será una combinación de todas estas creencias y muchas más, a medida que hace volver los corazones de las personas a prácticas paganas que se ajustan a los instintos más bajos del hombre caído, y resucita las antiguas expresiones babilónicas de rebelión religiosa. Cuando el mundo queda rendido para acoger a la "ramera", ella se tornará cada vez más hostil a la verdad de Dios y menos tolerante con el pueblo de Dios, hasta que el sistema religioso babilónico mundial procure erradicar a todos los cristianos de la faz de la tierra.

Hoy día se realizan discusiones "razonables" con respecto a la validez del aborto y la eutanasia, la eliminación de vidas no deseadas en los dos extremos de su existencia. Mientras que el aborto ya es legal en todos los estados e incluso está siendo financiado y protegido por el gobierno mismo, la eutanasia también parece estar ganando en aceptación por parte del público. La tendencia ahora parece ser que así como un feto puede ser eliminado cuando la madre no lo quiere, una persona de edad, una persona impedida o enferma, también puede ser eliminada por consentimiento mutuo de terceros. En otras palabras, parece que la sociedad está preparando el camino para la eliminación de cualquier clase de vida que se considere no deseada o improductiva, y en el futuro quienes van a ser considerados como indeseables e improductivos serán creyentes de cualquier edad, género, nacionalidad, raza, idioma y cultura, ¡cualquier persona que ponga su fe en Jesucristo como Salvador y Señor!

Pero cuando llegue ese día terrible, Jesucristo intervendrá para vengar la sangre de su pueblo. Él utilizará al anticristo y su alianza maligna con otros reyes para llevar este sistema religioso babilónico mundial a la ruina. Cuando el anticristo se establezca a sí mismo como dios y exija ser adorado, va a destruir a la "ramera": "y la dejarán desolada y desnuda; y devorarán sus carnes, y la quemarán con fuego; porque

Dios ha puesto en sus corazones el ejecutar lo que él quiso" (Ap. 17:16b-17a). En la visión de Juan, Babilonia no representa solamente un sistema religioso rebelde a escala global, sino también un sistema político rebelde que opera en todo el mundo, y la capital de este sistema político, donde parece que se controla el comercio de todo el mundo, es destruida junto al sistema religioso falso: "Ha caído, ha caído la gran Babilonia, y se ha hecho habitación de demonios y guarida de todo espíritu inmundo... los reyes de la tierra han fornicado con ella, y los mercaderes de la tierra se han enriquecido de la potencia de sus deleites... ¡Ay, ay de la gran ciudad de Babilonia, la ciudad fuerte; porque en una hora vino tu juicio!" (Ap. 18:2-3, 10).

Tal vez los babilonios habían creído lo mismo que cierto oficial naval dijo cuando el *Titanic* se preparaba para levar anclas por primera vez: "Ni siquiera Dios puede hundir este barco". Babilonia era tan fuerte, formidable y aparentemente invencible que se jactaba diciendo: "estoy sentada como reina... y no veré llanto" (Ap. 18:7). El problema es que "en ella se halló la sangre de los profetas y de los santos, y de todos los que han sido muertos en la tierra" (Ap. 18:24), ¡y esa sangre clamaba por venganza!

La ciudad que era indestructible, la potencia que era "invencible" y las personas engreídas y porfiadas que se creían superiores son destruidos en una sola hora al vengar Jesús a su pueblo. "Sus pecados han llegado hasta el cielo, y Dios se ha acordado de sus maldades. Dadle a ella como ella os ha dado, y pagadle doble según sus obras;... será quemada con fuego; porque poderoso es Dios el Señor, que la juzga. ¡...en una hora ha sido desolada! Alégrate sobre ella, cielo, y vosotros, santos, apóstoles y profetas; porque Dios os ha hecho justicia en ella... y ha vengado la sangre de sus siervos de la mano de ella" (Ap. 18:5-6, 8, 19-20; 19:2b).

Dios lleva cuentas completas y meticulosas. Cuando tú eres tratado mal por otros, Él ve, a Él le importa, y Él hará justa venganza en su propio tiempo y a su propio modo.

Ni una sola alianza del mal...
    Sin importar cuán grande o pequeña...
    Sin importar cuán poderosa o débil...
    Sea en el pasado, presente o futuro...
Ninguna escapará de la venganza de nuestro Dios justo, santo y recto.

Un día, toda la rebelión será aplastada.
Todo lo torcido será enderezado y todo lo malo será corregido.
Todos los justos serán exaltados.
Un día,

"El que está sentado sobre el trono extenderá su tabernáculo sobre *ti*.
Ya no tendrás hambre ni sed,
y el sol no caerá más sobre *ti*,
ni calor alguno;
porque el Cordero que está en medio del trono
te pastoreará,
y *te* guiará a fuentes de agua de vida;
y Dios enjugará toda lágrima de *tus* ojos".
(Ap. 7:15-17, cursivas añadidas)

Un día, Jesucristo aparecerá en persona y te traerá un bienaventurado alivio de los que te atormentan, de los que con sus alianzas malignas te han hecho sufrir.

ENCUENTRA ESPERANZA AL SABER QUE JESUCRISTO APARECERÁ EN PERSONA

Mientras cae la ciudad de Babilonia que ha llegado a ser el foco de atención y actividad del mundo, el crujir de la destrucción y el griterío de los que mueren tendrá efecto en el mundo entero. No obstante, por encima del clamor ensordecedor de los lamentos y la vociferación a causa del esplendor de Babilonia que quedó reducido a una columna de humo, por encima del rumor producido por los homenajes del mundo a la ciudad capital que en una sola hora pasó de la gloria a la tumba, el apóstol Juan advierte la existencia de otro sonido.

Los santos se regocijan por la destrucción de los malos

El sonido que Juan escucha es el rugido triunfal de aprobación y alabanza que se emite desde el cielo por la destrucción del gran enemigo del pueblo de Dios. ¡Los cánticos de victoria en el cielo son más grandes y estrepitosos que las expresiones de blasfemia en la tierra!

Algunos que lean esto pensarán que es repulsivo porque piensan: "Esto no me gusta, ¡no me parece que sea justo! No creo que Dios esté en lo correcto al hacer esto". Pero recuerda: nuestro sentido de rectitud y justicia viene de Dios. De hecho, ¡el sentido más fuerte de justicia, equidad y rectitud que poseamos no es más que un reflejo del divino! Recuerda también que Dios la juzgará por la manera como trató a los suyos: "Dios os ha hecho justicia en ella" (Ap. 18:20*b*). Cuando Dios derrama su ira sobre la tierra, el universo entero se une en aprobación retumbante: "¡Aleluya! Salvación y honra y gloria y poder son del Señor Dios nuestro; porque sus juicios son verdaderos y justos" (Ap. 19:1*b*-2*a*). Dios, ¡Tú eres ecuánime! Dios, ¡Tú eres recto! Dios, ¡Tú eres justo!

La celebración de los santos debió parecerle a Juan como fuertes oleadas de gozo triunfante que se extendían por todo el universo.

"Después de esto oí una gran voz de gran multitud en el cielo, que decía: ¡Aleluya! Salvación y honra y gloria y poder son del Señor Dios nuestro; porque sus juicios son verdaderos y justos; pues ha juzgado a la gran ramera que ha corrompido a la tierra con su fornicación, y ha vengado la sangre de sus siervos de la mano de ella.

"Otra vez dijeron: ¡Aleluya! y el humo de ella sube por los siglos de los siglos. Y los veinticuatro ancianos y los cuatro seres vivientes se postraron en tierra y adoraron a Dios, que estaba sentado en el trono, y decían: ¡Amén! ¡Aleluya!

"Y salió del trono una voz que decía: Alabad a nuestro Dios todos sus siervos, y los que le teméis, así pequeños como grandes.

Y oí como la voz de una gran multitud, como el estruendo de muchas aguas, y como la voz de grandes truenos, que decía: ¡Aleluya, porque el Señor nuestro Dios Todopoderoso reina!" (Ap. 19:1-6)

Aun hoy, los santos se regocijan en la tierra por la destrucción de los malvados. Cuando escuchamos la noticia de que un zar de las drogas ha sido capturado, o un asesino en serie ha sido aprehendido, o un productor de pornografía está encarcelado, o un jefe de la mafia ha sido arrestado, nos alegramos. Apenas podemos imaginar cómo será cuando el mundo entero esté repleto de gente de esa calaña y estableciendo alianzas malignas entre ellos con el fin de masacrar al pueblo de Dios, ¡cuán grande será el regocijo en el cielo cuando los malos sean destruidos!

Los santos se regocijan por la celebración de la boda

Los santos no se van a regocijar solamente por la destrucción de los malvados, también celebrarán las bodas del Cordero y su esposa: "Gocémonos y alegrémonos y démosle gloria; porque han llegado las bodas del Cordero, y su esposa se ha preparado" (Ap. 19:7).

La esposa es cada persona, cada hombre y cada mujer que desde el tiempo de la crucifixión, resurrección y ascensión de Jesucristo, ha confesado su pecado, pedido su perdón, clamado la sangre de Jesucristo que hace expiación por los pecados, invitado a Cristo a entrar en su vida como Salvador y Señor, que por lo tanto es alguien en quien habita el Espíritu Santo del Dios vivo.

¡La esposa eres tú y soy yo!

Para que podamos entender un poco la profundidad de los sentimientos de Jesús hacia nosotros, pensemos en un joven adulto, quizás alguno de tus hijos, quien está buscando a aquella persona especial que será su compañero o compañera de por vida. Quizás puedes recordar cuando esperabas encontrar a tu cónyuge. Es algo maravilloso e indescriptible cuando se halla a esa persona única en todo el mundo y que esa persona te encuentre a ti. Nunca me sobrepondré al asombro de que entre todas las mujeres que Danny Lotz había tratado y frecuentado, ¡él me escogió a mí! Nadie lo obligó a entrar en la relación, y por cierto yo no tenía propiedades, posición o méritos que le atrajesen, él me escogió sencillamente porque me amó.

El apóstol Pablo dijo que el Señor Jesucristo de una forma similar buscó por todo el mundo, ¡y nos eligió a ti y a mí para pertenecerle como su esposa![32] No teníamos alguna cosa que le atrajese además de su amor por nosotros. Ese no es problema como algunas personas quisieran sugerir, *¡es una bienaventuranza!* ¡Qué privilegio tan supremo es el ser escogido como la esposa de Cristo! Todos los demás matrimonios, sin importar cuán sinceros, devotos y apasionados sean, no son más que una simple imagen de esta relación sublime.

Pablo dijo que Jesucristo me amó tanto, que se entregó por mí. ¡Él dio su vida por mí antes de que yo pronunciara mis votos de compromiso con Él! Pero cuando al fin dije mis votos de compromiso en el "altar de matrimonio" de la cruz, Él empezó a obrar en mi vida por medio de su Espíritu y su Palabra para hacerme santa y limpia de tal modo que en el día del banquete de bodas, para que pueda presentarme ante Él como una novia radiante, sin la mancha del pecado o la arruga de la culpa ni cualquier otra cosa vergonzosa.[33]

A pesar de eso, ¡sigo pecando! Aunque tengo la profunda certeza de que he sido lavada, limpiada y purificada por la sangre de Jesús, y estoy segura de que estoy creciendo en mi fe, y sé que mi relación personal con Cristo se desarrolla día tras día, ¡yo todavía peco! No peco porque quiera o de forma deliberada o premeditada, pero el hecho es que sí peco. A medida que mi fe crece con más fuerza, entre más me acerco a Jesús y aprendo a amarle y confiar solo en Él, más me desanimo, deprimo y fastidio con el pecado y el fracaso en mi vida, ¡el pecado me *enferma* y estoy harta del pecado! ¡*Mi* pecado!

¡Pero hay esperanza para mí! La Palabra de Dios promete: "que el que comenzó en [mí] la buena obra, la perfeccionará hasta el día de Jesucristo".[34] También, que "aún no se ha manifestado lo que [yo he] de ser; pero [yo sé] que cuando él se manifieste, [seré] semejante a Él, porque le [veré] tal como él es".[35] ¡*Alabado sea Dios!*

> Un día dejaré de luchar con el pecado.
> dejaré de ser inconstante en mi compromiso.
> dejaré de tropezar y caer.
> dejaré de fluctuar y fallar.
> dejaré de ser probada y tentada.
> ¡Un día esta novia va a estar lista!

Sí, hay esperanza para mí, y para ti también. "Todo aquel que tiene esta esperanza en él, se purifica a sí mismo, así como él es puro".[36] El deseo profundo de prepararnos y estar listos en cualquier momento para ser llevados al banquete de bodas del Cordero, no como un amigo de la familia, ni siquiera como un invitado de honor, sino como la esposa misma, ¡debería motivarnos a la pureza!

"... y su esposa se ha preparado" (Ap. 19:7*b*). ¿Qué estás haciendo tú para estar preparado? Si eres como son la mayoría de las novias, una de tus primeras consideraciones tendrá que ver con lo que vas a llevar puesto para la boda. Juan dijo que el vestido de bodas de la novia estaba hecho "de lino fino, limpio y resplandeciente... [que representa] las acciones justas de los santos" (Ap. 19:8). Si alguna vez has salido de compras para elegir un traje de bodas, sabes que existen muchos y diferentes estilos, calidades y precios. Si cada uno, como la esposa del Cordero, se vistiera con un traje hecho con sus propias acciones justas, ¿qué tipo de traje vas a terminar luciendo (o "desluciendo")? Me pregunto si nos gustaría vernos ese día como si apenas tuviéramos puesto un traje común y corriente, porque a pesar de que fuimos salvos estuvimos viviendo para nosotros mismos. Quizás otros llevarán atavíos de gala dignos de la abadía de Westminster, donde son coronados los reyes y reinas de Inglaterra, con profusión de lino y ornamentos espectaculares porque han vivido totalmente para Cristo.

Aunque no estoy segura de que este sea un escenario exacto, sería interesante ver quién lleva puesto qué. Me pregunto si algunos personajes cristianos célebres de nuestro tiempo y algunos de los "pilares" ilustres de la iglesia se presentarían con prendas modestas, mientras que alguna persona desconocida y relegada de un país lejano llegaría magníficamente vestida y arreglada.

También será interesante cuando nos sentemos en la mesa del banquete y miremos alrededor para fijarnos en algunas características de la esposa.

Negros, amarillos, trigueños, marrones y blancos...
Ricos y pobres...
Jóvenes y viejos...
Hombres y mujeres...
Sabios y simples...
Educados e ignorantes...
Fuertes y débiles...
Influyentes e ignorados...
De todos los grupos étnicos, idiomas, culturas, generaciones y naciones...

Los diversos rasgos serán como las múltiples facetas de una joya inestimable, ¡y esto hará brillar a la esposa en todo su esplendor cuando el Esposo refleje en ella su radiante belleza!

Cuando nos reunamos alrededor de la mesa, el ánimo y la atmósfera serán jubilosos. ¡Aleluya! ¡Aleluya! ¡Aleluya! ¡Aleluya! En cuatro oportunidades este coro de aleluya hará estruendo desde las bóvedas del cielo, haciendo eco a lo largo y ancho del universo. ¡Las bodas del Cordero son una ocasión de gozo insuperable! "¡Aleluya, porque el Señor nuestro Dios Todopoderoso reina!" (Ap. 19:6*b*). Si vamos a tener pleno acceso al gozo de ese momento en el futuro, necesitamos empezar a prepararnos para cuando llegue, desde ahora en el presente. ¡Prepárate para estar listo!

La visión de su gloria revela al final de todo, el gozo más grande que el mundo jamás ha conocido. Los santos se regocijan por la destrucción de los malvados. Los santos se regocijan en la celebración de las bodas. ¡Los santos se regocijan porque el Hijo vuelve!

Los santos se regocijan porque el Hijo regresa

¡Jesús vuelve! ¡Él vendrá un día y aparecerá en la tierra en persona, visiblemente y en victoria!

Juan mira, y con los mismos ojos con que había visto a Jesucristo vivo en la tierra durante su ministerio... Los mismos ojos que habían visto a Jesucristo crucificado, muerto y sepultado... Los mismos ojos que le habían visto levantado de entre los muertos y ascendido al cielo... Los mismos ojos que habían contemplado las incontables atrocidades cometidas en contra de quienes llevan su nombre en alto... Ahora esos mismos ojos ven el cielo que se abre para revelar la llegada visible y física de Jesucristo! ¡Él ha cumplido su palabra! Ha regresado para rescatar a su pueblo y gobernar al mundo: "Entonces vi el cielo abierto; y he aquí un caballo blanco, y el que lo montaba se llamaba Fiel y Verdadero, y con justicia juzga y pelea" (Ap. 19:11).

Él viene, y está enojado. "Sus ojos eran como llama de fuego" (Ap. 19:12*a*) porque está lleno de la ira de Dios contra todo el pecado, la maldad y la rebelión que se hace en su contra: "y había en su cabeza muchas diademas" (Ap. 19:12*b*). Estas diademas o coronas no son las que nos serán dadas a ti y a mí como recompensas por nuestro servicio; no son las coronas que pondremos a sus pies en adoración. ¡Estas son las coronas que los reyes de la tierra se atrevieron a llevar sobre sus cabezas! En su arrogancia y vanagloria, creyeron que podían regir al mundo sin someterse al Rey del universo, pero Él quitará las coronas de las cabezas de esos pretendientes al trono, y con pleno derecho las llevará Él mismo porque Él es el Rey de reyes y el Señor de señores.

La gente y los líderes del planeta tierra han estado maldiciendo y blasfemando su nombre, pero cuando Él regrese no se les permitirá ni siquiera *conocer* su nombre, ¡mucho menos pronunciarlo! Juan dijo: "y tenía un nombre escrito que ninguno conocía sino él mismo" (Ap. 19:12*c*). A partir de este momento y en adelante, ¡a los que no son suyos les resultará absolutamente imposible acercarse a Él!

"Estaba vestido de una ropa teñida en sangre" (Ap. 19:13*a*). La sangre que tiñe su manto no es suya, la sangre que vertió en la cruz. Tampoco es la sangre de los millones de mártires inmolados en su nombre y por amor de Él. Esa es la sangre de sus enemigos, y su aparición al final de todo fue descrita miles de años atrás por el profeta Isaías:

> ¿Por qué es rojo tu vestido,
> y tus ropas como del que ha pisado en lagar?

> He pisado yo solo el lagar,
> y de los pueblos nadie había conmigo;
> los pisé con mi ira, y los hollé con mi furor;
> y su sangre salpicó mis vestidos,
> y manché todas mis ropas.[37]

El manto del que fue despojado en la cruz, la túnica que fue groseramente rifada mientras Él moría clavado en el madero, ahora está empapada en la sangre de los que se atrevieron a levantar una mano contra Él y contra su pueblo. Lo que Juan ve es tan aterrador que no sé cómo hizo él para continuar mirando. Sin duda alguna nuestro temor de Dios también debería llevarnos a nuestras rodillas en arrepentimiento por todo el pecado, que en fin de cuentas es la causa de su ira.

"Y su nombre es: EL VERBO DE DIOS" (Ap. 19:13*b*). La Biblia, que la gente hasta el día de hoy niega, distorsiona, diluye, desafía, duda y desobedece, *¡es lo mismo que su nombre!* En tanto que la Biblia es la Palabra escrita de Dios y Jesucristo es la Palabra viva de Dios, las dos clases de Palabra constituyen revelaciones de Dios. Ah, cuán cuidadosos debemos ser con relación a nuestra actitud y nuestro manejo del libro que es ¡la Palabra de Dios! Él considera nuestra aceptación o rechazo de la Biblia como aceptación o rechazo de Él mismo. Jesucristo, el Rey de reyes y Señor de señores, está tan identificado con ella, ¡que es su mismo nombre!

Cuando aparece, Juan ve que no está solo: "Y los ejércitos celestiales, vestidos de lino finísimo, blanco y limpio, le seguían en caballos blancos" (Ap. 19:14). El ejército del cielo es la esposa de Cristo que ha salido del banquete de bodas, todos aún vestidos en sus atavíos nupciales para disponerse a participar en la gloria de su Esposo, ¡para gobernar y reinar con Él en la tierra![38]

La siguiente escena que Juan describe está casi por fuera de toda comprensión. Cuando el cielo se abre para revelar al Jinete que monta el caballo blanco y lleva puestas las coronas de los reyes de la tierra, con la sangre de sus enemigos y la espada aguda de su Palabra que sale de su boca "para herir con ella a las naciones" (Ap. 19:15*a*), no hay duda alguna con respecto a la intención que tiene. Está regresando para "pisar el lagar del vino del furor y de la ira del Dios Todopoderoso" (Ap. 19:15*b*). Regresa para vengar y rescatar a los suyos. Vuelve para destruir íntegramente todas las alianzas malignas, toda rebelión y maldad, así como todos los que se han puesto en contra de Dios, su verdad y su pueblo.

Tampoco queda duda alguna acerca de su identidad, pero en caso de que alguien no tenga certeza, Él tiene escrito en su vestidura y en su muslo uno de sus títulos:

Rey de reyes y Señor de señores

Luego Juan dice que vio, en un intento desesperado e inverosímil de retarle: "a la bestia, a los reyes de la tierra y a sus ejércitos, reunidos para guerrear contra el que montaba el caballo, y contra su ejército" (Ap. 19:19). ¿Cómo podría Aquel tan lleno de bondad y amor, quien es tan justo, verdadero y equitativo ser el objeto de un odio tan acérrimo y arraigado? ¿Cómo es posible que cada corazón de cada persona en el planeta tierra sea tan depravado y perverso que a pesar de haberse reunido para pelear entre ellos, ahora se unen con la última y gran alianza maligna para hacer guerra contra el Cordero? Conozco a individuos que tienen actitudes rebeldes y llenas de odio hacia Cristo, pero ¿todos los habitantes del mundo entero con los mismos sentimientos de odio? Es algo que reta la imaginación.

No obstante, Juan dice que lo vio con sus propios ojos. La gente que quede viva en la tierra levantará la mirada y todos verán a Jesús. Ellos sabrán que Él es el Cordero, el Mesías, el Hijo de Dios, ¡el Creador del universo! ¡Van a verle y saben quién es Él! ¡Saben que está regresando para regir al mundo! Pero sus corazones están tan endurecidos que en lugar de caer sobre sus rostros en arrepentimiento delante de Él, ¡se unen en una rebelión unánime contra él! La bestia y los reyes de la tierra se disponen a dirigir los ejércitos del mundo. Alinean sus tanques, apuntan sus misiles, preparan sus armas nucleares y ubican sus naves de guerra. ¡Todo para hacer guerra contra Aquel quien es el único Señor! ¡Contra Aquel quien es su Creador!

Mientras todo esto sucede en la tierra, ¿acaso hay temor en el cielo? ¿alguna razón para alarmarse? ¿será que el Rey y su ejército corren peligro? ¡No! ¡No! ¡No! ¡Mil veces *no*!

La mano misma de Dios baja a la tierra y atrapa a la bestia y al falso profeta, y los arroja a un lugar que muchas personas dicen hoy día que no existe. ¡Pero sí existe! Es un lugar preparado para todos los que han endurecido sus corazones en rebelión contra Cristo. Es "un lago de fuego que arde con azufre" (Ap. 19:20), y los primeros dos que entran a su tormento eterno son los que han atormentado al pueblo de Dios.

Tras la captura y destrucción de la bestia y el falso profeta, ¿se inicia alguna batalla? ¿Se libra alguna guerra? ¡No, no hay guerra en absoluto! El Rey no hace más que pronunciar una palabra, ¡y todos los que se le oponen caen muertos!" "Y los demás fueron muertos con la espada que salía de la boca del que montaba el caballo" (Ap. 19:21*a*), al mismo tiempo que toda alianza maligna es derrotada y destruida por la Palabra viva de Dios, ¡por Aquel quien es el Rey de reyes!

El 2 de junio de 1995, mientras piloteaba en una misión para la fuerza aérea de los Estados Unidos en cooperación con las Naciones Unidas, el capitán Scott O'Grady fue alcanzado por un misil de tierra-aire sobre territorio de Bosnia en Europa oriental. Apenas su avión explotó por debajo, él alcanzó a salir ileso con la eyección de su asiento. Mientras hacía el lento descenso a tierra en su paracaídas, fue sintiendo un terror cada vez mayor apenas vio gente abajo, incluyendo soldados enemigos que lo podían divisar y lo estaban esperando.

Se posó sobre un campo abierto y con prado corto, a cierta distancia de la multitud que se había reunido, así que aprovechó para deshacerse rápidamente de su paracaídas y correr a esconderse en una pequeña arboleda, donde se dejó caer con el rostro en tierra y tapándose los oídos con los guantes verdes que cubrían sus manos, para que ningún pedazo de piel descubierta atrajera la atención de algún rastreador. Pasados apenas cuatro minutos de su aterrizaje, el área estaba atestada de serbios que lo buscaban furiosamente.

Durante los siguientes seis días, el capitán O'Grady eludió a sus posibles captores permaneciendo inmóvil por completo durante el día con su rostro en el suelo, y desplazándose con mucha precaución solo de noche. Todos los que buscaban su rastro tenían pistolas y rifles, y muchas veces pasaron a escasos metros del lugar en que estaba escondido. Las vacas tranquilamente pastaban alrededor de su cuerpo mientras se mantenía tendido bajo los arbustos. Sobrevivió comiendo insectos, hojas y pasto, y bebiendo la escasa lluvia que caía y el rocío que podía recolectar. Sus días y noches estaban llenos de terror ante su posible captura por parte del enemigo.

Escucha su propio testimonio: "Oré a Dios y le pedí muchas cosas, y él me las concedió todo el tiempo. Cuando oré pidiendo lluvia, él me dio lluvia. Una vez oré: 'Señor, haz que por lo menos alguien sepa que estoy vivo y ojalá venga a rescatarme'. Adivinen qué. Esa misma noche T. O. [piloto de la fuerza aérea Thomas O. Hanford] me escuchó por la radio".[39]

El sexto día a las 2:08 de la mañana, él se sentía hambriento, solo, con frío y con temor de ser el objetivo militar del enemigo en una búsqueda intensiva por tierra. Fue en ese momento, después de una semana de numerosos intentos fallidos, que hizo contacto por radio con un avión de los Estados Unidos que a su vez le transmitió su mensaje y ubicación al equipo de rescate. Cuando disparó una luz de bengala amarilla a las 6:35 de la mañana a fin de que los helicópteros de rescate pudieran determinar su localización, de un momento a otro el valle quedó cubierto por neblina y la gente de los alrededores no se dio cuenta de lo que estaba sucediendo encima de ellos. Cuando los helicópteros empezaron a descender, el capitán O'Grady corrió por su vida hacia ellos.

Tras luchar para atravesar el umbral de uno de los helicópteros que le esperaban, su pecho estaba henchido, él lloraba de la emoción y no dejaba de decir: "Gracias, gracias, gracias".

¡El capitán Scott O'Grady estaba emocionado por haber sido rescatado de territorio enemigo!

Pero esta clase de emoción es apenas una sombra de la exaltación que los cristianos de todo el mundo van a experimentar un día al final de la gran tribulación. Tras mucho más que seis días, siete años de permanecer con hambre, frío y soledad bajo la amenaza de una sociedad dominada por el anticristo que se ha dispuesto a cazarlos por todos los medios, y tras años de estar orando por liberación y viviendo en territorio enemigo, ¡el cielo se abrirá para revelar a su equipo de rescate, dirigido por Aquel quien es el único fiel y verdadero!

De no ser por la visión de su gloria, nuestros sentimientos atribulados causados por las alianzas del mal irían en aumento crítico e insoportable hasta ese día, porque el mundo se hará cada vez más cruel y hostil contra Cristo y su pueblo. Pero la visión de su gloria nos da esperanza porque revela que un día Jesucristo afirmará su poder. Un día, Jesucristo vengará a su pueblo. Un día, Jesucristo aparecerá en persona para rescatar, para gobernar y para reinar sobre esta tierra. Un día, ¡oh, glorioso día! Jesucristo vendrá ¡tal como Él dijo que lo haría!

Esperanza cuando estás derrotado...

9. Por la vida

10. Por la muerte

Y la esperanza no avergüenza; porque el amor de Dios ha sido derramado en nuestros corazones por el Espíritu Santo que nos fue dado.

Romanos 5:5

9
Esperanza cuando estás derrotado por la vida

Apocalipsis 20:1-15

L a siguiente carta fue enviada a un líder cristiano en Croacia por un antiguo musulmán quien había llegado a Cristo y ahora es pastor de una pequeña iglesia en Sarajevo, ciudad devastada por una cruenta guerra. Un misionero la tradujo al inglés y yo la he dejado tal como fue escrita, con su puntuación original y todo lo demás. Nos revela a una persona que habría sido totalmente derrotada por la vida, de no haber sido por su esperanza en Cristo.

Querido y respetado hermano:
Quisiera informarle que ayer domingo tuvimos cultos en nuestra querida iglesia. En el primer culto estuvimos ocho, todos nosotros cristianos nuevos... Estoy preocupado porque no sé cómo vamos a sobrevivir este tercer invierno glacial. ¡Estamos sin ropa y calzado! Nuestros armarios están desocupados, no hay electricidad ni agua. ¡Que Dios nos ayude! Mi deseo es vivir una vida normal durante un solo mes, comer hasta quedar saciado, bañarme, tan solo una vez sentirme humano. Esto no es más que un sueño mío. Aquí otra vez se volvió peligroso caminar en la ciudad porque hay tiroteos en

todas partes. Nuestra gente se está muriendo. Cada vez que salgo del apartamento no estoy seguro si voy a regresar. Oro a Dios para que nos proteja y nos guarde de todo mal. Solo nuestro Dios puede ayudarnos.

Mi querido hermano, para mí el gozo más grande es que nuestra fe en Jesús puede crecer y que la gente se está salvando y volviéndose al Señor. Estas son grandes riquezas y todo lo demás pierde importancia y es pasajero. Mi vida es Cristo. ¡Que Cristo viva en mí! Amén y cien veces amén. Mis lágrimas que ahora caen mientras escribo esta carta son de gozo, porque sé que Cristo vive en mí. ¡Oh, gracias Dios por tu gozo, porque te adoro y soy tu siervo obediente y mi fe me susurra al oído que sí puedo llamarte mi Padre! Querido amigo mío, oro a Dios por ti y por tu congregación. Que la paz y el amor te guíen...

Para terminar me gustaría pedirte si es posible para ti salvarnos de morir congelados este invierno...

Muchos saludos en Cristo te doy...

Al mismo tiempo que nuestros corazones se conmueven llenos de tristeza y compasión por la sinceridad, convicción y elocuencia de este hermano cristiano cuando describe la falta absoluta de razones para tener esperanza en su vida diaria, ¡también nos regocijamos! ¡Alabado sea Dios! *Sí existe una esperanza real* para los que han sido derrotados por la vida. Un día, la gloria de Cristo dejará de ser una visión nada más. Un día este querido pastor, y también tú y yo, ¡veremos y experimentaremos la gloria de Cristo!

ENCUENTRA ESPERANZA AL SABER QUE VAMOS A EXPERIMENTAR LA GLORIA DE CRISTO

Sin duda el suelo seguía retumbado y el humo de la batalla de Armagedón apenas se estaba desvaneciendo cuando Juan vio cómo Satanás era atado y luego lanzado al abismo, donde quedó encadenado y sellado por mil años. Durante mil años, Jesucristo hace su segunda entrada en la historia humana con su presencia física para gobernar y reinar sobre el planeta tierra sin la presencia, el poder y la influencia malignas de Satanás. Además regirá al mundo como Dios siempre quiso que el mundo fuera regido, ¡en perfección de justicia, rectitud, gracia, paz y amor! Juan nos ofrece su relato como testigo ocular de ello:

Esperanza cuando estás derrotado por la vida 217

"Vi a un ángel que descendía del cielo, con la llave del abismo, y una gran cadena en la mano. Y prendió al dragón, la serpiente antigua, que es el diablo y Satanás, y lo ató por mil años; y lo arrojó al abismo, y lo encerró, y puso su sello sobre él, para que no engañase más a las naciones, hasta que fuesen cumplidos mil años; y después de esto debe ser desatado por un poco de tiempo.

"Y vi tronos, y se sentaron sobre ellos los que recibieron facultad de juzgar; y vi las almas de los decapitados por causa del testimonio de Jesús y por la palabra de Dios, los que no habían adorado a la bestia ni a su imagen, y que no recibieron la marca en sus frentes ni en sus manos; y vivieron y reinaron con Cristo mil años. Pero los otros muertos no volvieron a vivir hasta que se cumplieron mil años. Esta es la primera resurrección. Bienaventurado y santo el que tiene parte en la primera resurrección; la segunda muerte no tiene potestad sobre éstos, sino que serán sacerdotes de Dios y de Cristo, y reinarán con él mil años" (Ap. 20:1-6).

¿Quién puede imaginar lo que será vivir en el planeta tierra con Jesucristo como el monarca y gobernador visible de todo el mundo? Esta lista nos da una idea mínima de lo diferente que va a ser en comparación con el estado actual del mundo:

No más temor...
No más deshonestidad,
No más tratos en secreto,
No más expropiaciones de tierra ni embargos para sobreseimiento de préstamos,
No más servidumbre al dinero y las grandes corporaciones,
No más crisis inflacionarias y déficits multimillonarios...
No más contratos con "letra menuda",
No más operaciones clandestinas,
No más crimen organizado y de hecho, ¡ningún crimen en absoluto!
No más desobediencia civil,
No más tumultos,
No más acoso sexual en el sitio de trabajo,
No más prejuicio racial,
No más discriminación por cualquier razón,
No más "limpieza étnica",
No más guerras civiles,

¡No más guerras en absoluto!
No más gente sin hogar,
No más mendigos,
No más pobres,
No más hambre,
¡No más pastores desnudos, hambrientos y descalzos en Bosnia o en cualquier parte!

Nuestra imaginación podría seguir indefinidamente con esa lista, aparte de las implicaciones que tiene el hecho de que quienes han sufrido a causa de su identificación con Jesucristo, ¡reinarán con Él! Este grupo élite de regentes con honores divinos estará compuesto por los que fueron "arrebatados", los que fueron levantados de entre los muertos en el momento del arrepentimiento, y los que habían llegado a la fe y sido martirizados durante la gran tribulación para después ser vueltos a la vida al comienzo del reino milenario de Cristo. En otras palabras, ¡tú y yo vamos a estar entre los que recibirán autoridad para juzgar!

Experimenta su gloria a través del servicio

Es posible que la posición de autoridad que nos va a ser dada durante el reino milenario de Cristo quedará determinada por nuestra fidelidad previa en el servicio que tuvimos en la tierra. Jesús se refirió a esta posibilidad en una parábola cuando dijo: "Bien, buen siervo y fiel; sobre poco has sido fiel, sobre mucho te pondré".[1]

En toda la Biblia somos animados y exhortados, y también se nos manda y compele a ser fieles en la vida y en el servicio. Jesús dijo en reiteradas ocasiones que debemos "hacer nuestra justicia" en secreto, de tal modo que después nuestro Padre: "que ve en lo secreto" todo lo que hemos hecho, nos recompense.[2]

Siempre se esperó de mis hijos que hicieran su parte en el trabajo de la casa mientras estaban creciendo, pero en aquellas ocasiones cuando me proponía realizar una limpieza más profunda, con el fin de motivarlos a lavar ventanas o arreglar armarios y alacenas, o lustrar muebles y brillar los cubiertos, les ofrecía una recompensa en efectivo. Era sorprendente ver la diferencia que hacía la promesa de una recompensa, ¡no solamente en su actitud sino en la calidad de su trabajo! Tenían mucho más agrado en su actitud y mucha más pulcritud y reparo en la realización de los oficios.

Lo mismo es cierto en la vida cristiana. La promesa de una recompensa añade un sincero entusiasmo a nuestra actitud y una energía prístina a nuestro trabajo. Cambia nuestra motivación de un "*Tengo* que hacer esto" a un "*Quiero* hacer esto". Puede ser la recompensa de ver el agrado de Dios lo que nos motiva, o la recompensa de una corona que podamos poner a sus pies, o quizás la recompensa de una posición de autoridad en su reino terrenal. Si la posición de autoridad que tú y yo vamos a recibir un día es proporcional a nuestra fidelidad en el servicio a nuestro Señor en la actualidad, ¿cuánta responsabilidad vas a tener durante su reino futuro en la tierra?

Descubro que, a medida que crece mi amor por el Señor Jesucristo, también crece mi deseo de servirle. No me contento con un servicio mínimo o de medio tiempo, quiero servirle total y efectivamente. Quiero tener afectar para Cristo al mayor número de personas que pueda. Quiero sentir que mi servicio influye y que en realidad cuenta para la eternidad. ¡Quiero que el universo entero un día le aplauda y exalte a Él por lo que va a verse en y a través de mi vida! Si siento esto así de fuerte ahora que estoy viviendo por fe, ¡apenas puedo imaginar la intensidad de mi deseo cuando le vea cara a cara! Parte de mi motivación para ser fiel ahora en "lo poco" es la recompensa de tener responsabilidad sobre cosas más grandes en el futuro.

Sin importar cuál sea el alcance de la autoridad que recibamos, cada uno tendrá una posición de servicio. ¡Vamos a ser partícipes de su gloria cuando estemos sirviendo al Rey de reyes y Señor de señores!

Experimenta su gloria a través de la serenidad

Al participar de su gloria con nuestro servicio, la tierra entera también experimentará una serenidad que solo Él puede traer. Isaías la describió en términos de un reino lleno de paz donde "morará el lobo con el cordero, y el leopardo con el cabrito se acostará; el becerro y el león y la bestia doméstica andarán juntos, y un niño los pastoreará".[3] Será un tiempo en que la gente va a estar en paz con Dios, en paz los unos con los otros, ¡y hasta en paz con el ambiente!

No habrá más pobreza, ni prisiones, ni hospitales ni guerra.

No habrá más pabellones psiquiátricos ni edificios militares ni bares ni orfanatos ni tribunales para el divorcio.

No habrá más hogares de ancianos, ni casas de reposo para lunáticos, ni institutos para ayudar a las personas a adaptarse de nuevo a la vida en sociedad, ni casas de mala reputación.

No habrá más centros de desintoxicación, no más clínicas para rehabilitación de drogadictos ni establecimientos para la realización de abortos. No habrá más SIDA ni cáncer, ni enfermedades cardíacas o venéreas, ni síndromes de ninguna clase, ni artritis ni diabetes. No habrá más contaminación, no más crimen, no más tugurios ni basura en las calles.

Experimenta su gloria a través de la satisfacción

Cuando experimentemos serenidad y dicha a nivel mundial, también vamos a experimentar una profunda satisfacción. "Bienaventurado... el que tiene parte [en todo esto]" (Ap. 20:6). La palabra *bienaventurado* significa estar tan profundamente satisfecho que es imposible estar más satisfecho.

¿Cuál ha sido el momento más satisfactorio en tu vida? ¿Cuando firmaste un contrato que aseguró tu futuro económico? ¿Cuando vendiste una casa que todos decían que nunca podrías vender? ¿Cuando anotaste el punto ganador para tu equipo en el partido del campeonato? ¿Cuando tu hijo nació? ¿Cuando tu donación hizo posible que un niño incapacitado caminara? ¿Cuando tus cuidados hicieron que una persona enferma mejorara o que alguien triste se alegrara? ¿Cuando subiste caminando una alta montaña y llegaste hasta la cima?

Cuando Juan dijo que seremos bienaventurados al experimentar la gloria de Cristo en su reino terrenal, es como si el momento más satisfactorio de nuestra vida fuera capturada y se convirtiera en el estado mental eterno de cada persona que vive en el mundo.

Cuando estemos sirviendo al Señor en serenidad dichosa y con profunda satisfacción, experimentando su gloria en la tierra, empezaremos a reflejarle en nuestra vida, así como los "cuatro seres vivientes" de Apocalipsis 4 le reflejaban.

Experimenta su gloria a través de la santificación

Además de nuestra experiencia de la gloria de Dios a través del servicio, la serenidad y la satisfacción durante este período de mil años, todos los que estén viviendo en el mundo también serán santificados por la experiencia misma: "...y santo el que tiene parte [en todo esto]" (Ap. 20:6). Ser santo equivale a estar separado del pecado, ser como Jesús, apartado del pecado para Dios con un propósito único. El diablo estará encadenado y no habrá más tentaciones, ni más lucha con el pecado y nuestra vieja naturaleza.

Anhelo ver el día en que mire a Jesús ¡y todos van a ser semejantes a Él!⁴

Anhelo ver el día en que voy a dejar de estar en la minoría como creyente...

Anhelo ver el día en que lo que creo es lo que todo el mundo cree...

Anhelo ver el día en que ya no tendré que soportar la dolorosa separación de amigos y seres queridos que parten del mundo.

Anhelo ver el día en que todos estarán unánimes y se apoyarán, animarán, amarán y entenderán entre todos.

Anhelo ver el día en que no habrá más criticones, perseguidores, chismosos y mentirosos.

¡*Anhelo ver el día* en que el mundo entero estará lleno de su gloria y todas las personas con vida serán santos como Él es santo!

Tenemos el mandato de ser santos;⁵ ahora estamos creciendo en santidad,⁶ ¡pero un día todos vamos a ser santos! ¡Dios va a completar lo que Él ha empezado a hacer en tu vida y la mía!⁷

Experimenta su gloria en seguridad

Al vivir en una atmósfera de tal piedad, rodeados por gente tan piadosa y dedicados a un servicio tan piadoso, ¡estaremos absolutamente seguros! Juan dijo: "Bienaventurado y santo el que tiene parte en la primera resurrección.⁸ La segunda muerte no tiene potestad sobre éstos, sino que serán sacerdotes de Dios y de Cristo, y reinarán con él mil años".

¿Alguna vez has quedado paralizado de temor? Me considero una persona bastante fuerte y no dada fácilmente al temor, pero cuando los ladrones entraron a nuestra casa, durante algunos meses me mantuve aterrorizada por ruidos extraños dentro de la casa o gente extraña que se acercaba a la puerta. Tenía miedo de que esas personas malas regresaran para llevarse no solamente el resto de mis cosas, ¡sino a mis hijos!

También recuerdo sentirme paralizada por el temor cuando fui a visitar a un asesino condenado por homicidio a la pena capital en la prisión de máxima seguridad de nuestro estado. Me atemorizaban tanto las cercas con alambre de púa, los guardias y sus armas, las pesadas puertas y el ruido de los candados, que cuando traté de firmar la hoja de entrada frente al guardia, no pude escribir mi nombre. A duras penas hice una línea arqueada con la tinta de la pluma.

¿De qué tienes miedo? Tanto en la prisión como después del robo, me sentí atemorizada por el mal. Con miedo del poder del pecado y la maldad, y del sufrimiento que traen como resultado. En otras ocasiones me he sentido asustada de verdad, como cuando estuve a punto de morir en una autopista o perder un hijo en una feria estatal. Tengo miedo de perder todo el control de la situación y estar bajo el control de la violencia, como es el caso en un accidente aéreo o automovilístico. Tengo miedo del diablo y de la actividad demoniaca.

Aunque la segunda muerte que Juan describe equivale al infierno y la separación eterna de Dios, también representa los temores más grandes que tenemos en nuestra vida presente. El día en que experimentemos la gloria de Cristo cuando estemos reinando con Él sobre la tierra, no habrá miedo alguno de la maldad, del diablo, de los demonios, de morir, de la muerte, ni del juicio y el infierno. ¿Lo puedes imaginar? No habrá temor. Punto. ¡Estaremos absolutamente seguros!

¡Alabado sea Dios! La visión de su gloria revela esperanza para los que son derrotados por la vida. Vamos a experimentar la gloria de Jesucristo, ¡incluso al exaltarle en su victoria!

ENCUENTRA ESPERANZA AL SABER QUE SEREMOS EXALTADOS EN LA VICTORIA DE CRISTO

Durante mil años, el mundo estará libre por completo de las tentaciones, acusaciones, manipulaciones, engaños, distorsiones y mentiras de Satanás. Ese que es llamado Lucero, hijo de la mañana, el gran blasfemo, el homicida desde el principio, el padre de mentiras, el ángel de luz, el león rugiente y devorador, el malo, el perverso, el dragón, la serpiente, Satanás mismo será atado y aprisionado durante mil años.

¿Por qué? ¿Acaso eso le dará tiempo para reflexionar en su pecado y rebelión contra Dios? ¿Tiempo incluso para arrepentirse? ¿Esta es una evidencia de la paciencia y la pausa que Dios ejerce en el juicio? ¿Satanás podría salir de su encierro cuando terminen los mil años, caer postrado ante Cristo e invocar la cruz como base para el perdón de sus pecados? ¿Estaría Dios dispuesto en su misericordia y gracia infinitas, a extender su perdón y reconciliación a Satanás?

Nunca lo sabremos por la sencilla razón de que esa no es la reacción que Satanás tiene cuando es soltado de la prisión. Él no utiliza la pausa como un tiempo para reflexionar y arrepentirse, ¡es obvio que usa todo ese tiempo para tramar su venganza! No solamente está furioso, ¡quiere desquitarse!

Exaltados en su victoria sobre el engaño

Al final del encierro de mil años de Satanás que coincide con el tiempo del reino de mil años de Cristo sobre la tierra (llamado el milenio), Satanás será soltado para salir a engañar a quienes están en la tierra por última vez. Dios utiliza a Satanás una vez más para revelar que el corazón humano es irremediablemente perverso, incapaz de reformarse o rehacerse por sí mismo. Si pudiera rehacerse, tendría que ser bajo el reino milenario de Jesucristo, pero nada será suficiente a excepción de un corazón renovado que ha sido creado de nuevo a imagen de Cristo. Jesús hizo un claro énfasis en la única solución: "Os es necesario nacer de nuevo"[9]

Al final del período de mil años, la tierra estará habitada por los creyentes que fueron arrebatados, los creyentes que habían muerto y fueron resucitados en el arrebatamiento, y los que habían llegado a la fe en Cristo durante la gran tribulación y sido martirizados y luego vivificados con el regreso de Cristo. Cada persona resucitada entrará al milenio en su cuerpo resucitado y obviamente no morirá. Los que lleguen a la fe durante la gran tribulación y de alguna forma milagrosa sobrevivan, entrarán al milenio en sus cuerpos naturales. La población también incluirá a los descendientes de estos sobrevivientes.

Son estos descendientes que conformarán la mayor parte de la población al final del milenio, a quienes Satanás dirigirá toda su atención tan pronto sea soltado.[10]

Cuando se cumplan los mil años de la era milenaria de Cristo, Satanás "saldrá a engañar a las naciones que están en los cuatro ángulos de la tierra... el número de los cuales es como la arena del mar" (Ap. 20:8). ¿Cómo será posible que quienes han vivido bajo el reino perfecto, justo, ecuánime y compasivo de Cristo en la tierra se dejen engañar para rebelarse contra Él? Es algo que reta la imaginación. Sin lugar a dudas, ¡esos descendientes de creyentes han creído en Jesús porque Él ha sido el gobernador visible y físico del mundo entero durante mil años!

¿Acaso la rebelión fue posible porque los padres no transmitieron a sus hijos que les era necesario tener una relación personal con Jesucristo? ¿Será que estos descendientes se sometieron a la autoridad de Cristo por la única razón de que nunca fueron tentados a hacer lo contrario? ¿Quizás estos descendientes adoran a Cristo y trabajan para Cristo solamente porque todos los demás hacen lo mismo y no existe la oportunidad de elegir una alternativa?

Sin importar cómo suceda, en algún momento la adoración a Cristo se convierte en un ritual, el trabajo para Cristo se convierte en una ocupación, la obediencia a Cristo se convierte en una ortodoxia, el estilo de vida santa se convierte en una cultura, y la relación personal con Cristo se convierte en una religión. La mayor parte de la población del planeta tierra va a realizar mecánicamente las funciones externas del culto y el servicio a Cristo. Él estará en sus labios, ¡pero sus corazones estarán lejos de Él![11]

Cuando mi hermano Franklin era pequeño, nos mantenía a todos pendientes de él. El libro de James Dobson titulado *El niño con voluntad fuerte*, ¡perfectamente pudo haber sido su biografía! Una mañana cuando mi madre nos llamó a todos a la mesa para el desayuno, Franklin se negó. Mi madre repitió su invitación, que ahora se había convertido en una orden: "Franklin, siéntate". Otra vez él rehusó enfáticamente: "No, ¡no quiero!" En ese punto mi madre empezó a contar hasta tres. Todos sabíamos lo que eso significaba. Si llegaba a tres y Franklin no había obedecido, ¡juicio caería sobre él! Ella empezó: "Franklin, uno, dos, tr..." Él se sentó rápidamente y después le dio una mirada desafiante y dijo: "Puede ser que me haya sentado por fueran, ¡pero por dentro sigo parado!" Su actitud, como la que tendrán los descendientes durante el milenio, era de rebelión empedernida e impenitente.

Al final del milenio, los descendientes de los extraordinarios hombres y mujeres de fe que hayan sobrevivido la gran tribulación (incluyendo, supongo, algunos descendientes de los 144.000 evangelistas judíos) albergarán una actitud interna de rebelión contumaz. ¡Van a estar "sentados por fuera pero parados por dentro"! y Satanás conoce esto a la perfección.

¿Le has dado ventaja a Satanás en tu vida por la misma razón? ¿Estás sentado exteriormente, aparentando ser un "buen cristiano", pero en tu interior estás oponiendo resistencia a la autoridad de Cristo en algún área de tu vida? El área en sí puede ser pequeña o grande, eso no hace diferencia. Puede ser que tus padres o abuelos hayan sido hombres y mujeres de una fe extraordinaria. Puede ser que hayas crecido en el hogar de un misionero o evangelista u otro obrero cristiano de tiempo completo. No cambia las cosas. Resistirte al señorío de Cristo es algo que te hace totalmente vulnerable al ataque de Satanás.

En este punto, los descendientes de los sobrevivientes de la gran tribulación no habrán experimentado jamás la tentación en sus vidas. Nunca antes han tenido la oportunidad de ejercer su voluntad para escoger entre lo correcto y lo incorrecto, entre lo bueno y lo malo o entre amor y odio, porque nunca en sus vidas han sido expuestos a alguna cosa errónea, malévola o aborrecible.

¡Trata de imaginar lo vulnerables que serán estos descendientes a los engaños de Satanás! ¿En qué consistirá el engaño? De alguna manera, Satanás los convencerá diciendo: "¡Vivir bajo el señorío de Cristo es malo para ustedes! Someterse a la autoridad de Cristo enclaustra sus personalidades limita todo su potencial. Rendirse a su voluntad no es tan bueno para ustedes como vivir de acuerdo a la propia voluntad de ustedes, ¡la libertad y la diversión reales pueden experimentarse solo cuando ustedes viven por sí mismos!" De alguna forma, ¡Satanás engañará prácticamente a todos los habitantes del mundo haciéndoles creer que les podría ir mucho mejor si Jesucristo no fuera su Señor y Rey!

El gran engañador está utilizando la misma táctica hoy día como lo hará en ese entonces. ¿Acaso ha tratado de convencerte con este mismo engaño? ¡Ten cuidado! En el momento en que eres salvo, el padre de mentira peleará con garras y dientes para evitar que te sometas a la autoridad de Cristo, y tratará de engañarte para que creas que de algún modo el señorío de Cristo hace tu vida infeliz o menos feliz de lo que podría ser, ¡cuando en realidad lo cierto es todo lo contrario! Vivir bajo la autoridad de Cristo es el único modo en que podemos experimentar la plenitud de su bendición.

Exaltados en su victoria sobre los engañados

Trágicamente, al final del milenio la gente en el planeta tierra se dejará engañar a tal punto que repudiarán la autoridad de Cristo y se acogerán a la autoridad de Satanás. Su rebelión destruye por completo la teoría de que si uno pudiera crear las condiciones perfectas en el mundo perfecto, tendría también gente perfecta. También destruye la teoría de que el crimen, la depresión y la deshonestidad son el resultado del ambiente en que vivimos, y además demuestra la falacia de creer que si tan solo pudiésemos establecer un nuevo orden mundial con oportunidades educativas para todos, con suficiente dinero para que todos vivieran cómodamente, con comida abundante y vivienda para todos, donde la paz y el amor fueran supremos y la justicia y la verdad prevalecieran para grandes y pequeños,... ¡entonces la gente sería perfectamente feliz, buena y plenamente satisfecha! La rebelión que tiene lugar al final del milenio prueba todo lo contrario.

Esta rebelión debería servir como una advertencia para ti y para mí.

Si afirmamos estar bajo el señorío de Cristo y por ende nos sentimos a salvo de todo ataque satánico, convencidos de que somos tan "maduros" en nuestra fe y relación con Cristo que nunca estaríamos dispuestos a rebelarnos, ¡necesitamos tener mucho cuidado! Si los que vivirán bajo el señorío de Cristo durante mil años serán capaces de rebelarse pertinazmente contra Él, tú y yo también estamos en capacidad de tener una rebelión en contra de su señorío.

¿Por qué es esto así? Porque, de acuerdo a la enseñanza de Jeremías: "Engañoso es el corazón [del ser humano] más que todas las cosas, y perverso; ¿quién lo conocerá?"[12] Cada persona que nace dentro de la raza humana ayer, hoy, mañana o al final del milenio, nace con la semilla de pecado en su corazón. Es cuestión de tiempo y de oportunidad para que la semilla brote y produzca el fruto de la rebelión contra Dios y contra Cristo.

La mayoría de los descendientes humanos durante el milenio se van a dejar engañar por Satanás. Marcharán a Jerusalén, lugar desde el cual Jesucristo gobierna el mundo, con la aparente intención de derrocar a Aquel quien es el único Señor de señores y Rey de reyes, ¡qué orgullo! ¡Qué arrogancia! ¡Qué presunción! ¡Qué pecado! ¡Qué engaño más perverso pensar que podrían desafiar la autoridad de Cristo y salirse con las suyas! Pero no se van a salir con las suyas: "Y de Dios descendió fuego del cielo, y los consumió" (Ap. 20:9*b*).

No hay discusión ni debate, ni audiencia ni juicio, ni tratado ni términos de rendición. ¡No hay más que destrucción y juicio inmediatos!

Desde el jardín de Edén, la rebelión contra la autoridad de Cristo siempre ha empezado con el engaño del diablo y siempre termina en destrucción. Pero esta única vez, ¡también termina con la destrucción del diablo mismo!

Exaltados en su victoria sobre el engañador

"Y el diablo que los engañaba fue lanzado en el lago de fuego y azufre, donde estaban la bestia y el falso profeta; y serán atormentados día y noche por los siglos de los siglos" (Ap. 20:10).

Casi puedo escuchar el suspiro de alivio y el grito de victoria que surge del pueblo de Dios cuando Satanás desaparece en el infierno de azufre, ¡el diablo es destruido! ¡Para siempre! ¡Alabado sea Dios! ¡Oh, que el día de su destrucción se apresure en llegar!

Una vez pasé por una pequeña iglesia de campo con este aviso a la entrada: "Cuando el diablo trate de recordarte tu pasado, ¡tan solo recuérdale su futuro!" Esa pequeña congregación de creyentes ya estaba celebrando con exaltación la victoria venidera. Entendieron que el diablo es usado por Dios para sus propios propósitos, pero solo temporalmente. Sus días están contados y le queda poco tiempo. La visión de la gloria de Jesucristo da esperanza a quienes son derrotados por la vida puesto que nos revela que cuando todo se haya dicho y hecho, ¡la victoria será nuestra! ¡Un día vamos a ser partícipes de la gloria de Cristo! ¡Un día nos exaltaremos en la victoria de Cristo! ¡Un día escaparemos del castigo de Cristo!

✧ ENCUENTRA ESPERANZA AL SABER QUE ESCAPAREMOS DEL CASTIGO DE CRISTO

Hablando en términos generales, hoy día la sociedad parece estar convencida de que no existe un castigo final por el pecado. Esto parece lógico dado que la sociedad también dice estar convencida de que no existe una cosa que se llama pecado. Han reducido *el* Dios verdadero a *un* dios dentro de nosotros mismos, o en las rocas, en los árboles, o en cristales, el cual puede ser llamado con cualquier nombre que se les antoje darle. Muchas de estas personas han acogido el concepto de una evolución mecánica y materialista, y esto al llegar a su conclusión lógica enseña que todos somos un error arbitrario, un gran accidente cósmico, que por eso nuestra vida no cuenta para nada y que carecemos de razón para existir, que no existe un Creador a quien debemos rendir cuentas, ¡que en fin de cuentas todos vamos a desaparecer y se acabó todo!

Incluso los que piensan que hay algo "allá afuera" después de la muerte, se han dejado trastornar y desviar por las historias de los que dicen que han muerto y han regresado de los muertos para contar su experiencia. Por lo general relatan que cuando murieron fueron envueltos por una luz cálida y brillante. Dicen que sintieron una paz y amor intensos. En otras palabras están diciendo: "Relájate. La muerte no es algo a lo que se deba temer. No existen juicios o castigos venideros. No hay que rendir cuentas por lo hecho en la vida terrenal. No hay un infierno. ¡Solamente afecto, luz, amor y paz!" De hecho, algunas de las películas más populares en la actualidad tienen como tema que ciertas personas mueren y luego "regresan" para poder continuar con sus relaciones personales o realizar algún tipo de trabajo en una experiencia extra-corporal, ¡o incluso para jugar béisbol!

Pero la Biblia dice: "Está establecido para los hombres que mueran una sola vez, y después de esto el juicio".[13] Sin importar qué otra cosa sea en realidad, la experiencia de muerte de estas personas llena de luces brillantes y regreso a la vida no es verdadera, por lo menos en las implicaciones que tiene. Parece que el mayor experto en engaños que existe metió la mano en su bolsa de trucos y les ha dado a los rebeldes algún sentido falso de seguridad.

El lugar del juicio

Sabemos que habrá un juicio final, Juan dijo que vio el lugar y lo describe en términos sencillos pero aterradores: "Y vi un gran trono blanco" (Ap. 20:11*a*). No había señal de la cruz, o del Cordero, o de la forma humana del Hijo del Hombre o de un arco iris alrededor del trono, o de miles de millones de ángeles ni veinticuatro ancianos, ni cuatro seres vivientes, ni la esposa. Solamente se veía el resplandor enceguecedor de la pureza y la santidad que llenaba el gran trono blanco, ¡el lugar para la ejecución del juicio final!

La presencia del Juez

Cuando Juan se enfocó en el trono, dijo que vio la presencia del juez: "Y vi... al que estaba sentado en él, de delante del cual huyeron la tierra y el cielo, y ningún lugar se encontró para ellos" (Ap. 20:11*b*). ¡Alguien estaba sentado en el trono! ¡Alguien cuya presencia era tan irresistible que el cielo y la tierra desaparecieron delante de Él! Su nombre no fue dado porque es inaccesible. No se presentan detalles familiares sobre el juez, y sin embargo sabemos quién es Él. "Porque el Padre a nadie juzga, sino que todo el juicio dio al Hijo".[14]

Aquel quien fue llevado por los hombres a su corte y sometido a juicio.

Aquel quien fue acusado en falso, maldecido, escarnecido, blasfemado, golpeado y azotado...

Aquel quien fue condenado y crucificado por blasfemia, por decir que Él era el Hijo de Dios... ¡Él *ES* el Hijo de Dios! Y ahora Él está sentado sobre el gran trono blanco como el juez de todo el universo, ¡el juez de todos los que le rechazaron!

¡De su presencia huyen hasta el cielo y la tierra! Todas las cosas que nos son familiares desaparecerán, todas las referencias conocidas se desvanecerán, no habrá un solo escondite ni medios de escape. Solamente habrá una vacuidad eterna y sin límites, un lugar de juicio, la presencia del juez, e individuos que serán juzgados.

La gente que será juzgada

Todos los incrédulos de todas las generaciones, edades, familias, tribus, naciones y lenguas serán levantados para comparecer ante el juez. Uno por uno. Individualmente. Casi se puede percibir el horror silencioso en la voz de Juan cuando describe a los que son llevados ante el juez: "Y vi a los muertos, grandes y pequeños, de pie ante Dios... y fueron juzgados..." (Ap. 20:12*a*-13*b*). Los que fueron sepultados en el mar o en la tierra, los que fueron devorados por caníbales o quienes murieron apaciblemente mientras dormían, los que fueron sometidos a cremación o embalsamados en alguna tumba egipcia, los que fueron puestos a descansar en ataúdes finos forrados en lino y satín o en rústicas cajas de madera, los que fueron introducidos en criptas, rodeados por tesoros y enseres, y aquellos cuyos cuerpos fueron dejados a la intemperie para las aves de rapiña, todos sin excepción serán levantados para presentarse ante el juez. ¡Dios conoce cada átomo de polvo humano y lo llama a salir de desiertos, cuevas, junglas, mares, tumbas, chozas y palacios!

Los que fueron "grandes"...
    Emperadores
        Faraones,
            Césares,
                Reyes,
                    Reinas,
                        Gobernadores,
                    Presidentes,
              Profesores,
        Gerentes,
Y gente de fama internacional que han ganado toda clase de premios...

Cada uno estará de pie ante el gran trono blanco y el juez de cuya presencia huyeron todas las cosas. ¡Los que fueron grandes en la tierra no podrán escapar!

Los que fueron "pequeños"...
    Los pobres,
        Los no educados,
            Los desposeídos,
                La gente de la calle,
                    La gente de los barcos,

Los no privilegiados,
Los iletrados,
Los intocables,
Los mendigos,
Las masas anónimas de India, China, África y América...

Cada uno estará de pie y solo ante el gran trono y el juez ante cuya presencia desaparecieron todas las cosas. ¡No hay escape alguno para los pequeños! Uno por uno, tanto los que han sido buenos, morales, paganos o religiosos, como aquellos cuyo pecado es grande o pequeño, blanco o gris, y hasta los que llegan con sus "pecadillos blancos", ¡todos sin excepción van a comparecer ante el juez!

Las pruebas de la justicia

¿Cómo podemos saber que cada una de estas miles de millones de personas van a recibir un juicio justo? Porque Juan dijo que él también vio las pruebas del proceso judicial: "Y los libros fueron abiertos, y otro libro fue abierto, el cual es el libro de la vida; y fueron juzgados los muertos por las cosas que estaban escritas en los libros, según sus obras... Y el que no se halló inscrito en el libro de la vida fue lanzado al lago de fuego" (Ap. 20:12*b*, 15).

La vida de cada persona ha quedado prolijamente registrada en el cielo. Puede ser que cada persona de todos los tiempos que haya nacido en la raza humana tenga su nombre escrito en el libro de la vida, pero que cuando esa persona muere habiendo rechazado la salvación que Dios le ofreció en su gracia, su nombre es borrado del libro de la vida.[15] Es totalmente trágico pensar en el hecho de que Jesucristo murió a fin de reconciliar al mundo consigo,[16] y no obstante al ir pasando una tras otra las páginas del libro, serán evidentes los espacios en blanco que habrá donde podrían haber quedado registrados los nombres de quienes murieron, ¡pero en lugar de eso sus nombres habrán sido borrados debido a que rechazaron a Cristo! ¿Podría ser así? Cada uno, a medida que es lanzado al lago de fuego, se va sabiendo que su nombre había sido escrito en el libro de la vida pero fue borrado a causa de su propia decisión de rechazar la salvación por gracia que Dios le ofreció en la tierra por medio de Cristo. Dios no envía a los rebeldes al infierno porque los pecadores ya están condenados a ir allá.[17] En lugar de eso, Dios amó tanto al mundo lleno de pecadores que entregó a su propio Hijo para que muriera en la cruz a fin de que todos pudieran ser salvados. Cuando los rebeldes rechazan la oferta de salvación de Dios, están eligiendo por sí mismos la opción de ir al infierno.

Cada persona también es juzgada de acuerdo con sus obras, tal como muchas personas lo creen en la actualidad. Sin embargo, ser juzgados según nuestras obras equivale a ser condenados, porque nadie puede hacer suficientes obras o hacerlas tan bien que alcance a agradar a un Dios santo y justo con estándares de perfección. La prueba final de la justicia es que cada persona entienda que el juez está plenamente familiarizado con todos los detalles de su vida terrenal, y que emite el veredicto de "culpable" porque las acciones de esa persona no alcanzan los estándares del juez.

Uno por uno...

Cada persona quien dijo que creer en la cruz no era necesario...

Cada uno de los que dijeron que hay otros caminos que llevan a Dios aparte de Jesucristo...

Cada uno de los que creyeron que todos tenemos nuestros propios dioses, y mientras seamos sinceros no importa qué creamos...

Cada uno de los que acusaron de legalistas y cerrados a los que insistían en que solamente había un camino a Dios...

Cada uno de los que esperaban que sus buenas obras fueran a tener más peso que sus malas obras para que Dios los dejara entrar al cielo...

Cada uno de los que decidieron arriesgarse, creyendo que un Dios amoroso nunca estaría dispuesto a enviar a una persona al infierno...

Cada uno de los que dijeron que no existe el juicio y el infierno, que ni siquiera existe Dios...

Una por una, cada persona que comparece ante el gran trono blanco es lanzada al lago de fuego. Cada uno de ellos es condenado eternamente, no porque este sea el deseo del juez sino porque todos sin excepción han rechazado su oferta de gracia.

¿A qué persona conoces que ha resuelto con determinación sostenerse de pie sobre la base de sus propios méritos? ¡Basarse en méritos propios trae como resultado ser lanzado al lago de fuego! ¿Qué es el lago de fuego? Es el infierno. Quizás podemos entender mejor su descripción al contrastarlo con el cielo.

El infierno es un lugar de sufrimiento intenso, de lloro y crujir de dientes.[18] La única vez que recuerdo haber crujido mis dientes y llorado al mismo tiempo fue durante el doloroso período del alumbramiento. En otras palabras, el infierno es un lugar de sufrimiento físico intenso y tormento mortificante sin límites.[19] En cambio, *en el cielo "ya no habrá muerte, ni habrá más llanto, ni clamor, ni dolor".*[20] *El infierno es un lugar inseguro.* Se describe como un foso sin fondo, como el abismo.[21] Ser colocado en un abismo sin fondo es como tener la sensación de caer y seguir cayendo sin algo de qué aferrarse o algo que pueda detener la caída. En contraste, *el cielo es una ciudad con altos muros y puertas firmes.* Los que se encuentren en el cielo están absolutamente seguros.

El infierno es un lugar donde no hay estabilidad. Se describe algunas veces como un "lago",[22] un lugar sin fundamento firme. No hay algo sobre qué apoyarse. *El cielo es una ciudad con doce cimientos.*[23] Es un lugar para estar de pie, caminar y vivir por toda la eternidad.

El infierno carece de iluminación y brillo. ¿Has escuchado alguna vez a gente decir que no les importaría ir al infierno porque todos sus amigos van a estar allá y se la van a pasar de "fiesta"? Bueno, puede ser que todos tus amigos estén allá y tal vez escuches los gritos de los que son atormentados y el crujir de sus dientes, pero nunca podrás ver a uno solo de ellos, porque el infierno es un lugar de oscuridad total.[24] En cambio, *se puede decir del cielo que "no habrá allí más noche".*[25]

Jesús habló del "infierno de fuego".[26] Una y otra vez se describe como un lugar lleno de fuego y azufre calcinantes.[27] *El infierno es un lugar de plena insatisfacción.* Los que estarán en el infierno van a experimentar sed y apetencia consciente de todo lo que nunca podrán tener. También es posible que se trate de fuego literal y que la carne de ellos, así como la zarza ardiente que vio Moisés, arda continuamente en fuego pero sin consumirse. Si alguna vez te has quemado el dedo, ¡trata de imaginar lo que sería tener tu cuerpo entero ardiendo por toda la eternidad! En contraste, *el río de vida fluye por todo el centro del cielo desde el trono de Dios,* trayendo vida, salud y satisfacción profunda y duradera a las naciones.[28]

Lo peor de todo es que *el infierno es un lugar de separación eterna* de Aquel para quien fuimos creados.[29] Trata de imaginar lo que sería no conocer nunca la voz de Dios, ni el toque de Dios, ni sentir jamás el amor de Dios, ni recibir en absoluto alguna bendición de Dios, ¡estar totalmente sin Dios por siempre y para siempre! ¡Estar absoluta, total y completamente falto de esperanza, para siempre!

¡Lo mejor del cielo es que es un lugar donde los siervos de Dios "verán su rostro"![30] Ya no vamos a vivir por fe, ¡le veremos cara a cara y viviremos para siempre en su presencia!

¡Dios te ama! De hecho, te ama tanto que "ha dado a su Hijo unigénito, para que todo aquel que en él cree, no se pierda, mas tenga vida eterna. Porque no envió Dios a su Hijo al mundo para condenar al mundo, sino para que el mundo sea salvo por él".[31]

Si tu murieras hoy y quedaras de pie ante el juez, ¿cuál diría Él que es tu destino eterno? ¿Irás al cielo o al infierno? Tú eres quien debe elegir. Ahora mismo. Si murieras hoy, ¿quedaría un espacio en blanco donde tu nombre había estado registrado antes en el libro de la vida pero fue borrado porque nunca has tomado la decisión deliberada y consciente de recibir a Jesucristo por fe como tu Salvador y Señor? Si te gustaría saber que vas a librarte del infierno y que irás al cielo cuando mueras, ¿por qué no tomas ahora un momento para hacer esta oración de todo corazón? Di con sinceridad:

Amado Dios:
Confieso ante ti que soy un(a) pecador(a). Estoy afligido(a) por mi pecado y estoy dispuesto(a) a arrepentirme y dejar de pecar. Creo que Jesucristo murió en la cruz como el único sacrificio aceptable por mi pecado. Dios, te pido en el nombre de Jesús, que me perdones y me limpies de mi pecado con la sangre de Jesús. Creo que Jesucristo resucitó de entre los muertos para darme vida eterna. Así que Dios, ahora mismo, te pido que me des la vida eterna. Abro la puerta de mi corazón y de mi vida, e invito a Jesús para que entre a vivir en mi interior como mi Salvador y Señor. Rindo el control de mi vida a Él, y a partir de este día en adelante, procuraré vivir para Él. En el nombre de Jesús, amén.[32]

Si has hecho esta oración, o si has hecho una oración similar en el pasado, ¡alabado sea Dios! Sin importar tu condición o circunstancias actuales, ¡ya has sido salvado(a) del infierno! ¡Tu nombre jamás será quitado del libro de la vida del Cordero!

Hasta el 25 de octubre de 1994, el pueblo de Union en Carolina del Sur no era más que otra población sureña pequeña, soñolienta e ignorada por el resto del mundo. Pero una tibia noche de otoño, las conmovedoras súplicas de una joven madre llevaron Union al frente y centro de la atención nacional y mundial, cambiando para siempre las vidas de quienes viven allí.

La mujer era Susan Smith, quien con lágrimas en sus ojos contaba que alguien se había llevado a sus dos pequeños hijos cuando le robaron el automóvil. Toda la nación se enfrascó en la búsqueda de los pequeños Michael y Alex, tan solo para quedar aturdida nueve días después con el perturbador anuncio Dios que ella misma había hecho sumergir su propio automóvil en el lago John D. Long, ¡con sus dos hijos firmemente asegurados a sus asientos! ¡Susan Smith había hecho morir ahogados a sus propios hijos!

En las semanas y meses que siguieron, el enfoque intenso de los medios en Susan Smith y los ciudadanos de Union reveló una tras otra las sórdidas historias que provenían de las vidas privadas de gente común y corriente de pueblo al quedar expuestas ante la vista de todos. Hombres y mujeres quienes eran ciudadanos sobresalientes de la comunidad fueron despojados de la imagen pública que tanto se habían esforzado en fabricar y quedaron descubiertos como adúlteros, mentirosos y explotadores. Muchas reputaciones se vinieron a pique por revelaciones de maltrato privado, inmoralidad, deshonestidad, egoísmo y codicia.

El padrastro de Susan era un miembro eminente de la comunidad que gozaba de gran respeto y era activo en asuntos cívicos y eclesiásticos. Pero cuando las luces exploradoras de la investigación quedaron fijas en él, los descubrimientos de su acoso sexual contra Susan le obligaron a salir del pueblo y regresar solo de manera furtiva por la puerta trasera del juzgado para dar su testimonio en el juicio. Las vergonzosas revelaciones le costaron su trabajo, su familia, su reputación y sus posiciones de liderazgo. Él dijo: "He llegado al punto en que he dejado de funcionar normalmente".[33]

Cuando empezó el proceso de selección de jurados, las vidas de otras personas también cayeron bajo el escrutinio público. En ocasiones las revelaciones resultantes eran bastante incómodas. Un residente del pueblo quedó descalificado al descubrirse que era analfabeto. Otra jurado en potencia fue descartada pues confesó haber sufrido de maltrato sexual en el pasado. Una por una, las vidas privadas de amigos y vecinos quedaron expuestas, y muchos experimentaron vergüenza y humillación profundas que tardarán mucho tiempo en pasar tras la conclusión del juicio.

Las revelaciones sórdidas y perturbadoras dejaron a la nación preguntándose cómo sería la vida privada de sus propios vecinos y amigos, pero lo que es peor todavía, dejó a muchas personas temblando de solo pensar que las autoridades y los investigadores del estado, el FBI y también los periodistas y cronistas vendrían por montones de todo el país para indagar hasta los detalles más insignificantes de sus vidas privadas y después publicarlos para ser leídos por el mundo entero.

Aunque me disgusta sobremanera que se haga una exhibición pública y tan dolorosa del pecado privado, no puedo evitar preguntarme qué diferencia práctica haría el hecho de que las personas se dieran cuenta de que un día van a estar solas delante del juez divino, y que le van a escuchar mientras lee ante un universo atento cada palabra, pensamiento y acto privado y público de la vida de cada uno de los que comparecen ante Él.[34] Los individuos no serán colocados bajo el escrutinio de otros pecados, por devastador que esto pueda ser en sí mismo, sino que cada vida será meticulosamente escudriñada por el Hijo de Dios bajo la luz intensa de su santidad y será contrastada frente a la perfección insuperable de su Espíritu Santo.

Aunque el simple hecho de pensar en un escrutinio así estremezca nuestra mente y haga arder nuestra cara de vergüenza y humillación, el corazón del creyente debería llenarse de una gratitud indescriptible por la sangre de Jesucristo que cubre todos y cada uno de sus pecados; porque ninguno que haya estado frente a la cruz y haya recibido el perdón de Dios por medio de la fe en Cristo, será tenido por responsable de pecado y culpa. "Cuanto está lejos el oriente del occidente, hizo alejar de nosotros nuestras rebeliones".[35] ¡Alabado sea Dios! Todos nuestros pecados, públicos y privados, grandes y pequeños, pasados, presentes y futuros, ¡están cubiertos por la sangre del Cordero!

La visión de su gloria da esperanza cuando eres derrotado por la vida, puesto que te revela que...

¡Un día vas a experimentar la gloria de Cristo!

¡Un día serás exaltado en la victoria de Cristo!

¡Un día escaparás del castigo de Cristo!

En lugar de vivir una vida de derrota, elige vivir no *como se pueda* sino *como se debe*, es decir, *triunfalmente*, ¡porque todos los días puedes regocijarte por la gloria, victoria y eternidad venideras que van a ser tuyas en Cristo Jesús!

Si en esta vida solamente esperamos en Cristo, somos los más dignos de conmiseración de todos los hombres.

1 Corintios 15:19

10
Esperanza cuando estás derrotado por la muerte

Apocalipsis 21:1–22:5

Se cuenta la historia de un misionero anciano llamado Samuel Morrison, quien después de haber pasado veinticinco años en África, regresaba a los Estados Unidos para morir. Como se dieron las cosas, él viajó de regreso a casa en el mismo buque transoceánico que traía al entonces presidente Teodoro Roosevelt de regreso al país tras una expedición de caza. Cuando el inmenso barco estaba entrando a la bahía de Nueva York, el muelle donde iba a atracar estaba repleto de gente, ¡como si toda la ciudad de Nueva York hubiese acudido al lugar! Había bandas tocando música festiva, estandartes y banderas ondeando, coros de niños cantando, globos de muchos colores flotando en el aire, cámaras fotográficas captando el momento y otras de rollo cinematográfico listas para registrar el regreso del presidente.

El señor Roosevelt bajó de la rampa y recibió una ráfaga estridente de vivas y aplausos, y quedó cubierto de confeti. Si la muchedumbre no hubiera sido reprimida por un cerco y la presencia de policías, ¡de seguro lo habrían atropellado!

Al mismo tiempo, Samuel Morrison salió del barco caminando en silencio. Ninguna persona estaba allí para saludarlo y recibirlo. Se fue solo abriéndose paso entre la multitud, que debido a sus continuos empellones le impidió encontrar un taxi. Dentro de su corazón empezó a quejarse, *Señor, el presidente ha estado tres semanas en África matando a tus animales, y el mundo sale a su encuentro para darle la bienvenida a casa. He ofrendado veinticinco años de mi vida en África, sirviéndote, y nadie me ha saludado o tan siquiera sabe que ya volví.*

En el silencio de su corazón, una voz apacible y amorosa susurró: *Pero mi querido hijo, ¡ni siquiera has llegado a casa todavía!*

¡La casa! ¡El hogar! ¿Qué significa esa palabra para ti? Para mí es sinónimo de amor, aceptación, sosiego y seguridad. Es un lugar donde mis necesidades son satisfechas. Es un lugar a donde puedo llegar con mis cargas y dejarlas a un lado. Es un lugar donde no solamente puedo encontrar respuestas sino que también las preguntas mismas parecen ya no importar. Para mí el hogar siempre será una cabaña de madera escondida en las montañas de la parte occidental de Carolina del Norte, con una luz en la ventana, una fogata en la chimenea y un abrazo de bienvenida en la puerta.

Aunque alabo a Dios por haberme colocado en un hogar terrenal que refleja tan claramente mi hogar celestial, soy consciente incluso ahora, cuando visito esa vieja cabaña, de que realmente no estoy en "casa" todavía porque Jesús me prometió: "En la casa de mi Padre muchas moradas hay; si así no fuera, yo os lo hubiera dicho; voy, pues, a preparar lugar para vosotros. Y si me fuere y os preparare lugar, vendré otra vez, y os tomaré a mí mismo, para que donde yo estoy, vosotros también estéis".[1]

¿Ha sido toda tu vida una serie constantes de luchas?
¿Has estado más enfermo que sano?
¿Más extenuado que descansado?
¿Más solo que acompañado?
¿Más vacío que satisfecho?
¿Más hambriento que lleno?
¿Más triste que feliz?

¿Te sientes derrotado porque después de una lucha de toda la vida, todo lo que te queda por delante es la muerte y una tumba fría? ¡Levanta la mirada! El Señor Jesucristo está preparando un hogar celestial que "ojo no vio, ni oído oyó, ni han subido en corazón de hombre... para los que le aman".[2]

La visión de su gloria nos da esperanza a ti y a mi, y a todos los que finalmente van a ser derrotados por la muerte, porque nos ofrece una vislumbre del hogar celestial que nuestro Esposo está preparando, ¡para los que le aman!

LA ESPERANZA DE UN BELLO LUGAR

Las palabras que Juan empleó al describir la visión gloriosa de nuestro hogar celestial llegaron a mi mente cuando estaba frente al estanque reflector que proyecta la belleza imponente del Taj Majal en Agra, India: "Vi un cielo nuevo y una tierra nueva; porque el primer cielo y la primera tierra pasaron, y el mar ya no existía más. Y yo Juan vi la santa ciudad, la nueva Jerusalén, descender del cielo, de Dios, dispuesta como una esposa ataviada para su marido" (Ap. 21:1-2).

El Taj Majal fue construido entre 1632 y 1653 por Shah Yaján para honrar a su esposa, con quien llevaba catorce años de casado. Fue construido en mármol blanco y brilla hasta hoy como una joya junto a la ribera de un ancho río. Alrededor tiene cuatro torres de mezquita que ocupan las esquinas de una inmensa plataforma de piedra y arena roja sobre la cual reposa toda la edificación. El exterior de la estructura de mármol blanco tiene incrustadas piedras negras de ónice con diferentes formas que representan algunas citas del Corán. En el interior todas las paredes y el techo cuentan con incrustaciones de piedras semipreciosas con diseños florales.

Cuesta imaginar el nivel de minuciosidad y destreza que se requirió para ejecutar y finalizar un proyecto de esa magnitud que involucró a veinte mil obreros calificados y tardó veinte años en completarse. En primer lugar, ¿podemos imaginar con qué clase de amor se concibió la realización de un proyecto así? Al final de todo, el romántico y acaudalado Shah que no escatimó cosa alguna por ver realizado su sueño, fue derrotado por la muerte: la muerte de su amada esposa así como su propia muerte. ¡El Taj Majal es una tumba! Esto nos ayuda a ver que si un gobernante de la India pudo construir algo tan refinado e imponente como el Taj Majal para que fuese el *sepulcro* de su esposa de catorce años, ¿cómo será lo que Jesús está preparando como su residencia y la *vivienda* donde ha planeado morar con su esposa de más de dos mil años? El lugar que Él está preparando para nosotros resplandece con "la gloria de Dios. Y su fulgor [es] semejante al de una piedra preciosísima" (Ap. 21:11).

Encuentra esperanza en la preparación del cielo

Juan vio nuestra morada celestial "dispuesta como una esposa ataviada para su marido" (Ap. 21:2). ¿Alguna vez has participado en los preparativos de una boda? Si es así, conoces en parte los intensos esfuerzos que se realizan en preparación para el gran acontecimiento.

La novia pasa horas enteras tan solo para seleccionar el vestido correcto. Luego tiene que hallar el tocado y el peinado perfectos que entonen con el diseño del vestido. A continuación busca los zapatos adecuados que hagan resaltar el vestido y el peinado, y después consigue las joyas correctas y las flores perfectas, y la iglesia apropiada y la música adecuada y las damas de honor precisas, y los vestidos correctos para las damas de honor, y los acompañantes perfectos para las damas de honor, y por último espera haber conseguido ¡el novio correcto! Después viene la selección del lugar para ensayar la ceremonia y cenar con los que participan en ella, del lugar y el menú para la recepción y de los decorativos para cada acontecimiento. Los preparativos para una boda pueden ser como un trabajo de tiempo completo durante meses antes del día de la boda, y todo esto se hace apenas para preparar a la novia para su esposo.

De todos estos planes detallados, ninguna parte de los preparativos recibe más atención, consideración, planeamiento y cuidado, que la disposición y arreglo de la novia misma. En la mañana de mi día de bodas, mi madre me trajo el desayuno a la cama servido en vajilla y cubiertos nuevos que había recibido como regalos de boda. Después del desayuno me quedé con la ropa de cama para descansar y tomar todo con calma, a fin de estar totalmente fresca para la ceremonia matrimonial y la recepción que vendría después en la noche. Varias horas antes de salir de la casa hacia la iglesia, empecé a alistarme. Lo primero que hice fue mi maquillaje, aplicándolo con cuidado y en orden a fin de resaltar cualquier belleza física que pudiera tener ¡y esconder los muchos desperfectos que sí tenía! Trabajé con mi cabello dejándolo atrás para quedar bajo el velo pero lo bastante visible para encuadrar mi rostro. Por último mi madre entró al cuarto y me ayudó a colocarme dentro del vestido de bodas, abotonó una gran cantidad de botones pequeños en la espalda y ajustó el larguísimo velo. Cuando terminé de hacer todo lo que sabía que debía hacer para estar lista, no hice más que colocarme de pie frente al espejo y observar a la joven mujer envuelta en adornos y seda de marfil que se reflejaba en él. Estaba tensa y ansiosa mientras me preguntaba si después de seis meses y medio de preparación, iba a verme bella y atractiva a los ojos de mi esposo.

Por meticulosos que hayan sido mis preparativos como una novia que procuró verse hermosa para su esposo, no son gran cosa si se comparan con los preparativos que el Señor Dios ha venido realizando para su esposa, empezando con el primer hogar que preparó para ella en la tierra. Después de por lo menos cinco "días" de trabajo creativo intenso, Él "plantó un huerto en Edén, al oriente; y puso allí al hombre que había formado. Y Jehová Dios hizo nacer de la tierra todo árbol delicioso a la vista".[3] Génesis nos ofrece el cuadro inolvidable del Señor Dios sobre sus manos y rodillas moldeando la tierra, plantando árboles, flores, arbustos y pastos, regando el terreno con agua, limpiando y embelleciendo los árboles y el paisaje, preparando un lugar para Adán y Eva que fuera agradable a sus ojos, ¡qué cuadro más bello! Uno apenas puede imaginar el gozo anhelante y la expectación del Jardinero cuando le presentó a Adán el hogar que le había preparado con tanto amor, y el cual no era solamente adecuado o suficiente para satisfacer sus necesidades, sino exuberante en su belleza y holgura pletóricas.

No obstante, los preparativos realizados para ese primer hogar terrenal, así como los preparativos que hice para mi boda o como lo realizado por el *sháh* para la tumba de su amada esposa, son como nada comparados con los preparativos que se siguen realizando hasta ahora para nuestro hogar celestial. Jesús prometió: "Voy, pues, a preparar lugar para vosotros".[4] ¡Eso fue hace unos dos mil años atrás! En Apocalipsis 21:6 Él proclama: "Hecho está. Yo soy el Alfa y la Omega, el principio y el fin". Lo que Dios empieza, siempre lo completa y perfecciona. El propósito de Dios que empezó en la creación será un día plenamente cumplido. Nuestro hogar celestial estará preparado y dispuesto. Con anhelo y anticipación amorosos de nuestro gozo, Dios presentará la nueva Jerusalén, el cielo, *a sus hijos únicamente:* "El que venciere heredará todas las cosas, y yo seré su Dios, y él será mi hijo. Pero los cobardes e incrédulos, los abominables y homicidas, los fornicarios y hechiceros, los idólatras y todos los mentirosos tendrán su parte en el lago que arde con fuego y azufre, que es la muerte segunda" (Ap. 21:7-8).

El cielo no es para todo el mundo, así como mi hogar en la tierra no es para todo el mundo.

El sitio que llamo hogar se encuentra al occidente de Carolina del Norte y está rodeado por un cerco alto, es protegido por perros guardianes, y se ubica en una montaña a la que se puede acceder solo por una vía curva y angosta. Aunque miles de personas han expresado su interés de verla, está fuera de límites para el público general. Solo se permite la entrada a miembros de mi familia o invitados especiales.

¡El cielo también está fuera de límites para el acceso del público general! La invitación para entrar ha sido extendida a todos por medio de Jesucristo en la cruz, pero cuando la invitación es rechazada, la puerta para entrar al cielo se cierra. "No entrará en ella ninguna cosa inmunda, o que hace abominación y mentira, sino solamente los que están inscritos en el libro de la vida del Cordero" (Ap. 21:27).

Jesús dijo que algunas personas iban a tratar simplemente de "presentarse a ver qué pasa", esperando ser admitidos porque le dicen: "Señor, Señor, ¿no profetizamos en tu nombre, y en tu nombre echamos fuera demonios, y en tu nombre hicimos muchos milagros? Y entonces les declararé: Nunca os conocí; apartaos de mí, hacedores de maldad".[5]

En su respuesta a los presumibles fisgones que tratarán de colarse en la fiesta celestial, Jesús describió a los hacedores de maldad como gente que "profetizaba", personas que citaban las Escrituras y quizás hasta enseñaban las Escrituras. Describió a los hacedores de maldad como gente que "echaba fuera demonios" y estaban involucrados en toda clase de cultos y actividades religiosas, que además "hicieron muchos milagros", ¡porque también parece que recibieron muchas respuestas a la oración! Es posible que hayan sido religiosos durante toda su vida, no se puede dudar que "profetizaron", "echaron fuera demonios" e "hicieron muchos milagros", ¡pero nunca establecieron una relación personal con Jesucristo por medio de la fe!

Estos hacedores de maldad quedarán fuera y les será negada la entrada el cielo, al lado de todos los "cobardes" a quienes les importó más lo que otros pensaran de ellos que lo que Dios piensa, y los "incrédulos" que se negaron a creer que Jesucristo es el camino, la verdad y la vida y que nadie puede entrar al cielo sin acudir a Él por fe.[6] Fuera del cielo van a quedar también todos los viles, los homicidas (incluyendo a quienes tanto insistieron y nunca se arrepintieron de su "derecho a elegir"); los culpables de inmoralidad sexual que llamaban su conducta "pasarla bien" o "estilo alternativo de vida"; los que practican las artes mágicas de la nueva era así como la antigua brujería; los idólatras que vendieron su salud, sus familias, sus relaciones, su integridad, su carácter y sus mismas almas a cambio de posesiones materiales;[7] y todos los mentirosos.

¡No te vayas a equivocar al respecto! El cielo es un lugar preparado especial y exclusivamente para una gente muy peculiar. Habrá personas a quienes se recibirá e invitará a pasar adelante, así como los que serán rechazados y se les dirá que se queden afuera. ¿Tú vas a quedar adentro o afuera? Si perteneces a Dios por medio de la fe en Jesucristo, si eres su hijo, entonces tu esperanza se encuentra en el cielo, donde serás bienvenido en su hogar celestial, ¡el cual ha sido preparado por Él para ti! ¡Él ha preparado el cielo perfectamente!

Encuentra esperanza en la perfección del cielo

Parece que el fuego que aniquila a los rebeldes al final del milenio también destruirá el cielo y la tierra tal como los conocemos en la actualidad. Pedro reveló: "Los cielos y la tierra que existen ahora, están reservados por la misma palabra, guardados para el fuego el día del juicio y de la perdición de los hombres impíos... los cielos pasarán con grande estruendo, y los elementos ardiendo serán deshechos, y la tierra y las obras que en ella hay serán quemadas... todas estas cosas han de ser deshechas".[8]

Cuando los antiguos cielos y tierra se desintegraron, Juan quedó estupefacto y maravillado ante "un cielo nuevo y una tierra nueva" (Ap. 21:1). Lo que él vio fue confirmado por las palabras de Aquel sentado sobre el trono: "He aquí, yo hago nuevas todas las cosas" (Ap. 21:5). Imagínate: un día, *todas las cosas* van a ser completamente nuevas, ¡como para estrenarlas!

Compramos la casa en que vivimos cuando ya tenía veinte años, y hemos vivido en ella veinticuatro años. Como ya tiene unos cuarenta y cinco años de haber sido construida, hay algunas manchas que nunca podré quitar, algunas grietas en el piso que nunca podrán ser reparadas, cierto deterioro y desgaste normal que le puede dar a la casa un aspecto desmedrado y ajado. Cuando visito algunos de mis amigos en sus casas recién hechas, miro con cierto dejo de nostalgia las paredes recién pintadas y la madera fresca, la alfombra sin manchas y recién estrenada, el piso impecable y los electrodomésticos recién instalados, así como las ventanas nuevas, ¡todo está fresco! ¡Nuevo! ¡Intacto e inmaculado por el paso del tiempo!

El planeta tierra tiene miles de años de edad. ¡Algunos creen que puede tener millones de años! Ya está mostrando claras señales de deterioro y envejecimiento. Se está desgastando y agotando cada día que pasa. El aire está contaminado, el agua está contaminada, los recursos naturales como el petróleo, el carbón, los árboles y el agua potable se están agotando. Gran parte del daño ha sido infligido por el hombre en su egoísmo y codicia, ¡pero otra parte se debe sencillamente a los achaques de la edad! Es que no fue creada para perdurar por siempre.

En cambio, nuestro hogar celestial va a ser completamente nuevo, ¡ni siquiera ha sido estrenado! No va a ser un lugar restaurado, sino creado y fresco por completo. No solamente va a tener un *aspecto* fresco y renovado, ¡sino que va a dar una *sensación* patente de frescura y novedad! Juan no nos ofrece simplemente una visión de la belleza fresca del cielo, sino una "sensación" de la serenidad del cielo, la cual colma la atmósfera porque Dios está allí: "Y oí una gran voz del cielo que decía: He aquí el tabernáculo de Dios con los hombres, y él morará con ellos; y ellos serán su pueblo, y Dios mismo estará con ellos como su Dios. Enjugará Dios toda lágrima de los ojos de ellos; y ya no habrá muerte, ni habrá más llanto, ni clamor, ni dolor; porque las primeras cosas pasaron" (Ap. 21:3-4).

En este hogar recién hecho no habrá más muerte
    ni dolor
        ni hospitales
           ni funerales
              ni aflicción
                ni hogares destruidos
                    ni corazones rotos
                      ni vidas deshechas
                        ni sueños truncos
No habrá más retardo mental
    ni incapacidades físicas
        ni atrofia muscular
            ni esclerosis múltiple
                ni ceguera
                ni parálisis
                ni sordera.

El cielo será perfecto en su calidad de vida, no debido solamente a que la vida de Cristo va a ser vivida en hombres y mujeres redimidos por toda la eternidad, sino porque ¡Él es el foco de atención en el cielo! El cielo no es solamente nuestro hogar, ¡sino *su* casa! Él no está preparando el cielo como un hogar para ti y para mi solamente, ¡sino como un hogar celestial para Él mismo!

¡Vamos a vivir con Jesucristo! ¡Jesucristo va a vivir con nosotros! ¡Todos vamos a vivir juntos! ¡Para siempre! Nunca más estaremos separados de nuestros seres queridos o de nuestro Señor. Juan hizo alusión a esto cuando dijo: "Y el mar ya no existía más" (Ap. 21:1).

A mí me encanta el mar. Cada verano paso allí la mayor cantidad de tiempo posible. Me gusta ver la vasta expansión de cielo y agua, me fascina escuchar las olas y caminar por la playa, sentir la brisa cuando sopla con suavidad en mi rostro. Pero también es cierto que el mar separa familias, amigos y continentes enteros entre sí. En el cielo no habrá ni una sola cosa que nos separe de los demás o de Dios. ¡Nunca la habrá!

No habrá sentimientos de dolor u ofensa,
   Ni un espíritu no perdonador o crítico,
      Ni divorcio,
         Ni incendios, hambre o inundaciones,
            Ni viajes de negocios,
               Ni enfermedad ni muerte,
                  Ni peligros o penalidades,
                     Ni monstruos visibles o invisibles
                        Ni desastres naturales o sobrenaturales
Nada nos separará.

Además en el cielo habrá salud, armonía y unidad perfectas, así como tiempos en compañía sin interrupción. No existirá la separación natural entre el día y la noche, porque "La ciudad no tiene necesidad de sol ni de luna que brillen en ella; porque la gloria de Dios la ilumina, y el Cordero es su lumbrera" (Ap. 21:23). Nuestro hogar celestial refulge a irradia luz desde su interior.

He estado de noche en algunas de las grandes ciudades del mundo. He avistado desde la cima Victoria en Hong Kong durante las celebraciones del año nuevo chino y después del atardecer, viendo la manera como las luces transforman las montañas que rodean la bahía en una especie de tierra casi de encanto. He visto en Ciudad del Cabo en Sudáfrica las montañas como una falda iluminada por el brillo de la luna y las luces de la ciudad incrustadas en ellas como joyas. He visto París después de una cena desde la colina de Marte, que se extiende por kilómetros en un mar interminable de luz y adornada por el faro de la torre Eiffel como un dedo que hace gala de su belleza.

Pero aun en esas grandes y bellas ciudades con sus millones de luces, quedan algunos espacios de oscuridad. En nuestro hogar celestial no habrá tinieblas de ninguna clase en absoluto. Nadie tropezará ni se perderá o será incapaz de saber dónde se encuentra. Jesús dijo: "Yo soy la luz del mundo",[9] y también dijo que *nosotros* somos "la luz del mundo".[10] La única luz que habrá en el cielo será la que proviene directamente de Dios por medio de Jesucristo, ¡y esta luz se va a reflejar en la vida de cada creyente! La ciudad entera estará saturada con la gloria y la luz de Cristo, ¡gloria a Dios! Nuestra esperanza es segura porque como Juan escribe: "El que estaba sentado en el trono... me dijo: Escribe; porque estas palabras son fieles y verdaderas" (Ap. 21:5). En otras palabras, Dios dice que todas sus promesas son verdaderas, por eso puedes contar con el cumplimiento de la esperanza del cielo.

Encuentra esperanza en la ubicación física del cielo

Cuando Juan sigue describiendo nuestro hogar celestial, parece que nos estuviera haciendo énfasis en que estaba viendo un lugar físico, literal y específico:[11] "El [ángel] que hablaba conmigo tenía una caña de medir, de oro, para medir la ciudad, sus puertas y su muro" (Ap. 21:15). ¡El cielo es de verdad! Es un lugar que puede sentirse, verse ¡y hasta medirse! Mientras la raza humana sigue destruyendo progresivamente el planeta tierra, es emocionante contemplar la posibilidad real de que en alguna parte del universo en este mismo instante, ¡nuestro hogar celestial está siendo preparado para nosotros! Tan pronto este mundo llegue a su fin, tendrá comienzo un nuevo mundo.

De tiempo en tiempo la gente me pregunta al respecto, y tengo curiosidad acerca de cómo será el cielo. Si carece de mar, ¿será menos agradable que la tierra con sus inmensos océanos? Sin atardeceres ni amaneceres ni lunas llenas o estrellas fugaces, ¿será menos bello que la vasta expansión del cielo que se extiende sobre nuestro hogar terrenal? Me pregunto... y después recuerdo que Jesús sabe con exactitud qué me trae gozo y placer, el Creador quien creó toda la belleza de la tierra a la cual nos hemos acostumbrado y nos encanta, incluyendo

Las cimas majestuosas y los picos cubiertos de nieve en los Alpes,
Las corrientes de agua en las montañas,
Los bellos colores de las hojas de otoño,
Las alfombras de flores silvestres,
Las aletas refulgentes de un pez cuando salta del mar rutilante por la luz del sol,
El vuelo agraciado de un cisne que atraviesa el lago,
Las notas rítmicas de un canario que canta,
El traqueteo mágico de las alas de un colibrí,
El centelleo del rocío sobre la hierba temprano en la mañana,

¡Este es el *mismo* Creador quien se ha encargado personalmente de preparar nuestro hogar celestial para que vivamos en él! Si Dios pudo hacer los cielos y la tierra tan hermosos como pensamos que lo son en la actualidad, incluso con sus miles de años de deterioro y desgaste, la corrupción y la contaminación, el pecado y el egoísmo, ¿te puedes imaginar cuál será el aspecto del nuevo cielo y la nueva tierra? ¡Será mucho más glorioso de lo que han visto los ojos y escuchado los oídos o concebido las mentes de cualquier ser humano![12]

¡Juan lo vio! Él dijo que nuestro hogar futuro tiene "un muro grande y alto... el material de su muro era de jaspe" (Ap. 21:12, 18). ¡La descripción del muro indica que tiene más de sesenta metros de ancho! Es tan fuerte que quienes están adentro pueden contar con su seguridad eterna. Como discutimos en los capítulos 3 y 5, el jaspe es una piedra similar al diamante. ¿Puedes imaginar la belleza de unos muros de sesenta metros de ancho y cuyo material de construcción es como una gran cantidad de "diamantes" que reflejan la luz del Cordero?

La ciudad y sus calles están hechas de oro puro[13] y translúcido como un vidrio limpio (21:18, 21). En cualquier dirección que miremos, a cada paso que demos, ¡la luz y la gloria del Cordero se verán reflejadas! En una ciudad así no habrá sombras de ninguna clase que opaquen su pureza y belleza perfectas.

Sabemos que el fundamento de la ciudad celestial es Jesucristo. Él es descrito como la piedra viva, la principal piedra del ángulo, la piedra que los edificadores humanos desecharon y que ha venido a ser la cabeza del ángulo del templo de Dios.[14] Él mismo dijo que era la Roca sobre la cual habría de edificar su iglesia.[15] Juan describe los cimientos de la ciudad con más detalles: "Y el muro de la ciudad tenía doce cimientos, y sobre ellos los doce nombres de los doce apóstoles del Cordero... y los cimientos del muro de la ciudad estaban adornados con toda piedra preciosa" (Ap. 21:14, 19). Los muros de nuestro hogar celestial están asegurados sobre doce cimientos de roca y cada uno está decorado con una gema diferente que representa las múltiples facetas del carácter de Cristo. ¡Y cada una de esas facetas es hermosa!

Estos doce cimientos de Roca tienen algo más que gemas incrustadas en ellos. Cada uno también tiene grabado el nombre de uno de "los doce apóstoles del Cordero" (Ap. 21:14), ¡quienes fueron responsables de revelar al mundo la gloria del carácter de Jesucristo! Todo el aspecto exterior de la ciudad refleja desde lo alto y lo profundo a Cristo mismo.

Me pregunto qué pensó Juan cuando vio su hogar celestial con su nombre grabado en uno de los cimientos... ¡Qué gran emoción debió ser para él darse cuenta de que todo su trabajo y testimonio para Cristo en la tierra, por el cual había sido golpeado, encarcelado y ahora exiliado, se había reservado para él en el cielo en la forma de un tesoro glorioso de valor incalculable![16] Toda la labor de su vida había valido la pena porque tenía valor eterno, ¡él vio su esperanza cumplida en el cielo!

Me pregunto también cómo se sentirá Abraham cuando vea la ciudad por primera vez. Hace unos cuatro mil años, Abraham salió de Ur de los caldeos en busca de "la ciudad que tiene fundamentos, cuyo arquitecto y constructor es Dios".[17] ¿Te puedes imaginar a Abraham atravesando de un solo salto las puertas y exclamando: "¡La encontré! ¡Por fin la encontré! ¡Encontré lo que estuve buscando toda mi vida! ¡Encontré lo que tanto había esperado! ¡Valieron la pena todos los días y noches errantes en el desierto y viviendo en tiendas de campaña! ¡Todas las promesas de Dios son verdaderas!" Sin excepción, todas las metas, esperanzas y sueños de Abraham, todas las cosas que eran la fuerza impulsora y la motivación constante de su vida, habían estado enfocadas en su hogar eterno, ¡y él no va a quedar decepcionado cuando lo vea!

Mi esposo ha jugado baloncesto toda su vida. Él creció jugando en las calles de la ciudad de Nueva York, en patios de casas, en canchas de juego e incluso en un viejo granero que su padre había adaptado para ese fin. Uno de sus sueños de infancia se hizo realidad cuando le fue entregada una beca de cuatro años para jugar en una universidad importante. El segundo año que jugó en la universidad, su equipo tuvo treinta y dos partidos seguidos sin derrotas. No ganaron solamente el campeonato nacional de la asociación de equipos de baloncesto universitario del país, sino que su temporada estableció un récord de todos los tiempos que no ha sido superado todavía. Ese fue el logro de una meta que mi esposo se había fijado toda su vida y en la cual invirtió muchas horas de esfuerzo, dedicación y energía. Mi esposo describe la experiencia de ganar ese partido final por el campeonato nacional, que además terminó después de tres extensiones de tiempo de juego, como una emoción que no había experimentado hasta entonces o después. No obstante, él dice que después de haber pasado unas cuantas horas, la emoción se había ido para ser reemplazada por un gran vacío, y él se preguntó: "¿Eso es todo?" Una placa que se debe desempolvar, unos recortes de periódico ahora amarillentos y los recuerdos que se desvanecen con el paso del tiempo, es todo lo que queda tras la emoción de ver cumplido el sueño y la meta de toda una vida.

Cuando termine el juego de la vida y demos un paso en la eternidad, me pregunto cuántas personas tendrán ese mismo sentimiento de vacío: "¿Eso fue todo? ¿Eso es lo que queda después de todo el trabajo, los sueños y los logros de mi vida?" Me pregunto qué tesoros tendremos en el cielo como evidencia de nuestra labor y testimonio en la tierra.

Como Abraham, también es posible que ese día gritemos: "¡Lo encontré! ¡Al fin lo encontré! ¡Todo lo que soñé y por lo que trabajé y me esforcé está aquí! ¡Todos los sacrificios que hice en la tierra han sido compensados más de cien veces en el cielo! ¡Todo valió la pena! ¡Encontré todo lo que esperé encontrar, y mucho más!"

¡Me cuesta esperar que llegue el momento de entrar por esas puertas celestiales!

Hablando de puertas... es posible que sean la característica más espectacular de nuestro hogar celestial. Nos resulta increíble que "las doce puertas eran doce perlas; cada una de las puertas era una perla" (Ap. 21:21). ¿Te puedes imaginar lo grandes que tienen que ser esas perlas para quedar instaladas como puertas en muros de sesenta metros de ancho?

Las perlas se forman cuando un diminuto grano de arena queda incrustado en una ostra y la irrita. Para aliviar la irritación, la ostra cubre el grano de arena con una capa delicada de algo que se llama madre de perla. Siempre y cuando la ostra pueda sentir la irritación, ella seguirá cubriendo la arena con capas de perla. ¡¿Qué clase de irritación habría sido necesaria para formar las perlas que constituyen las puertas que dan acceso a nuestra ciudad celestial, cuando son tan grandes que cubren un muro de sesenta metros de ancho?! Tuvo que ser algo más que simple irritación, ¡debió ser un sufrimiento severo y horrible!

Me pregunto, ¿será que las perlas son un recordatorio de que cada vez que entramos a nuestro hogar celestial, lo hacemos solo gracias al grande e intenso sufrimiento que tuvo que padecer por nosotros la Perla de gran precio? ¿Será que esas puertas de perla reflejan la cruz de Jesucristo? ¿Nos serán un recordatorio permanente de que Él tuvo que pagar de manera personal un gran precio por la apertura de las puertas de entrada a esa ciudad y para darnos la bienvenida a casa? Cuando entremos a nuestro hogar celestial pasando por los pórticos de perla, habrá a nuestro alrededor símbolos de su amor sacrificial hacia nosotros.

Encuentra esperanza en los habitantes del cielo

¿Quiénes vivirán dentro de esas puertas? El cielo es el lugar más hermoso que jamás se haya imaginado, pero no es simplemente una sala de exhibiciones, ¡es un hogar! Es la casa del Señor Dios Todopoderoso y del Cordero. Juan dijo: "Y no vi en ella templo; porque el Señor Dios Todopoderoso es el templo de ella, y el Cordero" (Ap. 21:22).

La palabra griega que corresponde a "templo", es en este caso la misma palabra que se emplea para hacer referencia al "lugar santísimo", que era el santuario interno del antiguo tabernáculo de los israelitas y más adelante en el interior del templo. Era el lugar donde Dios moraba. El sumo sacerdote podía entrar solamente una vez al año para rociar la sangre de los animales sacrificados sobre el propiciatorio a fin de hacer expiación por el pecado del pueblo de Dios.[18] La Epístola a los Hebreos nos enseña que hoy tenemos "libertad para entrar en el Lugar Santísimo por la sangre de Jesucristo, por el camino nuevo y vivo que él nos abrió a través del velo, esto es, de su carne".[19] En otras palabras, por medio de la muerte y el cuerpo molido de Jesucristo, tú y yo hemos recibido acceso pleno a la presencia de Dios cuando nos acercamos a Él por fe y oración.

En nuestro hogar celestial, no vamos a tener un simple acceso ocasional a la presencia de Dios; ¡vamos a *vivir* en su presencia! ¡Cada momento! ¡Día tras día! ¡Cada semana y mes y año! ¡Por toda la eternidad!

Antes que cayera en cuenta de la profundidad de esta verdad, estaba contrariada por una crisis de índole espiritual. Pensaba que cuando lleguemos al cielo, tú vivirás allá y yo viviré allá, y Jesús también vivirá allá; que tal vez un día Él vendría a visitarme en mi "mansión" y después saldría para visitarte a ti en la tuya. En otras palabras, creía que habría momentos en los cuales no estaría en su presencia inmediata y visible; pero luego me di cuenta de que cuando Juan dijo que "el Señor Dios Todopoderoso es el templo de [la ciudad], y el Cordero", es porque estaba describiendo todo nuestro hogar celestial como el Lugar Santísimo mismo. No habrá un solo lugar en el cielo donde Jesucristo no se encuentre presente física y visiblemente. Puesto que

Él es omnipresente, vivirá plena y completamente conmigo en cada momento, ¡como si fuera la única residente del cielo! Por otra parte, Él vivirá también plena y completamente cada momento contigo como si tú fueras el único residente del cielo, ¡qué lugar tan maravilloso va a ser el cielo!

Además de esto, el Cordero y sus amados no serán los únicos que vivirán en la ciudad celestial, sino que los líderes de las naciones de la tierra también entrarán y saldrán de ella. Juan describió de esta forma la procesión que tendrá lugar: "Y las naciones que hubieren sido salvas andarán a la luz de ella; y los reyes de la tierra traerán su gloria y honor a ella. Sus puertas nunca serán cerradas de día, pues allí no habrá noche. Y llevarán la gloria y la honra de las naciones a ella" (Ap. 21:24-26).

¿Quiénes son estos líderes de las naciones de la tierra? Puesto que sabemos que los únicos que entrarán a la ciudad celestial son aquellos cuyos nombres están escritos en el libro de la vida del Cordero, los líderes y reyes que vienen y van, deben ser parte de la humanidad redimida, ¡incluidos tú y yo! Parece que recibiremos posiciones de liderazgo y responsabilidad en la nueva tierra de tal modo que podremos prestar un servicio especial para Cristo durante toda la eternidad. Sin importar a dónde nos lleve nuestro servicio o en qué consistirá, el hecho es que su fruto siempre será para la gloria de Cristo.

Cuando entremos a nuestro hogar celestial, tendremos el gozo indescriptible de colocar a los pies de nuestro Señor cualquier honor y gloria que hayamos recibido. No habrá planes por debajo de la mesa, ni motivos ocultos, ni ambiciones secretas, ni orgullo y egoísmo de ninguna clase en el cielo. ¡Todos y cada uno de los habitantes del cielo vivirán y servirán para la alabanza y la gloria de Jesucristo! No es de sorprenderse que nuestro hogar celestial sea no solamente un lugar hermoso, sino un lugar lleno de bienaventuranza y bendición.

NUESTRA ESPERANZA DE UN LUGAR BENDECIDO

Si el cielo fuera un lugar hermoso solamente, no sería suficiente; pero la verdad es que el cielo también es un lugar bendecido, un lugar que recibe la plenitud y perfección del favor de Dios. Un lugar que es completa, total, absoluta, serena y permanentemente feliz.

Encuentra esperanza en la fuente de la bendición

Ya hemos considerado la descripción que Juan hace del trono como la autoridad de Dios y el señorío de Jesucristo. Ahora Juan ve "un río limpio de agua de vida, resplandeciente como cristal, que salía del trono de Dios y del Cordero" (Ap. 22:1). El río simboliza la bendición eterna de Dios y fluye desde el trono. La fuente de toda bendición ha sido, y siempre será el trono, es decir, ¡la autoridad de Dios y el señorío de Jesucristo! La vida abundante, la bendición plena, la satisfacción profunda y la paz permanente, todas vienen como resultado de tener una relación correcta con el trono. Esto será una realidad patente en el cielo, y también es cierto en la actualidad.

Cuando Jesucristo ejerce autoridad plena en tu vida...
Cuando te has rendido por completo a Él...
Cuando su voluntad es tu voluntad...
Cuando tú deseas profundamente lo que Él quiere más que lo que tú quieres...
Cuando te niegas a ti mismo, tomas tu cruz todos los días y le sigues...
Cuando vives en una relación correcta con el trono...
¡*Allí* es cuando el río fluye!

Jesús nos prometió esto cuando dijo: "El que cree en mí, como dice la Escritura, de su interior correrán ríos de agua viva". Juan explicó: "Esto dijo del Espíritu que habían de recibir los que creyesen en él".[20] Cuando tú recibes a Jesucristo por fe como tu Salvador, el Espíritu Santo viene para vivir en tu interior, y cuando el Espíritu del Señor es Señor de tu vida, el río corre libremente[21] dentro de ti para llenar tu vida con bendición y para fluir desde ti como una fuente de bendición para otros, ¡pero el Espíritu *debe* ser el Señor de tu vida!

Encuentra esperanza en la distribución de la bendición

Al lado del camino que conduce a la montaña donde crecí, hay un manantial de agua dulce. Mi madre y yo habíamos cavado alrededor de él para rodearlo con piedras y colocar un tubo adentro. Hasta el día de hoy, el agua fluye desde el manantial, pasa por el tubo y cae dentro de una vieja cubeta de madera que se llena de agua fresca de manantial y finalmente se desborda hacia una quebrada al lado del camino.

En algunas ocasiones, una piedra pequeña o una hoja o una salamandra queda alojada en el tubo y demora o detiene el flujo de agua que entra a la cubeta. Cuando eso sucede, mamá se apresura a meter un palo delgado en el tubo para sacar el escollo y hacer que el agua vuelva a correr libremente.

Nuestra vida es semejante a esa cubeta de madera porque está conectada a la fuente de agua viva del Espíritu Santo gracias a nuestra relación personal con Dios por medio de la fe en Jesucristo. Cuando nos hemos rendido totalmente al Espíritu Santo que vive en nosotros, somos llenados de aguas vivas a tal punto que nuestra vida se vuelve desbordante y podemos distribuir la bendición en las vidas de los que nos rodean.

Pero cuando algo obstaculiza nuestra relación con Dios, el fluir del Espíritu Santo en y a través de nuestra vida queda bloqueado. El obstáculo a veces no tiene que ser grande. Puede tratarse de un pecado "pequeño" o una resistencia "menor" a la voluntad de Cristo en algún área de nuestra vida, o puede ser un rencor albergado en silencio o pensamientos de lujuria, o una actitud desconsiderada y egoísta, o una mentira o una simple respuesta con enojo. Así como el escollo en el tubo, es necesario quitar ese pecado, confesarlo específicamente y luego arrepentirnos del pecado antes de que el Espíritu Santo esté de nuevo en libertad para llenarnos hasta el borde y más todavía.

¿Te sientes seco o seca espiritualmente? ¿Qué está impidiendo el paso libre del río en tu vida? ¿Estás en disposición de confesar tu pecado por su nombre propio, arrepentirte y pedirle al Espíritu Santo que te llene de su misma presencia?

A medida que el Espíritu Santo llena tu vida, la visión de la gloria de Cristo te da la promesa de que vas a ser fructífero: "En medio de la calle de la ciudad, y a uno y otro lado del río, estaba el árbol de la vida, que produce doce frutos, dando cada mes su fruto; y las hojas del árbol eran para la sanidad de las naciones" (Ap. 22:2).

Si el río del agua de vida (el Espíritu Santo y la bendición que Él trae) nos está llenando a ti y a mi, habrá evidencia externa de su fruto: amor, gozo, paz, paciencia, benignidad, bondad, fe, mansedumbre y templanza.[22] No tenemos que luchar para producir este fruto, así como un árbol no hace fuerza para producir capullos que luego florecen, y después hojas y frutos; todo sucede como el resultado natural de la sabia que fluye libremente en el interior del árbol y que automáticamente sube por el tronco en la primavera.

¿Te estás esforzando mucho en alcanzar la semejanza a Cristo? ¿Estás haciendo inventarios constantes del "fruto" que se manifiesta en tu carácter? En lugar de enfocarte en el fruto y hacer grandes esfuerzos para demostrar amor, bondad o benignidad, simplemente enfócate en tu relación con Cristo. ¿Estás manteniendo una relación sin obstáculos con Él? Si es así, resulta *inevitable* que vayas a llevar fruto.

Su fruto no se hará evidente tan solo en nuestro carácter, sino también en nuestro servicio. La declaración de Juan: "Las hojas del árbol eran para la sanidad de las naciones" (Ap. 22:2*b*), implica que el cielo será un lugar de ministerio y servicio. Nuestro hogar celestial será un hogar bendecido, donde la evidencia externa del Espíritu Santo se revela en el carácter y servicio de cada persona al tiempo que vivimos y servimos para la gloria de Dios.

¿Alguna vez te has preguntado si vas a aburrirte en un lugar tan hermoso y bendecido? ¿Te has preguntado si vas a cansarte de ser bueno y servir al Rey y vivir en tu hogar celestial todo el tiempo? Tengo que admitir que lo he hecho, pero la presencia de agua indica que seguiré sintiendo sed, y la presencia de frutos diferentes me indica que seguiré sintiendo hambre, y las hojas que son para sanidad me hacen pensar que voy a seguir teniendo necesidades que satisfacer. En otras palabras, seguiré enfrentando retos constantes y cada uno de ellos será resuelto en Cristo. Estaré continuamente sedienta y continuamente satisfecha. Estaré continuamente hambrienta y continuamente saciada. Tendré necesidades continuas y seré sanada continuamente de esas necesidades. El hambre y la sed me mantendrán siempre cerca del río en una actividad constante y gozosa.

El curso del río de bendición no solamente trae consigo fruto, sino también libertad: "Y no habrá más maldición" (Ap. 22:3). Cuando Adán y Eva pecaron, tuvieron que sufrir las consecuencias, a las cuales hace referencia la Biblia como una "maldición". Las consecuencias fueron sufridas por Adán y Eva así como sus descendientes y toda la creación, incluyendo animales y la vida vegetal. Sobre ellos cayó la maldición de que vivirían separados de Dios, condenados a morir física y espiritualmente, condenados a luchar para sobrevivir tan solo para ser derrotados al final por la muerte.[23] Ahora Juan nos cuenta que el río de la vida traerá en su recorrido libertad definitiva y permanente frente a la maldición que cayó sobre toda la creación. ¡Ya no caerán las hojas de los árboles ni morirán las plantas, ni se marchitará la hierba ni las flores, y los pájaros cantarán de alegría![24]

Seremos libres del pecado, el sufrimiento y la muerte. Nadie envejecerá ni se deteriorará, nadie estará extenuado ni será ignorante, egoísta, enfermizo o débil. Por primera vez en tu vida, serás totalmente libre de los recuerdos de la culpa y las cicatrices del pecado.

En cierta ocasión hablé con una querida mujer quien había sido víctima de maltrato cuando estaba creciendo, y ella a su vez se había convertido en una madre abusiva. Aunque había recibido a Cristo como su Salvador y estaba perdonada de su pecado, y a pesar de que en el nombre de Cristo había elegido perdonar a quienes habían pecado contra ella, sus recuerdos de esos años de maltratos que había padecido eran como demonios que la atormentaban. Oré con ella e hice todo lo que estuvo a mi alcance para darle a conocer el amor y la gracia de Dios para con ella, pero al final supe que ella nunca habría de ser completamente libre de las cicatrices y los recuerdos del pasado hasta que la "maldición" sea quitada de manera definitiva y permanente en el cielo.

Un día seremos libres del pecado y su maldición, libres para servir al Señor en poder y abandono gozoso. Le serviremos como siempre hemos anhelado servir.

Sin duda alguna nuestro gozo hará que en las puertas del cielo se entonen a viva voz cánticos de alabanza para Aquel sentado sobre el trono, y para el Cordero, como ya hemos visto. ¡Me cuesta esperar para cantar las notas más altas en ese coro celestial!

Seguramente nuestro gozo saturará el cielo con nuestras palabras de alabanza cuando le estemos contando a los demás todo lo que nuestro gran Dios ha hecho por nosotros. ¡Tengo la esperanza de que vamos a ver la "película" original de Génesis 1! ¡Casi te podría garantizar que no va a comenzar con una gran explosión! ¿Cómo será escuchar los pregones de Noé? ¿Ver a Daniel orar? ¿Ver a Enoc andar? ¿Escuchar a David cantar? ¿Ver a Elías invocando el nombre de su Dios? ¿Escuchar a Pablo predicar y a Pedro decir lo primero que se le ocurre?

Me gustaría escuchar el testimonio de los misioneros que se esforzaron en difundir el evangelio por las junglas suramericanas y cuyas vidas fueron amenazadas, e incluso cegadas por narcotraficantes.

Me gustaría oír el testimonio de pastores en África cuando alentaban a sus congregaciones muertas de hambre, y el testimonio de los cristianos en Europa oriental quienes eligieron amar a sus prójimos como a sí mismos, y también el testimonio de los que vivieron bajo regímenes ateos pero decidieron amar al Señor su Dios con todo su corazón, alma, mente y fuerzas sin importar las consecuencias temporales que sufrirían en la tierra.

También me gustaría escuchar el testimonio de creyentes comunes y corrientes, ¡me gustaría escuchar *tu* testimonio! Quiero escuchar los testimonios de hombres y mujeres de negocios que conservaron su integridad cuando se vieron confrontados por la codicia y la deshonestidad...

Lo mismo a jóvenes que mantuvieron su pureza cuando se vieron confrontados por la inmoralidad...

Y a esposos que mantuvieron su unidad al verse confrontados con el divorcio...

Y a amas de casa que mantuvieron a sus familias ante la confrontación de una carrera exitosa...

Y a padres y madres solteros que criaron hijos piadosos manteniendo por necesidad sus trabajos y hogares al mismo tiempo...

¡Quiero escuchar el testimonio acerca de la suficiencia de la gracia de Dios!

Quiero escuchar las historias emocionantes acerca de la manera como su fuerza se perfeccionó en la debilidad cuando un cónyuge decidió apartarse, cuando un hijo perdió la vida, cuando uno de los padres murió, cuando un negocio fracasó, cuando la tragedia golpeó sin miramientos.

Nos tomará una eternidad escuchar todos los testimonios que queremos escuchar, y cada testimonio será un relato auténtico de la misericordia y gran fidelidad de Dios que son nuevas cada mañana y frescas en cada anochecer. ¡El universo entero resonará con nuestra alabanza de la gloria de su gracia!

De una cosa también debes estar seguro: nuestra prioridad no será solamente cantar sus alabanzas o testificar de su bondad, por bienaventurado y maravilloso que esto será en realidad. Nuestra prioridad será adorar al Cordero y servir al Rey para siempre jamás.

Juan declara: "El trono de Dios y del Cordero estará en [la ciudad], y sus siervos le servirán... y reinarán por los siglos de los siglos" (Ap. 22:3, 5). Regiremos con Él en el universo, transmitiremos el conocimiento de Él en todas partes y *nunca* nos cansaremos de hacer el bien. Nuestra obra fluirá de nuestra adoración, ¡y le serviremos en perfección de amor!

Cuando le estemos sirviendo, experimentaremos un compañerismo lleno de bendición para todos. Seremos los que "verán su rostro, y su nombre estará en sus frentes" (Ap. 22:4). ¡Su nombre será nuestro nombre! Su rostro siempre estará dirigido hacia nosotros porque nunca más estaremos separados de Él. Será como Pablo le describió a los corintios: "Ahora vemos por espejo, oscuramente; mas entonces veremos cara a cara. Ahora conozco en parte, pero entonces conoceré como fui conocido".[25]

La meta de mi vida entera es conocer a Dios. Por lo tanto, invierto tiempo en la oración y la lectura de la Biblia. Invierto esfuerzos en el estudio bíblico y la aplicación de lo aprendido en la vida práctica. Procuro vivir en obediencia y servir con humildad, siendo sensible a la dirección del Espíritu Santo. Hago todo esto con la esperanza y por el propósito de crecer en mi conocimiento personal de Dios. No obstante, después de toda una vida de haber estado persiguiendo esa meta, al final mi conocimiento será solo parcial, y lo frustrante es que en el mejor de los casos será incompleto. Pero un día, cuando le vea y le sirva cara a cara, le conoceré plenamente, incluso como Él me conoce a mí, ¡y eso sin lugar a dudas será el cielo para mí!

Cada ser humano, sin importar cuánta riqueza, poder y conocimiento pueda acumular, sin importar cuán pequeño e insignificante sienta que es, en último término será derrotado por la muerte. La muerte es el gran igualador de todos, pero la visión de su gloria te da esperanza cuando eres derrotado por la muerte. Te da esperanza porque has puesto tu fe en Jesucristo; ¡tu nombre ha sido escrito en el libro de la vida del Cordero! La visión de su gloria te da esperanza porque revela que este mundo no es tu hogar, que la muerte no tiene la última palabra, que un día tu fe se convertirá en vista y podrás ver las puertas de perla que se abren para darte la entrada a tu hogar.

Y lo mejor de todo es que escucharás al Rey decir: "¡Bienvenido, bienvenida a casa!"

[La gracia de Dios nos enseña] que, renunciando a la impiedad y a los deseos mundanos, vivamos en este siglo sobria, justa y piadosamente, aguardando la esperanza bienaventurada y la manifestación gloriosa de nuestro gran Dios y Salvador Jesucristo.

Tito 2:12-13

¡Esperanza que enciende nuestros corazones!

Apocalipsis 22:6-21

La iglesia en Libera, África, fue aislada del resto del mundo durante la guerra civil más sangrienta del país. El pastor de una iglesia en la ciudad capital de Monrovia, cuando escribía a la luz de una vela el mensaje de una tarjeta navideña que haría llegar a los líderes de su denominación, expresó la esperanza de su corazón: "Mi vela pronto se extinguirá, pero el sol está saliendo en el horizonte. ¿Quién necesita de una vela cuando se tiene al Sol naciente de la justicia, el Hijo de Dios?"

¿Qué cosa te ha hecho sentir que la vela de esperanza que rutila en tu vida se va a extinguir pronto? ¿Una guerra civil en tu hogar? ¿Discordia en tu matrimonio? ¿Problemas en tus negocios? ¿Acaso la fuente de tu desesperanza no es algo que puedas señalar con precisión sino simplemente un sentimiento general de depresión, desilusión, desánimo, desasosiego y derrota? Después de leer el libro de Apocalipsis, ¿estás convencido de que Jesucristo reinará en el mundo en algún tiempo en el futuro, pero no sabes qué diferencia hace esa realidad en tu vida hoy?

La visión de su gloria concluye con un reto para que experimentemos la influencia de la esperanza hoy día. Somos alentados a no poner nuestra esperanza en las cosas de este mundo, sino en mantenernos enfocados en el sol naciente quien es el Hijo, en todos los aspectos de nuestra vida.

El Antiguo Testamento describe cómo fue que durante unos catorce años después que David fue ungido por Dios como rey sobre el pueblo de Dios, él no pudo sentarse sobre el trono. Su enemigo Saúl detentaba el poder, y durante ese tiempo Saúl hizo en su desespero todo lo que pudo para destruir a David y a quienes le fuesen leales. Cuatrocientos hombres con estilos de vida muy diferentes estaban aterrados de Saúl. A ellos les parecía que él era invencible en su poder e inamovible en su posición de autoridad. Agobiados por la aparente permanencia del mando de Saúl sobre ellos, los cuatrocientos hombres se dejaron vencer por el descontento, la pesadumbre y el desánimo en sus vidas diarias. Dejaron extinguir la vela de su esperanza.

Entonces escucharon acerca de David. Oyeron que él era el rey ungido por Dios y que un día él reinaría desde el trono en Jerusalén, también oyeron acerca de su victoria sobre Goliat y el ejército de los filisteos, y de sus reiteradas escaramuzas con Saúl y otros enemigos. Escucharon rumores de que él era un líder valiente y compasivo al mismo tiempo, quien había salido invicto en todas las batallas. Por esta razón, esos cuatrocientos hombres dejaron todo atrás y pusieron toda su esperanza en David. "Y se juntaron con él todos los afligidos, y todo el que estaba endeudado, y todos los que se hallaban en amargura de espíritu, y fue hecho jefe de ellos".[1]

David, como un rey en exilio, se convirtió en el foco de esperanza y movilización para el pueblo de Dios. Su liderazgo en sus vidas, incluso antes de ejercer su mando desde el trono en Jerusalén, cambió radicalmente la perspectiva que ellos tenían del presente así como del futuro. ¡David les dio esperanza!

Los cuatrocientos hombres que vivieron con él y pelearon por él y pusieron toda su esperanza en él se convirtieron en los hombres valientes de David, y cuando él fue coronado rey de Israel, ellos reinaron con él.

En cierto sentido, el Señor Jesucristo es el Rey ungido de Dios que ha estado en el exilio. Los enemigos conformados por Satanás, el pecado y la carne, reinan supremos en su trono terrenal de autoridad. A menudo estos "reyes", como el rey Saúl, parecen invencibles en su poder e inamovibles en sus posiciones, lo cual hace que nuestra vela de esperanza se debilite y trate de apagarse.

¡Pero hemos escuchado acerca del verdadero Rey! ¡Hemos oído del ungido de Dios! ¡Sabemos acerca de su liderazgo valiente y compasivo sin igual! ¡Hemos escuchado acerca de sus victorias sorprendentes y sus grandes trofeos obtenidos en batalla! Cuando nuestra vela se debilita, nuestra esperanza en Él enciende el fuego de nuestro corazón para tener una fidelidad ferviente hacia Él. Quizás nuestra vela de esperanza ha estado a punto de extinguirse: "pero el Hijo de Dios ha venido, el sol naciente de la justicia está en el horizonte, y ¿quién necesita una vela cuando se tiene al sol?"

La visión de su gloria nos muestra al Rey llamando su pueblo a movilizarse, retándonos a poner toda nuestra esperanza en Él. ¡Haz que Él sea tu prioridad! ¡Dale toda tu lealtad! ¡Aviva la llama de tu amor por Él! ¡Vive para Él! ¡Sírvele a Él! ¡Sé fiel a tu Rey en el exilio! Un día, ¡tú reinarás con Él!

ESPERANZA QUE ENCIENDE NUESTRA FIDELIDAD A SU PALABRA

Se cuenta la historia de un acróbata que caminó sobre la cuerda floja atravesando las cataratas del Niágara. Se agolpó una multitud que a una hacía exclamaciones de admiración y pavor ante su notable hazaña. Después, para sorpresa de todos, él empujó una carretilla ida y vuelta por la cuerda floja que se había tendido sobre los dos extremos de las cataratas. En unos instantes se hizo silencio absoluto y estupefacto, luego todo el gentío estalló en vivas, chiflidos y más aplausos. Cuando los espectadores se tranquilizaron para ver qué haría el acróbata a continuación, él dijo en voz alta: "Ya caminé solo por la cuerda floja de un lado al otro, también empujé una carretilla desocupada hasta el otro lado y me devolví por la cuerda floja con la carretilla cargada. ¿Cuántos creen que soy capaz de llevar a una persona en la carretilla sobre la cuerda floja hasta el otro lado?

La multitud gritó con entusiasmo: "¡Sí, creemos que usted puede!"

Entonces el acróbata les lanzó el reto: "¿Quién se ofrece de voluntario para montarse en la carretilla y permitirme empujarla hasta el otro lado?"

De repente el gentío quedó inmerso en un silencio sepulcral. Empezaron a dar la vuelta, voltear la mirada y descolgar sus cabezas. Por último, desde la parte de atrás, un anciano menudo y endeble pasó en medio de la multitud y dijo: "Yo lo hago".

Para consternación y asombro de los espectadores, el hombre se introdujo en la carretilla y el acróbata lo llevó hasta el otro lado de las cataratas del Niágara, ¡para luego traerlo de vuelta sano y salvo, y recibir una estridente ovación de los que observaban el acontecimiento! Todas las personas allí reunidas *dijeron* que creían, pero el anciano fue el único que estuvo dispuesto a *comprometerse* con lo que dijo haber creído. Él fue el único dispuesto a arriesgarlo todo para demostrar su fe. Teniendo en mente esta anécdota, las palabras del ángel son un reto personal cuando la visión de la gloria de Cristo se acerca a su conclusión: "Y [el ángel] me dijo: Estas palabras son fieles y verdaderas. Y el Señor, el Dios de los espíritus de los profetas, ha enviado su ángel, para mostrar a sus siervos las cosas que deben suceder pronto. [Jesús dijo]: ¡He aquí, vengo pronto! Bienaventurado el que guarda las palabras de la profecía de este libro" (Ap. 22:6-7).

¿Crees tú lo que el ángel le dijo a Juan? ¿Que no solamente estas palabras, sino la Palabra de Dios en todo su conjunto es digna de confianza y verdadera? ¿Que todas las cosas descritas en su Palabra van a suceder porque Dios así lo ha dicho?

Si no lo has hecho antes, ¿estás dispuesto a tomar en este momento la decisión de *creer* la Palabra de Dios? Quizá no entiendas todo lo que ella dice, pero acéptala por fe como la verdad porque es *la Palabra de Dios*, ¡y Él no miente! Él es todo un caballero, ¡puedes contar con el honor de su Palabra!

¿*Crees realmente* lo que el ángel le dijo a Juan? Si es así, ¿estás dispuesto a demostrar tu fe asumiendo el compromiso personal de leer y acatar la Palabra de Dios, de guardarla tal como Jesús nos ha mandado hacerlo?

La promesa de bendición y bienaventuranza para los que "guardan las palabras de la profecía de este libro" es dada por Jesucristo directamente. La promesa alude de forma específica al libro de Apocalipsis, pero se aplica en términos generales a toda la Biblia. Cuando habla de guardar la Palabra, no quiere decir que compremos una Biblia y la metamos en un aparador o en la mesa de noche para desempolvarla cada semana y llevarla a la iglesia. *Guardar* la Palabra significa que invertimos tiempo para leerla, estudiarla, aplicarla y obedecerla. La guardamos en nuestro corazón, en nuestra mente y en nuestros labios, y la bendición que recibimos es una esperanza creciente, confiada y plenamente comprometida con Jesucristo, ¡porque Él solamente es nuestra esperanza![2]

La visión de su gloria enciende nuestra fidelidad a la Palabra porque vamos a experimentar cada vez más la firmeza de su estabilidad a medida que todas las demás cosas en el mundo que nos rodean parecen colapsar. No existe otro fundamento sobre el cual podamos edificar nuestra vida, ninguna otra Roca sobre la cual mantenernos de pie, ningún otro propósito por el cual valga la pena vivir, ningún otro Señor quien sea capaz de regir sobre nuestra vida para que podamos vivir en victoria en un mundo cada vez más derrotado y falto de esperanza, ¡solo Jesús! ¡Él es revelado por Dios a través de su Palabra! Por lo tanto, tú no puedes hacer algo más importante que sacar tiempo todos los días para la Palabra de Dios. ¡Guarda la Palabra! ¡Lee la Palabra! A la luz de la visión de su gloria, ¡sé fiel a la Palabra!

ESPERANZA QUE ENCIENDE NUESTRA FIDELIDAD EN LA ADORACIÓN

Adorar a Dios significa literalmente atribuirle el valor y la dignidad que se merece. Atribuimos valor a Dios al ocuparnos con Él y asegurarnos que Él sea nuestra prioridad por medio de estar enfocados en Él, obedecer lo que Él dice, alabándole por quien Él es y lo que ha hecho, así como postrándonos a sus pies como si hubiésemos caído muertos ante Él.

Después de haber experimentado la visión de la gloria de Cristo, uno podría esperar que Juan quedara tan asombrado con lo que había visto y oído que le habría sido imposible siquiera considerar la posibilidad de adorar a cualquier cosa o persona fuera del único Dios verdadero. No obstante, por improbable que esto parezca, Juan confiesa humildemente: "Yo Juan soy el que oyó y vio estas cosas. Y después que las hube oído y visto, me postré para adorar a los pies del ángel que me mostraba estas cosas. Pero él me dijo: Mira, no lo hagas; porque yo soy consiervo tuyo, de tus hermanos los profetas, y de los que guardan las palabras Dios este libro. Adora a Dios" (Ap. 22:8-9).

¿Puedes creerlo? En la conclusión de la visión de la gloria de Cristo que había recibido, ¡Juan se postró para adorar a alguien diferente a Dios! ¿Cómo pudo suceder esto?

¿Cómo es posible que una persona que había escuchado la voz que le mandó registrar por escrito la visión gloriosa...

quien había escuchado la evaluación justa y precisa de los corazones de siete iglesias...

quien había visto al Cordero sobre el trono en el centro del univer-

so y escuchado a millones y millones de ángeles acompañados por todo ser viviente en el universo dando "alabanza, honra, gloria y poder" a Aquel quien es el único digno de recibirlas...
 quien había sido testigo ocular del juicio del Señor ejecutado con misericordia...
 quien había temblado ante la ira de Dios cuando se derramaba sobre una raza humana rebelde y blasfema...
 quien se había emocionado con el regreso triunfal del Rey para establecer su mando sobre la tierra durante mil años...
 quien había visto a Satanás lanzado al lago de fuego y a todos los incrédulos juzgados ante el gran trono blanco, y la nueva Jerusalén bajando del cielo como una morada eterna para Dios y su pueblo...
 ...cómo puede ser que *Juan*, quien había contemplado la visión de la gloria de Cristo *de primera mano*, se rebajara a adorar a un ángel? No obstante, eso fue exactamente lo que hizo; y si él lo hizo, ¿no estamos tú y yo, que hemos recibido la visión de la gloria de Cristo de segunda mano, en peligro de cometer el mismo pecado?

Si no hacemos el esfuerzo consciente de ser fieles en nuestra adoración a Dios como resultado de la visión de su gloria, ¡es posible que terminemos haciendo lo mismo que Juan hizo!

Cuando hayas terminado de leer este libro, ¿Cuál va a ser tu enfoque? ¿Lo vas a poner a un lado y vas a dejar que tus circunstancias ocupen todo el foco de tu atención? ¿Permitirás que las obligaciones laborales y las responsabilidades familiares, y las actividades en la iglesia y la acumulación de bienes materiales, y el cuidado de las posesiones que has acumulado o simplemente tu rutina diaria, desalojen a Cristo de su posición preeminente sobre tu vida? En lugar de buscar primeramente el reino de Dios y su justicia, ¿tratarás de programarlos para algún momento de tu tiempo libre?

La visión de su gloria enciende nuestra fidelidad en la adoración porque exalta la unicidad y exclusividad de Jesucristo en nuestra vida. Nada ni nadie más es digno de nuestra adoración. ¡Solo Jesucristo! A la luz de la visión de su gloria, ¡sé fiel en adorarle solo a Él!

ESPERANZA QUE ENCIENDE
NUESTRA FIDELIDAD A SU OBRA

Por último, el ángel le dijo a Juan: "No selles las palabras de la profecía de este libro, porque el tiempo está cerca. El que es injusto, sea injusto todavía; y el que es inmundo, sea inmundo todavía; y el que es justo, practique la justicia todavía; y el que es santo, santifíquese todavía" (Ap. 22:10-11).

Al final del libro de Apocalipsis, al final de la Biblia, ¡A Dios ya no le queda más que agregar! Si la salvación es rechazada, la única alternativa es el juicio. Si el cielo es rehusado, la única alternativa es el infierno. Si la revelación de Jesucristo desde Génesis hasta Apocalipsis no ha llevado al lector a una confesión humilde de su pecado, a su arrepentimiento del pecado y su conversión a Cristo por medio de la fe, nada más puede hacerlo. Si el mensaje de salvación de Dios es rechazado, no existe otro en todo el universo. Charles H. Spurgeon dijo sobre esto: "[Más allá de la tumba] no hay esperanza para el cambio de carácter. Donde nos deje la muerte, allí mismo nos encontrará el juicio y nos mantendrá la eternidad".[3]

¡El tiempo se agota! Se acerca el día cuando no solamente los incrédulos perderán toda oportunidad para arrepentirse y salvarse del juicio, ¡sino que los creyentes también perderán toda oportunidad de trabajar para el Señor en la tierra! Jesús dijo: "Me es necesario hacer las obras del que me envió, entre tanto que el día dura; la noche viene, cuando nadie puede trabajar".[4] Cuando venga la noche, bien sea con la muerte o con el arrepentimiento, nuestra obra en la tierra cesará por completo. Cinco minutos antes de que eso suceda, ¿qué cosas desearás haber hecho diferente en tu vida terrenal? ¿Querrás haber enseñado esa clase de Escuela Dominical que no aceptaste, o haber abierto tu casa para un grupo de oración del vecindario, o haber empezado un estudio bíblico a la hora del almuerzo con tu compañero de trabajo quien había mostrado tanto interés, o haber ido en ese viaje misionero, o haberte puesto a disposición de la iglesia para cualquier servicio requerido, o haber escrito esas notas de ánimo que siempre tuviste la intención de escribir para los misioneros, o haber empezado un culto de adoración en el hogar de ancianos donde visitabas a tus padres, o _____ ? Llena tú mismo(a) el espacio en blanco. ¿Qué vas a desear haber hecho cuando ya es demasiado tarde para hacer algo? Sea lo que sea, ¡simplemente hazlo! *¡Ahora mismo!*

Cuando estaba creciendo, mi padre viajaba mucho. Para ayudarnos a recordar más sus "llegadas" que sus "salidas", siempre que él regresaba de un viaje traía una sorpresa para cada uno de sus pequeños. Por lo general era algo que había comprado en alguna tienda de regalos de un aeropuerto u hotel, ¡pero a juzgar por nuestra reacción podría tratarse del mismísimo diamante de la esperanza! ¡Teníamos que aguantarnos las ganas de escarbar sus maletas apenas él entraba por la puerta! Nos costaba esperar para ver qué nos había traído. Mi experiencia de la infancia parece relacionarse con la promesa de nuestro Señor: "He aquí yo vengo pronto, y mi galardón conmigo, para recompensar a cada uno según sea su obra" (Ap. 22:12). Su Señor está a punto de regresar de un largo "viaje", y tiene una "sorpresa" para todos y cada uno de sus hijos quienes han sido fieles a su obra. Cuando Él esté repartiendo las sorpresas, ¿habrá una para ti?

La visión de su gloria enciende el deseo de ser fieles en nuestra obra para el Señor porque nos motiva a aprovechar cada momento que nos queda. También mantiene nuestro enfoque en el esquema general de cosas para que "no nos cansemos, pues, de hacer bien".[5] A la luz de la visión de su gloria, vivimos para recibir las coronas dadas como recompensas por el servicio a Cristo, y esas serán las mismas coronas que un día podremos poner a sus pies como nuestra expresión máxima de rendición y devoción a Él. A la luz de la visión de su gloria, ¡sé fiel en trabajar para Cristo!

ESPERANZA QUE ENCIENDE NUESTRA FIDELIDAD PARA LAVARNOS

¿Ser fieles en *lavarnos*? ¿Acaso no suenan así las instrucciones de último minuto que tu mamá te daba cuando salías a un campamento o para la escuela?

"Asegúrate de alimentarte con un buen desayuno".
"Asegúrate de llevar un paraguas".
"Asegúrate de abotonarte el abrigo".
"Asegúrate de cepillarte los dientes".
"Asegúrate de lavarte bien detrás de las orejas".

Una de las instrucciones de último minuto que nuestro Señor nos da al llegar al final de la Biblia, que de por sí es un libro lleno de instrucciones vitales, es un resumen del reto que debería ser la visión de su gloria para nuestra vida diaria: "Bienaventurados los que lavan sus ropas, para tener derecho al árbol de la vida, y para entrar por las puertas en la ciudad. Mas los perros estarán afuera ,y los hechiceros, los fornicarios, los homicidas, los idólatras, y todo aquel que ama y hace mentira" (Ap. 22:14-15).

Nuestras ropas simbolizan la buena posición que mantenemos ante Dios y que nos fueron dadas en la cruz de Cristo a cambio de los trapos de inmundicia que eran nuestra propia justicia. Cuando recibimos esa ropa nueva, somos perdonados por todos nuestros pecados.[6] Puesto que Jesús murió en la cruz por mi pecado hace dos mil años, y puesto que en ese punto todo mi pecado era futuro para Él, cuando reclamo por fe la cruz para recibir perdón, todo mi pecado es cubierto por su sangre. Esto incluye pecados pasados, presentes y futuros. Incluye pecados que consideramos pequeños, como el chisme y las mentirillas blancas; también incluye pecados que consideramos intermedios, como un arranque de ira; e incluye lo que calificamos de pecados grandes como el homicidio, el adulterio y el robo. ¡Todos sin excepción son perdonados en la cruz de Cristo!

Estaba tratando de explicarle esto a una mujer acusada de homicidio mientras hablábamos antes de su ejecución. Le pregunté si alguna vez había ido a la playa y dijo que sí. Luego le pregunté si había visto orificios pequeños en la arena como los que hacen los cangrejos, y dijo que sí. Le pregunté si había visto hueco de tamaño mediano que quizás habían resultado del trabajo de un niño después de haber hecho un castillo de arena, y asintió con la cabeza. Luego pregunté si había visto hoyos grandes como los hechos por una draga cuando se está construyendo un canal, y otra vez dijo que sí. Luego le pregunté: "¿Qué sucede cuando la marea sube? El agua cubre todos los orificios por igual, ¿no es así?"

"¡Sí!" dijo ella, y sonrió con alivio y comprensión radiantes.

La sangre de Jesús es como la marea. Cuando la reclamamos para cubrir nuestro pecado, cubre *todo* nuestro pecado. Pecados grandes, pequeños y medianos sin excepción. Pecados pasados, presentes y futuros sin distinción. ¡Todos son perdonados por medio de la sangre de Cristo!

Si continuamos pidiendo perdón, estamos dejando implícito que no creemos en la suficiencia de la cruz para limpiarnos de cualquiera y todos nuestros pecados. Una vez que hemos sido perdonados de verdad, el hecho de orar de nuevo: "Señor, perdóname..." es como decir realmente: "Señor, no creo que me hayas perdonado de todo cuando te lo pedí antes, así que aquí estoy para pedírtelo otra vez..." Esto revela incredulidad en el poder de la sangre de Cristo. Al saber que no tenemos que pedir el perdón de nuestros pecados en repetidas ocasiones, ¡podemos simplemente vivir disfrutando nuestra condición de pecadores perdonados por completo! ¡Nunca tenemos que pedir perdón de nuevo porque no podemos ser más perdonados de lo que ya hemos sido!

Aunque su amor por nosotros demostrado en la cruz nos lleva a aborrecer el pecado, ¡el hecho es que seguimos pecando! Una vez que hayamos sido perdonados, el pecado nunca podrá hacer que dejemos de ser hijos de nuestro Padre celestial, pero sí puede romper nuestra comunión con Él. Por eso dice en la Palabra: "Si confesamos nuestros pecados, él es fiel y justo para perdonar nuestros pecados, y limpiarnos de toda maldad".[7]

La palabra *confesar* significa que digamos lo mismo acerca de nuestro pecado que lo que Dios dice acerca de nuestro pecado. Algunas veces cambiamos las etiquetas para hacer que el pecado parezca lo que no es en realidad.

Llamamos a la incredulidad "preocupaciones".
Llamamos a la mentira "exageración".
Llamamos al orgullo "autoestima".
Llamamos al adulterio "aventura amorosa".
Llamamos al homicidio "derecho a elegir".
Llamamos al homosexualismo "la vida alegre".

La lista podría seguir indefinidamente. Confesar tu pecado significa dejar de jugar con los motes y las etiquetas para decir lo mismo que Dios dice al respecto. Llámalo por nombre propio, trátese de enojo, celos, orgullo, mentira, odio, egoísmo, robo, lujuria... Solo cuando confesemos nuestro pecado seremos limpiados y lavados con el propósito de mantener nuestra buena comunión con Dios.

Cuando una de mis hijas estaba en su primer año de universidad, tuvimos un desacuerdo con relación a las clases que iba a tomar el segundo semestre. Como ella estudiaba a unos dos mil kilómetros de distancia, la discusión tuvo lugar por teléfono, y ella me colgó. Traté de llamarla de nuevo pero no contestó la llamada. Durante cuatro días traté sin éxito de contactarla. Ella no había dejado de ser mi hija, ¡pero definitivamente teníamos una relación deteriorada!

Como se dieron las cosas, a la semana siguiente mis viajes programados incluían una visita a una ciudad cercana al lugar donde ella estaba, e hice arreglos para poder ir a verla. Cuando la confronté, ella confesó lo que había hecho mal. Lloramos, oramos, nos abrazamos y arreglamos las cosas .de inmediato, ¡nuestra comunión filial fue restaurada! De la misma forma, cuando pecamos contra Dios no es que dejemos de ser sus hijos, pero sí debemos acudir a Él en oración y confesar nuestros pecados, diciendo con toda sinceridad que lamentamos haberlos cometido, con el fin de arreglar las cosas y restaurar la relación.

Cuando Jesús le dijo a Juan: "Bienaventurados los que lavan sus ropas" (Ap. 22:14*a*), Él quería decir que son bienaventurados quienes no solamente han sido perdonados, sino que confiesan a diario su pecado para que puedan ser limpiados y mantener una comunión dulce, correcta, y amorosa con el Padre. Cuando Él siguió diciendo: "...para tener derecho al árbol de la vida" (Ap. 22:14*b*), estaba prometiendo que ellos tendrían una satisfacción plena y profunda cuando estén disfrutando de la vida eterna; y cuando dijo que ellos podrían "entrar por las puertas en la ciudad" (Ap. 22:14*c*), estaba reconociendo que han hallado esperanza porque llevaron sus vidas siendo conscientes de su aceptación por parte de Dios y de que son bienvenidos en su presencia, sin alguna cosa que esconder o que temer en absoluto.

La visión de su gloria enciende nuestra fidelidad para lavar nuestras ropas (confesar nuestros pecados a diario) porque no sabemos en qué momento vamos a estar de repente cara a cara delante de Aquel quien es el Señor de señores y el Rey de reyes, y no queremos que ese momento llegue cuando estemos viviendo fuera de comunión y en una relación deteriorada con Él.

A la luz de la visión de su gloria, ¿no es hora ya de lavar una buena tanda de ropa?

ESPERANZA QUE ENCIENDE
NUESTRA FIDELIDAD PARA TESTIFICAR

A mí siempre me ha encantado leer. Uno de mis libros favoritos cuando estaba creciendo se titulaba *Una pequeña princesa*, de la escritora Frances Hodgeson Burnett. En la trama, la heroína Sara Crewe es condenada a convertirse en la criada de limpieza en una escuela exclusiva para niñas en Londres. Cierta Navidad ella está haciendo algunas diligencias para el cocinero recorriendo las calles cubiertas de nieve, vestida con ropa raída y con huecos en los zapatos. Estaba haciendo un frío insoportable y ella se sentía exhausta físicamente y agobiada en su espíritu. No tenía dinero, ni familia, ni amigos, ni esperanza de tener algo mejor en la vida.

Cuando Sara estaba regresando a la escuela al final de la tarde, pasó por una casa cuyas ventanas dejaban salir una luz apacible. Se detuvo y observó la habitación cálida y cómoda donde ardía el fuego en la chimenea y los niños hablaban y reían mientras sus padres les daban regalos que habían colocado debajo del árbol navideño decorado. La escena completa era de afecto, amor, seguridad y felicidad. Cuando la pequeña Sara se dio la vuelta para proseguir su recorrido sola por las calles frías y cubiertas de nieve, había grandes lágrimas corriendo por sus mejillas, porque Sara había mirado desde afuera lo que sucedía dentro.

Cuando era niña, me preguntaba por qué la familia no había levantado la mirada para ver a Sara con sus ojos anhelantes al otro lado del a ventana. ¿Por qué no corrieron a la puerta para abrirla y decirle: "¿No te gustaría entrar y unirte a nosotros?" ¿Por qué estaban tan ocupados en su propia felicidad y celebración que no se dieron cuenta de la miseria de Sara? ¿Por qué?

¿Por qué tú y yo nos abstraemos tanto en nuestra propia felicidad y celebración que se nos olvida que existe un mundo perdido que está muriendo alejado de Dios? Jesús declara sin lugar a equívocos que Él nos ha dado ese testimonio, no solamente para alimentar nuestra bienaventurada esperanza sino *también* por amor a los demás: "Yo Jesús he enviado mi ángel para daros testimonio de esas cosas *en* las iglesias. Yo soy la raíz y el linaje de David, la estrella resplandeciente de la mañana" (Ap. 22:16, cursivas añadidas).

Juan acepta el reto de inmediato y extiende a todos la invitación que ha resonado por todos los tiempos: "Y el Espíritu y la Esposa dicen: *Ven*. Y el que oye, diga: *Ven*. Y el que tiene sed, *venga*; y el que quiera, tome del agua de la vida gratuitamente" (Ap. 22:17, cursivas añadidas).

Mientras tú y yo nos regocijamos en el amor, la seguridad y la bienaventuranza y bendición de pertenecer a la familia de Dios, ¿por qué ignoramos la miseria de los demás? ¿Por qué no vemos las expresiones de soledad, hambre y sed en los rostros de los que nos están mirando desde afuera? ¿Por qué no vamos corriendo hacia donde se encuentra nuestro ser querido, nuestro vecino, nuestro amigo, nuestro compañero de trabajo o nuestro socio, y abrimos la "puerta" para extender a esa persona la invitación del Espíritu y de la Esposa quienes le dicen "Ven"?

A la mujer que busca amor en múltiples matrimonios y relaciones, el Espíritu le dice: "¡Ven! Ven a la fuente de agua que satisface y no tendrás sed jamás".[8]

Al hombre que es adicto al trabajo y se esfuerza tanto en alcanzar una buena vida material y proveer a su familia de comodidades pero nunca parece tener suficiente, el Espíritu le dice: "¡Ven! Ven al pan de vida y come hasta quedar saciado".[9]

A aquel que está agobiado bajo una pesada carga de pecado y culpa, el Espíritu le dice: "¡Ven! Ven al Salvador quien murió para limpiarte de todo pecado y absolverte de toda culpa".[10]

A aquel que ha sido maltratado, abandonado y atacado, al que tiene que tomar pastillas para levantarse en la mañana, otras pastillas para el transcurso del día y todavía más pastillas para poder dormir en la noche, Él dice: "¡Ven! Ven a la luz del mundo, porque Él puede convertir tu noche oscura de depresión y desesperanza en un día glorioso".[11]

Al que se deja consumir por la preocupación y sufre de ataques de pánico, el Espíritu le dice: "¡Ven! Ven al príncipe de la paz, quien te dará paz que sobrepasa todo entendimiento".[12]

A aquel que está aterrado por el diagnóstico de una enfermedad mortal o no puede sobreponerse a la pérdida de un ser querido, Él le dice: "¡Ven! Ven a la resurrección y la vida para que puedas vivir por siempre".[13]

¡Ven a la cruz! ¡Ven a Cristo!

¿Quién te pasó la invitación? ¿Cuándo respondiste? ¿A quiénes *tú* les has extendido la invitación? La visión de su gloria nos ayuda a ser fieles en nuestro testimonio porque nos hace conscientes de que en cualquier momento, Aquel quien es el único Señor y Rey del universo puede regresar por su esposa, ¡y los que no le pertenezcan serán dejados para recibir todo el peso de su justicia!

¿Cuántas personas que conoces van a quedar bajo el juicio de Dios si Jesús regresa hoy? ¡Nómbralas!

¿Cuántas personas se salvarán del juicio porque tú fuiste fiel en extenderles la clara invitación en que Él les dice "Ven"?

¿Estás en disposición de hacer que una de tus prioridades sea aumentar la cantidad de personas en la segunda lista? A la luz de la visión de su gloria, ¡sé fiel en dar testimonio!

**ESPERANZA QUE ENCIENDE
NUESTRA FIDELIDAD PARA APERCIBIR**

Al comienzo de la historia humana, Dios dijo claramente a Adán: "Del árbol de la ciencia del bien y del mal no comerás; porque el día que de él comieres, ciertamente morirás".[14]

Poco tiempo después, Satanás se disfrazó de serpiente y le preguntó a Eva: "¿Conque Dios os ha dicho: No comáis de todo árbol del huerto?" Satanás se propuso con esta pregunta poner en duda la Palabra de Dios y la bondad de Dios, pero notemos cuál fue la respuesta de Eva: "Del fruto de los árboles del huerto podemos comer; pero del fruto del árbol que está en medio del huerto dijo Dios: No comeréis de él, *ni le tocaréis*, para que no muráis".[15] ¿Qué había hecho Eva? ¡Había *añadido* algo a la Palabra de Dios! La exageración aparentemente inofensiva de Eva estaba arraigada en la rebelión contra el mandato de Dios y tuvo un efecto devastador sobre ella misma, su esposo, sus hijos, sus nietos, ¡y todas las generaciones desde entonces! La manipulación que Eva hizo de la Palabra de Dios no condujo solamente a su propia desobediencia y destrucción, ¡sino también a la de muchas otras personas! Añadir a la Palabra de Dios equivale a invitar su juicio santo sobre el que lo hace y sobre otros también.

Al mismísimo final de la revelación de Dios acerca de la historia humana, Él nos apercibe para que no repitamos el mismo pecado. Su Palabra transmite sus pensamientos, sus caminos y su voluntad, y no se debe manipular ni una sola de ellas: "Yo testifico que a todo aquel que oye las palabras de la profecía de este libro: Si alguno añadiere a estas cosas, Dios traerá sobre él las plagas que están escritas en este libro. Y si alguno quitare de las palabras del libro de esta profecía, Dios quitará su parte del libro de la vida, y de la santa ciudad y de las cosas que están escritas en este libro" (Ap. 22:18-19).

Aunque pensamos en la actualidad que las sectas son los grupos que añaden a la Palabra de Dios, me pregunto si hay otros que lo hacen de una forma menos obvia. Cuando las personas dicen que tienen "una palabra de conocimiento", o una "profecía", y lo que dicen se considera de igual valor y autoridad que las Escrituras, ¿no podría Dios verlo como un intento de añadir algo a su Palabra?

Algunas personas son consideradas profundamente espirituales por sus amistades. Las conversaciones que acostumbran llevar están condimentadas con oportunos comentarios tales como: "Dios me dijo..." y "Dios me dijo justo esta mañana..." y "Dios me habló y dijo..." Parece que tienen la impresión, y de hecho impresionan a muchos otros, en el sentido de que tienen revelaciones únicas y exclusivas de parte de Dios al punto que responden a ellas como lo harían con su misma Palabra. Con frecuencia, cuando alguien les sugiere que en lugar de eso digan más bien: "*Parece* que Dios me dijo..." o "Tengo la impresión de que Dios me está dirigiendo a hacer esto o lo otro...", ¡ellos suponen que la persona que les dice eso no puede entenderles porque no está en su mismo nivel espiritual! ¿No será que Dios ve esa clase de comentarios como intentos de añadir algo a su Palabra o incluso suplantarla?

No debemos añadir a la Palabra de Dios como si fuera insuficiente por sí misma, ¡y no debemos quitar una sola palabra de ella como si fuera irrelevante, incierta, poco importante o incorrecta! Jeremías fue uno de los más grandes profetas del Antiguo Testamento. Él sirvió al Señor en Judá durante un tiempo de gran perversión moral y rebelión espiritual. Dios le dijo: "Toma un rollo de libro, y escribe en él todas las palabras que te he hablado... Quizá oiga la casa de Judá todo el mal que yo pienso hacerles, y se arrepienta cada uno de su mal camino, y yo perdonaré su maldad y su pecado".[16] Jeremías consignó fielmente por escrito la Palabra del Señor tal como Él se la había revelado. Una copia del rollo fue entregada a Joacim el rey de Judá, a quien se lo trataron de leer una noche de invierno mientras estaba sentado cerca de un brasero. Cuando la Palabra de Dios fue leída, Joacim tomó un cortaplumas, rasgó el rollo y echó los pedazos en el fuego. Ese rey ilustró de forma dramática la actitud que han tenido una gran cantidad de personas a lo largo de toda la historia, que no pueden tolerar la verdad y por esa razón procuran negarla, ignorarla y destruirla.

Sin embargo, la actitud y las acciones de los hombres no afectan en nada la verdad de Dios. La misma Palabra que Joacim rechazó sucedió tal como se había anunciado. El juicio que él dijo no caería, ¡cayó sin dilación! No solamente Joacim cayó bajo el juicio de Dios cuando fue encadenado y llevado a Babilonia por Nabucodonosor, sino que él mismo ejerció influencia para que su nación entera fuera sometida a juicio. No mucho tiempo después de ese acontecimiento, los habitantes de Judá fueron llevados a Babilonia como cautivos. Quitarle a la Palabra de Dios no equivale solamente a traer el juicio sobre quien lo hace, sino también llevar a otros a la ruina.

¿A quién conoces tú que a pesar de no utilizar un cortaplumas para destrozar la Palabra de Dios, con su actitud crítica hacia ella logra el mismo efecto? ¿A qué persona que conoces dice que tal parte de la Biblia es cierta pero otra no lo es? ¿A quién conoces que dice que la Biblia "contiene" la Palabra de Dios pero no es la Palabra de Dios en todo su contenido? ¿Qué persona que conoces decide y selecciona qué partes van a creer de la Biblia? Lo trágico de esto es que muchas personas con esta clase de actitud se encuentran ocupando posiciones de responsabilidad y liderazgo, razón por la cual influyen a otros con sus opiniones destructivas.

Jesús reveló claramente cuál es su actitud frente a la manipulación de la Palabra de Dios cuando dijo: "Porque de cierto os digo que hasta que pasen el cielo y la tierra, ni una jota ni una tilde pasará de la ley, hasta que todo se haya cumplido".[17] ¿Estás dispuesto(a) a ser fiel en apercibir a otros para que no manipulen a su antojo la Palabra de Dios? ¿Estás dispuesto(a) a acatar esta advertencia en tu propia vida?

La visión de su gloria enciende nuestra fidelidad en atender el apercibimiento de Dios porque nos da un temor santo a desagradarle y caer bajo su juicio e ira. Los que destruyen, diluyen, niegan, menosprecian y desafían la Palabra de Dios siempre terminan desobedeciéndola para su propia destrucción personal, y la destrucción de otros con ellos. A la luz de la visión de su gloria, ¡sé fiel en apercibir y dejarte apercibir!

ESPERANZA QUE ENCIENDE
NUESTRA FIDELIDAD PARA VELAR

Mi esposo sale a trabajar alrededor de las siete y cuarenta y cinco de la mañana, y regresa a casa entre las cinco y las seis de la tarde. A él le gusta que le tenga su cena preparada y lista para servir en la mesa tan pronto pasa por la puerta de entrada. Por eso empiezo como a las cinco en punto a velar y esperar su llegada. Normalmente me mantengo ocupada en la cocina haciendo los preparativos para su regreso, pero al mismo tiempo me mantengo mirando por la ventana para estar pendiente del mismo instante en que alcance a ver su automóvil al cruzar la esquina. Esa hora de espera siempre está llena de anticipación porque sé que está a punto de entrar a casa, ¡pero todavía no ha llegado!

La visión de su gloria termina con una emocionante promesa llena de esperanza: "Ciertamente vengo en breve. Amén; sí, ven, Señor Jesús. La gracia de nuestro Señor Jesucristo sea con todos vosotros. Amén." (Ap. 22:20-21).
¡Él viene!
¡ÉL VIENE!
ÉL VIENE!
Sabemos que Él viene pronto, pero aún no ha llegado. La esperanza nos despierta y nos mantiene despiertos. A la luz de la visión de su gloria, ¡seamos fieles en velar!

Esperanza que enciende nuestros corazones para vivir:
  Fieles a su Palabra,
   Fieles para adorarle,
    Fieles a su obra,
     Fieles en lavarnos,
      Fieles en testificar,
       Fieles en apercibir,
        ¡Fieles en velar!
¿Qué cosas te han distraído de tu enfoque en Cristo? ¿Qué te adormece en un sueño complaciente? ¿Qué te ha hecho desviar hacia la falta de fidelidad? ¡Enfócate de nuevo! ¡Sé fiel! ¡Vive tu vida a la luz de la visión de su gloria!

La visión de su gloria da esperanza a los desesperanzados:

Todos los que están deprimidos por la pequeñez de sus vidas y la enormidad de sus problemas...
Todos los que están engañados por su propia importancia y por su propia insignificancia...
Todos los que están descorazonados por la mayoría de los impíos y la minoría de los piadosos...
Todos los que están atribulados por malas acciones y por alianzas malignas...
Todos los que están derrotados por la vida y derrotados por la muerte...

¿Conoces la esperanza? ¿Realmente crees en la esperanza? Si es así, ¿no estás dispuesto a comprometerte con lo que crees reclamando para ti la esperanza de la visión de su gloria en tu vida, y luego viviendo tu vida a la luz de esa esperanza?

La visión de su gloria enciende nuestros corazones con anticipación apasionada, y nos reta a vivir fielmente todos los días, todas las horas y todos los momentos a la luz del regreso inminente de Aquel quien es el único digno porque es...

EL ALFA Y LA OMEGA
EL HIJO DEL HOMBRE

El Hijo de Dios
El gran sumo sacerdote
La luz del mundo
El Padre eterno
El comandante del ejército del Señor
El vengador de su pueblo
El león de Judá
El Cordero que fue inmolado
El jinete llamado Fiel y Verdadero
La Palabra de Dios
El juez final
El Señor de señores
y
El Rey de reyes...

¡LA ÚNICA ESPERANZA DEL MUNDO!
¡Para la gloria de Dios!

Apéndice:
Esperanza que ayuda

*¡J*esucristo es nuestra esperanza! ¡Qué privilegio más emocionante y también qué superlativa responsabilidad es presentarle como Él es a un mundo sin esperanza! A continuación se encuentra un listado con algunas organizaciones sin ánimo de lucro y con calidad excepcional que realizan esfuerzos concretos para ofrecer la esperanza de Jesucristo en una gran variedad de vías únicas y específicas:

BEE International (Educación Bíblica a Distancia) ayuda a traer esperanza a hombres y mujeres en Europa oriental y los antiguos territorios soviéticos ofreciendo programas de enseñanza con nivel de seminario para discipulado, así como entrenamiento de líderes con educación bíblica por extensión, con la esperanza de que las iglesias puedan multiplicarse.

Presidente: James Mugg
8111 LBJ Freeway, Suite 635
Dallas, Texas, 75251
USA
Teléfono: 214-669-8077
Fax: 214-669-0684

La **Asociación Evangelística Billy Graham** ayuda a dar esperanza a los que están sin Cristo presentando el evangelio por medio de todos los medios disponibles.
Director ejecutivo: Billy Graham
1300 Harmon Place
Minneapolis, Minnesota, 55403-1988
USA
Teléfono: 612-338-0500

East Gates Ministries, International (Ministerio internacional puertas del oriente) ayuda a dar esperanza a la iglesia en la China continental, identificando necesidades no satisfechas y oportunidades no aprovechadas para el cumplimiento de la Gran Comisión, y también desarrollando ministerios con líderes locales que cubran esas necesidades.
Presidente: Ned Graham
P.O. Box 2010
Sumner, Washington, 98390-0440
USA
Teléfono: 206-863-5500
Fax: 206-863-0754

La iglesia evangélica de la India ayuda a dar esperanza plantando, animando y equipando iglesias en la India que son Cristo-céntricas y fundamentadas en la Biblia.
Presidente: M. Ezra Sarganum
No. 1, Second Street, Ormes Road, Kilpauk
Madras, India
Teléfono: 44-641-3178

Alcance Internacional, ayuda a dar esperanza a niños abandonados del Brasil realizando los trámites y arreglos para su adopción en hogares cristianos.
International Outreach
Presidente: Vini Jaquery
Alameda dos Arapanes 982/62
Sao Paulo, Brasil
Teléfono: 04524,001
P.O. Box 809
Lake Forest, Illinois 60045
USA
Teléfono: 708-234-6389

Kids Alive International, Inc. ayuda a dar esperanza a niños y jóvenes en Papúa, Nueva Guinea, suministrando cuidado de alta calidad a nivel espiri-

Esperanza que ayuda 279

tual, educativo, físico y moral, y los capacita para ser seguidores más devotos de Cristo y ciudadanos y miembros eficaces en sus países e iglesias.
>Presidente: John M. Rock
>2507 Cumberland Drive
>Valparaiso, Indiana 46383
>USA
>Teléfono: 219-464-9035
>Fax: 219-462-5611

Asociación Sanatorio Mafraq ayuda a dar esperanza a quienes habitan dentro del reino de Jordania apoyando proyectos misioneros cristianos de todo tipo, de manera especial hospitales y otras instalaciones para el cuidado y tratamiento médico, así como escuelas para la educación médica.
>Presidente: Aileen Coleman
>P.O. Box 2001
>Boone, North Carolina 28607
>USA
>Teléfono: 704-262-1980

(Las indagaciones son manejadas por el ministerio Bolsa del Samaritano, cuya descripción aparece más adelante)

Mission Aviation Fellowship ayuda a dar esperanza como una agencia de envíos dedicada a prestar servicios técnicos y de transporte aéreo para otras agencias a fin de respaldar proyectos de desarrollo comunitario, distribución de ayudas y otros ministerios.
>Gerente general: Maxwell H. Meyers
>P.O. Box 3202
>Redlands, California 92373-0998
>USA
>Teléfono: 909-794-1151
>Fax: 909-794-3016

Bolsa del Samaritano ayuda a dar esperanza a los pobres y afligidos alrededor del mundo en su compromiso con la distribución de ayudas, programas de agricultura, evangelismo, recogida y entrega de fondos, apoyo a obreros nacionales y suministro de equipos.
>Presidente: Franklin Graham
>P.O. Box 3000
>Boone, North Carolina 28607-3000
>USA
>Teléfono: 704-262-1980
>Fax: 704-262-1796

El **centro Stephen Olford para la predicación bíblica** ayuda a dar esperanza a la iglesia al preparar y alentar a pastores y laicos a que aspiren a la excelencia en la predicación del evangelio y la vida ejemplar, con el fin de que la iglesia sea avivada y el mundo alcanzado con la Palabra salvadora de Cristo.
Fundador y profesor emérito: Stephen Olford
P.O. Box 757800
Memphis, Tennessee 38117-7800
USA
Teléfono: 901-757-7977
Fax: 901-757-1372

Misiones médicas mundiales ayuda a dar esperanza a los enfermos y heridos movilizando a médicos y enfermeras cristianos a hospitales de misión alrededor del mundo y ofreciendo un servicio de información, equipo y suministro médico y orientación en misiones para el personal médico.
Secretario de la junta: Franklin Graham
P.O. Box 3000
Boone, North Carolina 28607-3000
USA
Teléfono: 704-262-1980
Fax: 704-262-0175

Traductores bíblicos Wycliffe, Inc. ayuda a dar esperanza al mundo con su compromiso en la traducción de la Biblia, servicios de lingüística, alfabetización y entrenamiento en misiones en coordinación con sus organizaciones filiales, Wycliffe Bible Translators International, Instituto Lingüístico de Verano, Servicio de Radio y Aviación en la Jungla (JAARS), Inc., y Wycliffe Associates.
Director: Hyatt Moore
P.O. Box 2727
Huntington Beach, California 92647
USA
Teléfono: 714-969-4600
Fax: 714-969-4661

Notas

Introducción
1. Ap. 1:9
2. Mt. 24:21
3. Jer. 29:11
4. Is. 35:3-4
5. Jn. 19:5

Capítulo 1   Esperanza cuando estás deprimido por la pequeñez de tu vida
1. Véase Gn. 3:15
2. Véase Gn. 12:3
3. Véase Dt. 18:17-18
4. Véase Is. 9:6
5. Véase Is. 53:5
6. Véase Mi. 5:2
7. Véase Zac. 14:9
8. Véase 2 P. 1:20-21
9. Véase Ro. 8:15
10. Véase Jn. 14:16
11. Véase Mt. 1:21 y Ap. 19:16
12. Jn. 14:3
13. Véase Col. 2:3
14. Fil. 2:7
15. Véase He. 13:8
16. Véase Gn. 3:8
17. Véase Gn. 5:24
18. Véase Is. 41:8
19. Véase Sal. 23:1
20. Véase Lc. 8:2

21. Véase Hch. 9:1-19
22. Véase Ef. 1:19

Capítulo 2 Esperanza cuando estás deprimido por la enormidad de tus problemas
1. Hch. 4:20
2. Véase Hch. 5:40-41
3. Véase Jn. 14:6
4. Véase Jn. 14:14
5. Jn. 1:9
6. 1 Jn. 2:9
7. Véase Mt. 5:15-16
8. Véase Jn. 4:24
9. Cuando mi madre escuchó críticas acerca de mi padre por lo que algunos consideraban como una traición a los métodos evangelísticos, su comentario fue: "¡No te tienen que gustar los gusanos para salir de pesca!" Es obvio que ella también estaba dispuesta a "dar la vuelta".
10. Véase Mal. 3:2-3
11. Véase Éx. 28
12. He. 4:15
13. He. 7:25
14. Dn. 7:9
15. Is. 9:6
16. Véase Ro. 8
17. Is. 6:3
18. Véase Zac. 2:8
19. Gn. 12:3a
20. Dt. 32:35a y He. 10:30a
21. Véase Mt. 8:26-27; Jn. 11:43; Jn. 20:16; Jn. 1:3 y He. 1:3
22. Véase Jn. 10:28
23. Véase Jos. 5:14; Ap. 19:15; He. 4:12 y Ef. 6:17

Capítulo 3 Esperanza cuando estás engañado por tu propia importancia
1. Véase Mt. 5:16
2. Mt. 22:36-37
3. El árbol de la vida representa la vida eterna y abundante que incluye plenitud de amor, gozo y paz. Véase Gn. 2:9; 3:22, 24.
4. Henry H. Halley, *Manual bíblico Halley* (Grand Rapids, Mich.: Zondervan, 1965), p. 702.
5. Íbid., p. 704.
6. Henry Morris, *The Revelation Record* (San Diego: Creation Life Publisherss, 1976), p. 57.
7. Mt. 24:4
8. Gn. 3:1
9. Véase Éx. 16:15
10. Véase He. 9:4
11. Véase Jn. 6:51
12. Véase Jn. 6:63
13. Véase Éx. 28:15-21

14. David Alexander y Pat Alexander, editores, *Eerdman's Handbook to the Bible* (Grand Rapids, Mich., Eerdmans, 1992), p. 647.
15. Halley, p. 706.
16. Véase Ap. 20:11-15
17. Véase Gn. 13 y 14
18. Véase 2 Co. 3:18
19. Véase Is. 61:10 y Ap. 7:13-14
20. Véase Ap. 19:8
21. Alexander y Alexander, p. 648.
22. Halley, p. 707.
23. 1 Co. 2:8; Cnt. 2:1; Ap. 22:16; Cnt. 5:10 y Ap. 5:6
24. Jn. 15:5
25. Ro. 7:18
26. Véase Is. 64:6
27. Véase Pr. 6:16-17
28. Halley, p. 708.
29. 2 Co. 3:18
30. Véase 1 Jn. 3:2

Capítulo 4   **Esperanza cuando estás engañado por tu propia insignificancia**
1. Halley, p. 702.
2. Véase Jn. 16:33
3. Véase Sal. 22
4. Jn. 1:11
5. Véase He. 13:13
6. Véase Mt. 27:35-44
7. Véase 2 Co. 5:21
8. Véase Is. 53:6
9. Mt. 27:46
10. El nombre y algunos de los detalles en esta historia han sido cambiados para proteger identidades. El "profesor Hill" todavía reside en un país hostil a Cristo donde continúa su ministerio bajo el escrutinio de las autoridades.
11. Est. 4:16, cursivas añadidas.
12. Dn. 3:15
13. Dn. 3:16-18, cursivas añadidas.
14. 2 Ti. 1:7-8a
15. Halley, p. 763.
16. Íbid., p. 703.
17. Véase Hch. 16:13-15
18. Véase Jn. 3:14-15
19. Véase Mt. 5:27-30
20. Alexander y Alexander, p. 648.
21. 2 S. 5:7, 9
22. Ap. 21:2
23. Véase Jn. 9:1
24. Halley, p. 708

Capítulo 5   **Esperanza cuando estás descorazonado por la mayoría de los impíos**
1. Véase 1 R. 18

2. Aunque eran dos mujeres diferentes, resulta obvio que la Jezabel de Apocalipsis 2 es nombrada en memoria de la perversa esposa del rey Acab. Mientras que las dos por igual eran muy religiosas, ambas eran malvadas en extremo e hicieron mucho daño al pueblo de Dios.
3. Véase 1 R. 19:4
4. Sal. 37:1
5. Jesús mismo da algunos detalles con relación al hecho de que los creyentes "seremos arrebatados juntamente", en Mt. 24:40-41; Lc. 17:34-35 y Jn. 14:1-3. Los eruditos bíblicos no se han puesto de acuerdo en si este suceso histórico tiene lugar al principio, en el punto medio o al final de la gran tribulación. Sin embargo, tú y yo no debemos distraernos del punto esencial: debemos estar preparados en todo momento para encontrarnos cara a cara con Jesucristo en cualquier instante que esto suceda.
6. 1 Ts. 4:13
7. Véase 2 Co. 5:4-8
8. Véase Fil. 3:21
9. 1 Co. 15:51-52
10. Al describir el efecto práctico del arrebatamiento en la vida diaria, Jesús dijo: "Entonces estarán dos en el campo; el uno será tomado, y el otro será dejado. Dos mujeres estarán moliendo en un molino; la una será tomada, y la otra será dejada" (Mt. 24:40-41). El alboroto y la confusión que se desatarán en la tierra a causa del arrebatamiento de todos los creyentes es algo que apenas imaginamos. Cuando llegue ese momento, algunos aviones perderán a sus pilotos en pleno vuelo, algunos autos quedarán sin conductor en la carretera, muchas casas y hogares quedarán desocupados, algunos médicos en medio de una cirugía van a perder de vista a sus pacientes, líderes importantes del gobierno desaparecerán, y varios familiares, amigos, clientes, socios, soldados y estudiantes ¡simplemente se esfumarán!
11. Jn. 14:3, cursivas añadidas.
12. Hch. 1:11, cursivas añadidas.
13. 1 Co. 15:52.
14. Lc. 12:40
15. He. 10:37
16. Véase Sal. 47:8
17. Véase Is. 6:1 y 9:7, y Jn. 12:41
18. Véase Ez. 1:26-28
19. Véase Ap. 3:21
20. Véase Ap. 5:6, 13
21. Véase Éx. 28:15-21
22. Véase Gn. 6-9
23. Véase 2 P. 2:5
24. La Biblia dice que la corteza terrestre se agrietó por completo y todas las fuentes y reservas profundas de agua hicieron erupción como un géiser gigantesco de proporciones mundiales (véase Gn. 7:11). Es posible que antes hubiera una especie de cubierta de vapor que rodeaba al planeta tierra y mantenía temperaturas agradables todo el tiempo (recordemos que Adán y Eva no usaban

ropa), la cual actuaba como un invernadero gigante que impedía todo tipo de tormentas o movimientos imprevistos y masivos de aire. Si fue así, quizás la "cubierta de vapor" se estalló cuando fueron abiertas las cataratas de los cielos y cayeron a la tierra miles de millones de toneladas de agua (Gn. 7:11-12). Véase Henry M. Morris, *El registro del Génesis* (San Diego: Creation Life, 1976), pp. 194-7.
25. Gn. 9:13
26. Véase Mt. 26:28
27. Véase Éx. 40:15
28. Véase Dt. 18:1
29. Mt. 14:28
30. Véase Gá. 5:24
31. Mt. 21:1-13
32. Véase Gn. 3:24
33. Véase Is. 6:2-4
34. Véase Is. 6:6-7
35. Véase Ez. 1
36. Véase Is. 14:12-15
37. Véase Ef. 2:2
38. Ro. 8:29
39. Véase 2 Co. 3:18
40. Véase Is. 6:4
41. Sal. 22:3
42. 1 Co. 9:25
43. 2 Ti. 4:8
44. Stg. 1:12
45. 1 P. 5:4
46. Ap. 3:11
47. Véase 1 Co. 3:10-16
48. Véase 2 P. 1:11

Capítulo 6 **Esperanza cuando estás descorazonado por la minoría de los piadosos**

1. Véase Gn. 12 y He. 11:8-13
2. Véase He. 11:24-27 y Dt. 34:1-4
3. Véase Jer. 37:2; 44:16
4. Véase Dn. 6
5. Véase Is. 6 y He. 11:37. La historia judía indica que Isaías fue uno de los profetas descritos en He. 11:37 como aquellos mártires perseguidos que murieron partidos en dos.
6. Véase Mt. 14:1-12
7. Véase Lc. 1:38 y Jn. 19:25
8. Véase Hch. 10. La historia de la iglesia registra que Pedro fue crucificado boca abajo.
9. Véase Ap. 1:9
10. Véase Gn. 5:24
11. Véase Is. 41:8
12. Véase Gn. 17:17 y 21:1-2
13. Véase Nm. 12:3
14. Véase Jue. 13-16

15. Véase 1 S. 13:14
16. Véase 2 Cr. 1:7-12
17. Véase 2 R. 2:11
18. Véase Mt. 16:14
19. Tanto eruditos judíos como cristianos consideran que Isaías es el más grande de los profetas del Antiguo Testamento.
20. Véase Mt. 11:11
21. Véase Lc. 2:4-7
22. Véase Hch. 2 y 10
23. Véase Gn. 3:16-19
24. Como consideramos en el capítulo 5, existe cierto debate sobre si estos ancianos eran ángeles o representantes de los hombres y mujeres redimidos. El hecho más obvio es que se trata de reyes que ¡habían servido y siguen sirviendo al Rey de reyes!
25. Véase Lv. 4:27, 32-35
26. Jn. 1:29
27. Véase He. 10:3-5
28. Véase Ef. 1:7
29. Véase Ro. 3:25; 1 Jn. 2:2 y 1 Jn. 4:10
30. Véase Sal. 137:1-4
31. Véase Larry Crabb, *Finding God* (Grand Rapids: Zondervan, 1993), p. 59.
32. Véase Is. 48:11
33. Fil. 2:10-11
34. Véase Jn. 18:3-6
35. Véase Is. 41:4b

Capítulo 7 Esperanza cuando estás atribulado por malas acciones
1. Véase Jer. 30:7
2. Véase Dn. 9:24, 27
3. Véase Ap. 7:14
4. Jer. 12:1
5. 2 P. 3:9
6. Ro. 2:4
7. Véase 2 P. 2:5
8. Mt. 24:38-39
9. 2 P. 3:4
10. Algunos eruditos de Nuevo Testamento ven los sellos, las copas y las trompetas como una repetición triple de los mismos juicios. Aun si esto es así, de todos modos el juicio se sigue aplicando de forma progresiva.
11. Véase Ro. 1:24
12. Véase 1:26-27
13. Véase Ro. 1:28
14. Véase Hch. 1:14 y 2:3
15. Véase Hch. 2:3
16. Mt. 24:7-8
17. Véase Gn. 3:17-18
18. Ro. 8:19-22
19. Hab. 3:2
20. Véase Dt. 7:7

21. Véase Jn. 5:16-23
22. Véase Zac. 12:10-13:1
23. Véase 1 R. 17:1
24. Véase 1 R. 18:42-46
25. Véase 2 R. 2:11
26. Véase Mal. 4:5-6
27. Se piensa que uno de los testigos es Enoc, un gran pregonero de justicia en el Antiguo Testamento (véase Jud. 1:14), quien de forma semejante, jamás murió (véase Gn. 5:24).
28. Véase Éx. 7
29. Véase Dt. 34:6 y Jud. 9
30. Véase Mt. 17:3
31. Véase Hch. 16:25-30
32. Ro. 10:9
33. 2 P. 3:9
34. 1 P. 2:21-23

Capítulo 8   **Esperanza cuando estás atribulado por alianzas malignas**
1. Ap. 14:10
2. Ro. 13:1
3. Véase Jer. 25:9 y 27:6
4. Muchos cristianos en la actualidad están tratando de "salvar" a nuestra nación por medio de procesos políticos. Debemos ser cuidadosos para no terminar luchando en contra de Dios. Si queremos hacer que nuestra nación se aleje del pecado y acuda a Dios, necesitamos orar fervientemente a Aquel quien está en control de todo y establece a los que ejercen autoridad en la tierra. (véase 2 Cr. 7:13-14.)
5. 2 Ts. 2:3
6. Dn. 11:36a
7. Dn. 11:38
8. Compárese 2 Ts. 2:9 con He. 2:4
9. Véase Dn. 11:37
10. Véase Dn. 7:25
11. Véase 2 Ts. 2:4 y Dn. 11:36
12. Véase Ap. 13:3 y 17:8
13. Dn. 11:36b
14. Morris, *The Revelation Record*, p. 324.
15. Véase Dn. 7:2-6
16. Véase Ap. 12:9
17. Véase Dn. 12:10
18. Véase Am. 8:11
19. Ro. 1:25
20. 2 Ts. 2:10-12
21. Véase Gn. 3:1
22. Véase Éx. 7:10-12
23. Véase Hch. 16:16
24. Véase Job 28:28
25. Los sucesos de esta batalla se describen con mayores detalles en Zacarías 14. También es durante esta batalla que resulta una mortandad tan grande que la sangre llega hasta los frenos de los caba-

llos cubriendo un espacio de 280 kilómetros a la redonda, según Ap. 14:20.
26. Lc. 18:7-8
27. Ro. 12:19
28. Véase Ap. 13:16-17
29. Gn. 9:1, 7
30. Gn. 11:4
31. Berit Kjos, *Under the Spell of Mother Earth* (Wheaton, Ill.: Victor Books, 1992).
32. Véase Ef. 1:4
33. Véase Ef. 5:25-27
34. Fil. 1:6
35. 1 Jn. 3:2
36. 1 Jn. 3:3
37. Is. 63:2-3
38. Véase Ap. 5:10. Es obvio que a pesar de que no sabemos exactamente cuándo tendrá lugar el arrebatamiento de la iglesia, ocurrirá antes de este suceso porque los creyentes arrebatados estarán en el cielo y regresarán con Cristo como se describe en Ap. 19:14. (véase también 1 Ts. 4:13-18).
39. Revista *Time*, 19 de junio de 1995, p. 21.

Capítulo 9 Esperanza cuando estás derrotado por la vida

1. Mt. 25:23
2. Mt. 6:1, 4. Véase también Mt. 6:6, 18
3. Is. 11:6
4. Véase 1 Jn. 3:2
5. Véase 1 P. 1:15-16
6. Véase Col. 3:12-14
7. Véase Fil. 1:6
8. La primera resurrección es la resurrección de los creyentes. Jesucristo mismo fue las primicias de esta resurrección. En ella estarán incluidos los creyentes levantados de entre los muertos en Jerusalén en el momento de la resurrección de Cristo, los creyentes levantados en el arrebatamiento, así como los creyentes levantados de los muertos al final de la gran tribulación.
9. Jn. 3:7
10. John Walvoord, *The Revelation of Jesus Christ* (Chicago: Moody Press, 1966), pp. 301-2.
11. Véase Is. 29:13
12. Jer. 17:9
13. He. 9:27
14. Jn. 5:22
15. Véase Sal. 69:28
16. Véase 2 Co. 5:19
17. Véase Jn. 3:18
18. Véase Mt. 13:50
19. Véase Ap. 14:11 y 20:10
20. Ap. 21:4
21. Véase Ap. 20:1
22. Ap. 20:10, 14, 15

Notas

23. Véase Ap. 21:14
24. Véase Jud. 13
25. Ap. 22:5
26. Mt. 5:22
27. Véase Ap. 14:10; 19:20 y 20:10, 14 y 15
28. Véase Ap. 22:1-2
29. Véase Mt. 7:23
30. Ap. 22:4
31. Jn. 3:16-17
32. En varias ocasiones, ciertas personas me han dicho que con frecuencia han hecho una oración similar pero todavía no tienen la certeza de haber sido salvados o nacido de nuevo verdaderamente como resultado de ello. Yo respondo llamándoles la atención sobre el hecho de que si han orado mecánicamente y en repetidas ocasiones es porque no han hecho la oración con fe ni una sola vez, y por lo tanto NO han sido salvos (véase Ef. 2:8). La fe consiste en tomar por cierto lo que Dios dice en su Palabra, y en consecuencia aceptar lo que Él dice y corresponder diciendo "gracias" por ello.

    Si acabaste de hacer esta oración, da gracias a Dios por medio de la fe en su Palabra, porque has sido perdonado(a) de tu pecado (1 Jn. 1:9), porque has recibido la vida eterna (Jn. 3:16), porque Jesucristo ahora vive dentro de ti (Ap. 3:20) en la persona del Espíritu Santo (Lc. 11:13, Ef. 1:13), y porque Dios ahora te reconoce como su hijo(a) (Jn. 1:12, Ro. 10:9).
33. Revista *Time*, 17 de julio de 1995, p. 33.
34. Véase Mt. 12:36-37
35. Sal. 103:12

Capítulo 10 Esperanza cuando estás derrotado por la muerte

1. Jn. 14:2-3
2. 1 Co. 2:9
3. Gn. 2:8-9
4. Jn. 14:2
5. Mt. 7:22-23
6. Véase Jn. 14:6
7. Véase Col. 3:5
8. 2 P. 3:7, 10-11
9. Jn. 8:12
10. Mt. 5:14
11. Aunque todavía está por verse que estas medidas puedan tomarse literalmente, el doctor Henry Morris en su libro *El registro del Apocalipsis* (pp. 450-51), las ha calculado matemáticamente. Las medidas describen un cubo de unos dos mil quinientos kilómetros cuadrados, lo cual abarca un área equivalente al espacio actual que existe entre Canadá y México por un lado, y desde el océano Atlántico hasta las montañas rocosas en el occidente por el otro. Fácilmente podría acomodar veinte mil millones de habitantes, cada uno de los cuales podría tener su propia morada o mansión "cubo" privada de setenta hectáreas. Con esta distribución quedaría una gran cantidad de espacio disponible para calles,

parques y edificios públicos. ¡El cielo es un lugar grande! Cuando Jesús dijo: "En la casa de mi padre muchas moradas hay", ¡Él quiso hacernos saber que habría espacio suficiente para cualquier persona y para todas las personas que eligieran convertirse en miembros de la familia de Dios! (véase Jn. 14:3).
12. Véase 1 Co. 2:9
13. Mientras la gente en la tierra se esfuerza, pelea y hasta hace trampa para conseguir oro, mi madre dice que esta descripción nos da una idea de lo que Dios piensa del oro: ¡lo utiliza como pavimento para las calles del cielo!
14. Véase 1 P. 2:4-8
15. Véase Mt. 16:18
16. Véase Mt. 6:19-20
17. Véase He. 11:10
18. Véase Lv. 16
19. He. 10:19-20
20. Jn. 7:38-39
21. Véase 2 Co. 3:17
22. Véase Gá. 5:22-23
23. Véase Gn. 3:14-19
24. Véase Ro. 8:20-21
25. 1 Co. 13:12

¡Esperanza que enciende nuestros corazones!
1. 1 S. 22:2
2. 1 Ti. 1:1
3. Charles H. Spurgeon, *Morning and Evening* (Londres: Passmore and Alabaster, s.f.)
4. Véase Jn. 9:4
5. Gá. 6:9
6. Véase 1 Jn. 1:7
7. Véase 1 Jn. 1:9
8. Véase Jn. 4:13-14
9. Véase Jn. 6:51, 57-58, 63
10. Véase Mt. 1:21; 1 Jn. 1:9; 2:2; y Ef. 1:7
11. Véase Jn. 8:12
12. Véase Is. 9:6; Fil. 4:7 y Jn. 14:27
13. Véase Jn. 11:25
14. Gn. 2:17
15. Gn. 3:1, 3 (cursivas añadidas).
16. Jer. 36:2-3
17. Mt. 5:18

Guía devocional para el libro de Apocalipsis

Prólogo

¿*E*l libro de Apocalipsis te está confundiendo? Aunque está impreso en blanco y negro, traducido al castellano con sustantivos, verbos, adjetivos y estructura gramatical correctos y de uso cotidiano, ¿no te sucede que a veces lo lees y piensas que debe estar escrito en algún tipo de código criptográfico? Estas hojas de trabajo están diseñadas para ayudarte a *descifrar el código*, con el fin de que el libro de Apocalipsis deje de confundirte y te ayude a comunicarte claramente con el Señor, a quien este libro revela en toda su majestad.

La comunicación tiene una importancia vital en el desarrollo de una relación personal con cualquier persona, incluyendo a Dios mismo. ¿Será posible que la falta de comunicación, o la mala comunicación sea la razón por la que tu relación con Dios parezca distante, formal e impersonal?

Hace poco recibí esta colección de errores de imprenta en algunos boletines de iglesia:

Las rosas en el altar esta mañana son para anunciar el nacimiento de Ana Catalina Belser, la hoja del reverendo Julius Belser y su señora.

Las flores del altar han sido ofrendadas para la gloria de Dios en memoria de su madre.

El mensaje de esta noche se titula: "¿Cómo será el infierno?" Venga temprano y escuche el ensayo del coro.

Prólogo

El comité de evangelismo ha incorporado a 25 visitantes para que hagan llamadas a las personas que no están afligidas con ninguna iglesia.

La reunión de los sembradores de la paz quedó cancelada hoy debido a un conflicto.

Los ujieres engullirán a las personas que lleguen tarde.

Grupo de apoyo a la baja estima, 7 a 8:30 P.M., Iglesia Bautista (por favor salgan por la puerta de atrás).

La iglesia Nuevo Renacer tiene el gusto de ofrecer un almuerzo para los familiares de los miembros de la iglesia que hayan muerto inmediatamente después del funeral.

Por humorísticos que sean estos errores de imprenta, la mala comunicación no es algo divertido cuando estamos procurando entender la Palabra de Dios con el fin de que crezcamos en nuestra relación personal con Él. Por lo tanto, es importante tomar el tiempo suficiente y hacer los esfuerzos necesarios para leer su Palabra con atención, cuidado y precisión, con el objetivo de que podamos escuchar su voz hablándonos personalmente, así como desarrollar a plenitud nuestra relación personal con Él.

En las páginas siguientes encontrarás hojas de trabajo diseñadas para ayudarte en tu comunicación con Dios. Las tablas de respuesta están precedidas por un bosquejo del pasaje tratado en particular, y corresponden a los diversos capítulos de este libro.

Mi oración de todo corazón es que esta guía devocional te ayude a desarrollar tu comunicación con Dios y por ende también tu relación personal con Él. En ese proceso, ¡es muy probable que llegues a conmoverte y emocionarte con la visión de su gloria!

Instrucciones

Paso 1: Para llenar las tablas de respuesta, empieza leyendo el correspondiente pasaje de las Escrituras. Puedes encontrarlo en la columna del paso 1.

Paso 2: Cuando hayas terminado de leer el pasaje, prosigue al paso 2 y haz una lista versículo por versículo de los hechos sobresalientes. No te compliques con los detalles, simplemente señala los hechos más obvios. Pregúntate quién está hablando, cuál es el tema o asunto del que se habla, dónde está sucediendo, cuándo ocurrió, y así sucesivamente. Cuando estés elaborando tu lista, no trates de parafrasear, más bien utiliza las palabras exactas del pasaje mismo. Toma unos momentos ahora para leer Marcos 9:2-8 en el ejemplo completo que encuentras en la página 296. Cuando hayas leído el pasaje, revisa la lista de hechos en la segunda columna para que entiendas estas instrucciones con mayor claridad.

Paso 3: Después de haber mirado el pasaje y elaborado una lista de los hechos, ya estás listo(a) para el paso 3. Regresa al listado de hechos y busca una lección que se aprende de cada hecho. Hazte las preguntas, "¿Qué están haciendo las personas que yo debería estar haciendo? ¿Qué es lo que no están haciendo y yo debería o no hacer? ¿Hay un mandato que yo deba obedecer? ¿Una promesa que yo debería reclamar? ¿Una advertencia que debería atender? ¿Un ejemplo que yo debería seguir?" Observa las lecciones dadas en el paso 3 del ejemplo de Marcos 9 en la página 297.

Paso 4: El paso más significativo es el 4, pero no lo puedes hacer antes de haber completado los pasos 1, 2 y 3. A fin de dar el cuarto paso, toma las lecciones que hallaste en el paso 3 y colócalas en forma de preguntas que podrías hacerte a ti mismo, a tu cónyuge, a tu hijo, a tu amigo, a tu vecino, o a tu compañero de trabajo. Al responder las preguntas, presta atención a medida que Dios se comunica contigo personalmente a través de su Palabra.

El libro de Apocalipsis puede ser dificultoso para ti en ciertos pasajes. (Por esta razón, solamente se han incluido ciertas porciones de los capítulos 6 al 19 como base para las hojas de trabajo, aunque han sido tratados en el libro). No te dejes atascar con el simbolismo. Busca los principios y lecciones generales que pueden aprenderse, aun cuando el simbolismo no sea plenamente entendido. Un ejemplo de este procedimiento se da al principio de cada columna de las tablas para ayudarte a hacerlo por ti mismo(a).

Recuerda, no te apresures. Tal vez necesites varios días de meditación en oración sobre un pasaje dado a fin de que puedas descubrir lecciones significativas y escuchar a Dios hablándote. El objetivo de estos estudios devocionales no es llenar cuanto antes las tablas, sino desarrollar tu relación personal con Dios a medida que aprendes a comunicarte con Él por medio de su Palabra.

Paso 5: Lee el libro de Apocalipsis con actitud de oración objetiva, reflexiva y atenta a medida que prestas atención para escuchar cuando Dios te hable. Puede ser que no te hable a través de cada versículo, pero Él hablará. Cuando lo haga, anota el número del versículo, lo que parece que Él te está diciendo, y tu respuesta para Él en el paso 5. Tal vez quieras anotar la fecha como un medio para no solamente llevar un diario espiritual, sino también para que te hagas responsable del seguimiento obediente de tu respuesta.

El siguiente ejemplo basado en Marcos 9 ha sido completado con el fin de ilustrar las instrucciones anteriores. Sigue con atención cada versículo a través de los cinco pasos para que puedas ver cómo los hechos se desarrollan hasta convertirse en lecciones que a su vez se pueden plantear como preguntas personales. Que Dios te bendiga a medida que procuras aprender este método sencillo pero eficaz para comunicarte con Él.

1 **Busca en su Palabra:** Siente libertad para subrayar, encerrar en un círculo o marcar de cualquier forma el texto si es de ayuda en tu estudio.

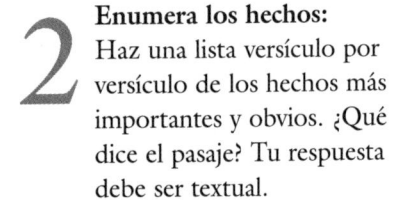

2 **Enumera los hechos:** Haz una lista versículo por versículo de los hechos más importantes y obvios. ¿Qué dice el pasaje? Tu respuesta debe ser textual.

Ejemplo de Marcos 9:2-8 para mostrar paso a paso cómo estudiar Apocalipsis con el uso de los devocionales diarios en las páginas siguientes.

Marcos 9:2 Seis días después, Jesús tomó a Pedro, a Jacobo y a Juan, y los llevó aparte solos a un monte alto; y se transfiguró delante de ellos. **3** Y sus vestidos se volvieron resplandecientes, muy blancos, como la nieve, tanto que ningún lavador en la tierra los puede hacer tan blancos. **4** Y les apareció Elías con Moisés que hablaban con Jesús. **5** Entonces Pedro dijo a Jesús: Maestro, bueno es para nosotros que estemos aquí; y hagamos tres enramadas, una para ti, otra para Moisés, y otra para Elías. **6** Porque no sabía lo que hablaba, pues estaban espantados. **7** Entonces vino una nube que les hizo sombra, y desde la nube una voz que decía: Este es mi Hijo amado; a él oíd. **8** Y luego, cuando miraron, no vieron más a nadie consigo, sino a Jesús solo.

v. 2a Jesús llevó a tres discípulos solos a la cima de una montaña.

vv. 2b-3 Él fue transfigurado delante de ellos y sus vestidos se vieron de un blanco refulgente.

v. 4 Moisés y Elías aparecieron con Jesús.

v. 5 Pedro dijo que deberían instalarse tres cobertizos.

v. 6 Él no supo qué decir.

v. 7 Una voz habló desde una nube, diciendo que escucharan a Jesús.

v. 8 De repente no vieron a nadie excepto a Jesús.

3 Aprende de las lecciones:
¿Qué lecciones se pueden aprender de estos hechos? ¿Cuál es el significado del pasaje? Tu respuesta debe ser espiritual.

v. 2a Jesús quiere estar a solas con nosotros.

vv. 2b-3 Hay momentos en los que tenemos que estar a solas con Jesús para poder tener una visión de su gloria.

v. 4 La visión de su gloria será el foco central de los creyentes en la eternidad.

v. 5 En lugar de adorar a Cristo, algunos que se llaman a sí mismos cristianos quieren construir monumentos terrenales en su nombre.

v. 6 A veces nuestras emociones nos hacen hablar cuando deberíamos estar en silencio.

v. 7 Dios nos manda que prestemos atención a lo que Jesús dice.

v. 8 Cuando todo lo demás se desvanece, incluyendo nuestras visiones y sueños de gloria, nuestro enfoque debería quedar fijo en Jesús.

4 Escucha su voz:
¿Qué significa este pasaje para ti? Escribe de nuevo las lecciones sacadas en el paso 3 pero en forma interrogativa. Tu respuesta debe ser personal.

v. 2a ¿Cuándo saco tiempo para estar a solas con Jesús?

vv. 2b-3 ¿De qué visión fresca de Jesús carezco porque no paso tiempo a solas con Él cada día?

v. 4 ¿Qué tan drástico tendrá que ser el ajuste de mi enfoque de hoy día para que se parezca al de la eternidad?

v. 5 ¿Qué monumento terrenal, es un ministerio, una iglesia, una denominación, una reputación, estoy procurando erigir en lugar de una adoración genuina de Cristo?

v. 6 ¿En qué ocasión he hablado cuando debí haber guardado silencio en adoración?

v. 7 Tras haber tenido una vislumbre de su gloria, ¿qué tan obediente soy al mandato de Dios sobre *oír* la voz de su amado Hijo?

5 Respuesta en tu vida:
Expresa de manera concisa lo que Dios te está diciendo en este pasaje. ¿Cuál será la respuesta definida en tu vida? Escribe la fecha de hoy y lo que harás ahora mismo con respecto a lo que Él te ha dicho.

Voy a empezar hoy a sacar tiempo todos los días para estar a solas con Jesús, leer mi Biblia y escuchar su voz.

1 **Busca en su Palabra:** Siente libertad para subrayar, encerrar en un círculo o marcar de cualquier forma el texto si es de ayuda en tu estudio.

2 **Enumera los hechos:** Haz una lista versículo por versículo de los hechos más importantes y obvios. ¿Qué dice el pasaje? Tu respuesta debe ser textual.

Encuentra esperanza reflexionando en lo que Dios dice ... a través de la profecía (1:1-3)

- *Recibida de Dios v. 1*
- *Registrada por Jesús v. 2*
- *Leída por ti v. 3*

v. 1 Dios da la revelación de Jesucristo a sus siervos por medio de su Palabra.

Apocalipsis 1:1 La revelación de Jesucristo, que Dios le dio, para manifestar a sus siervos las cosas que deben suceder pronto; y la declaró enviándola por medio de su ángel a su siervo Juan, **2** que ha dado testimonio de la palabra de Dios, y del testimonio de Jesucristo, y de todas las cosas que ha visto. **3** Bienaventurado el que lee, y los que oyen las palabras de esta profecía, y guardan las cosas en ella escritas; porque el tiempo está cerca.

3 **Aprende de las lecciones:** ¿Qué lecciones se pueden aprender de estos hechos? ¿Cuál es el significado del pasaje? Tu respuesta debe ser espiritual.

v. 1 Dios le revela Jesús a sus siervos por medio de su Palabra.

4 **Escucha su voz:** ¿Qué significa este pasaje para ti? Escribe de nuevo las lecciones sacadas en el paso 3 pero en forma interrogativa. Tu respuesta debe ser personal.

v. 1 ¿En qué lugar estoy buscando una visión fresca de Jesús?

5 **Respuesta en tu vida:** Expresa de manera concisa lo que Dios te está diciendo en este pasaje. ¿Cuál será la respuesta definida en tu vida? Escribe la fecha de hoy y lo que harás ahora mismo con respecto a lo que Él te ha dicho.

1 **Busca en su Palabra:** Siente libertad para subrayar, encerrar en un círculo o marcar de cualquier forma el texto si es de ayuda en tu estudio.

2 **Enumera los hechos:** Haz una lista versículo por versículo de los hechos más importantes y obvios. ¿Qué dice el pasaje? Tu respuesta debe ser textual.

Encuentra esperanza al enfocarte de nuevo en Quién es Jesús ... por medio de la alabanza (1:4-8)
- *Por su deidad vv. 4-5a*
- *Por su humanidad v. 5b-7*
- *Por su eternidad v. 8*

v. 4-5a Juan saluda a siete iglesias con gracia y paz del Eterno, el Espíritu repartido entre siete, y Jesucristo.

Apocalipsis 1:4 Juan, a las siete iglesias que están en Asia: Gracia y paz a vosotros, del que es y que era y que ha de venir, y de los siete espíritus que están delante de su trono; **5** y de Jesucristo el testigo fiel, el primogénito de los muertos, y el soberano de los reyes de la tierra. Al que nos amó, y nos lavó de nuestros pecados con su sangre, **6** y nos hizo reyes y sacerdotes para Dios, su Padre; a él sea gloria e imperio por los siglos de los siglos. Amén. **7** He aquí que viene con las nubes, y todo ojo le verá, y los que le traspasaron; y todos los linajes de la tierra harán lamentación por él. Sí, amén. **8** Yo soy el Alfa y la Omega, principio y fin, dice el Señor, el que es y que era y que ha de venir, el Todopoderoso.

3. Aprende de las lecciones:
¿Qué lecciones se pueden aprender de estos hechos? ¿Cuál es el significado del pasaje? Tu respuesta debe ser espiritual.

v. 4-5a La gracia y la paz vienen del Dios trino.

4. Escucha su voz:
¿Qué significa este pasaje para ti? Escribe de nuevo las lecciones sacadas en el paso 3 pero en forma interrogativa. Tu respuesta debe ser personal.

v. 4-5a ¿En qué lugar, cosa o persona estoy buscando la paz?

5. Respuesta en tu vida:
Expresa de manera concisa lo que Dios te está diciendo en este pasaje. ¿Cuál será la respuesta definida en tu vida? Escribe la fecha de hoy y lo que harás ahora mismo con respecto a lo que Él te ha dicho.

Capítulo 2: Esperanza cuando estás deprimido

1 **Busca en su Palabra:** Siente libertad para subrayar, encerrar en un círculo o marcar de cualquier forma el texto si es de ayuda en tu estudio.

2 **Enumera los hechos:** Haz una lista versículo por versículo de los hechos más importantes y obvios. ¿Qué dice el pasaje? Tu respuesta debe ser textual.

Encuentra esperanza a través de la paciencia de Cristo (1:9-12)
- *Durante el sufrimiento v. 9*
- *En soledad v. 9*
- *Mediante la sumisión vv. 10-12*

v. 9 Juan estaba sufriendo pacientemente en la isla de Patmos por causa de la Palabra de Dios y el testimonio de Jesús.

Apocalipsis 1:9 Yo Juan, vuestro hermano, y copartícipe vuestro en la tribulación, en el reino y en la paciencia de Jesucristo, estaba en la isla llamada Patmos, por causa de la palabra de Dios y el testimonio de Jesucristo. **10** Yo estaba en el Espíritu en el día del Señor, y oí detrás de mí una gran voz como de trompeta, **11** que decía: Yo soy el Alfa y la Omega, el primero y el último. Escribe en un libro lo que ves, y envíalo a las siete iglesias que están en Asia: a Éfeso, Esmirna, Pérgamo, Tiatira, Sardis, Filadelfia y Laodicea. **12** Y me volví para ver la voz que hablaba conmigo; y vuelto, vi siete candeleros de oro,

3 **Aprende de las lecciones:**
¿Qué lecciones se pueden aprender de estos hechos? ¿Cuál es el significado del pasaje? Tu respuesta debe ser espiritual.

v. 9 Es posible sufrir por hacer lo correcto pero también soportarlo con paciencia.

4 **Escucha su voz:**
¿Qué significa este pasaje para ti? Escribe de nuevo las lecciones sacadas en el paso 3 pero en forma interrogativa. Tu respuesta debe ser personal.

v. 9 ¿Cuál es mi actitud cuando sufro injustamente?

5 **Respuesta en tu vida:**
Expresa de manera concisa lo que Dios te está diciendo en este pasaje. ¿Cuál será la respuesta definida en tu vida? Escribe la fecha de hoy y lo que harás ahora mismo con respecto a lo que Él te ha dicho.

1 **Busca en su Palabra:** Siente libertad para subrayar, encerrar en un círculo o marcar de cualquier forma el texto si es de ayuda en tu estudio.

2 **Enumera los hechos:** Haz una lista versículo por versículo de los hechos más importantes y obvios. ¿Qué dice el pasaje? Tu respuesta debe ser textual.

Encuentra esperanza al ocuparte de lleno con Cristo (1:13-16)
- Como el Hijo de Dios v. 13a
- Como el sumo sacerdote v. 13b
- Como el Rey de reyes v. 13c
- Como el Padre eterno v. 14a
- Como el vengador v. 14b
- Como el Juez final v. 15a
- Como la Palabra viva v. 15b
- Como el Señor de señores v. 16a
- Como el comandante del ejército del Señor v. 16b
- Como la luz del mundo v. 16c

v. 13 Entre los candeleros Juan vio a uno como el Hijo del Hombre en un largo manto y con un cinto dorado.

Apocalipsis 1:13 y en medio de los siete candeleros, a uno semejante el Hijo del Hombre, vestido de una ropa que llegaba hasta los pies, y ceñido por el pecho con un cinto de oro. **14** Su cabeza y sus cabellos eran blancos como blanca lana, como nieve; sus ojos como llama de fuego; **15** y sus pies semejantes al bronce bruñido, refulgente como en un horno; y su voz como estruendo de muchas aguas. **16** Tenía en su diestra siete estrellas; de su boca salía una espada aguda de dos filos; y su rostro era como el sol cuando resplandece en su fuerza.

3 **Aprende de las lecciones:**
¿Qué lecciones se pueden aprender de estos hechos? ¿Cuál es el significado del pasaje? Tu respuesta debe ser espiritual.

v. 13 Jesucristo debería ser el foco de nuestra adoración.

4 **Escucha su voz:**
¿Qué significa este pasaje para ti? Escribe de nuevo las lecciones sacadas en el paso 3 pero en forma interrogativa. Tu respuesta debe ser personal.

v. 13 ¿Qué opaca el objeto de mi enfoque cuando adoro?

5 **Respuesta en tu vida:**
Expresa de manera concisa lo que Dios te está diciendo en este pasaje. ¿Cuál será la respuesta definida en tu vida? Escribe la fecha de hoy y lo que harás ahora mismo con respecto a lo que Él te ha dicho.

1 **Busca en su Palabra:** Siente libertad para subrayar, encerrar en un círculo o marcar de cualquier forma el texto si es de ayuda en tu estudio.

2 **Enumera los hechos:** Haz una lista versículo por versículo de los hechos más importantes y obvios. ¿Qué dice el pasaje? Tu respuesta debe ser textual.

Encuentra esperanza a través de tu postración ante Cristo (1:17-20)
- *En silencio v. 17*
- *En quietud v. 17*
- *En rendición vv. 17-18*
- *Para servirle vv. 19-20*

v. 17 Cuando Juan vio a Jesús, cayó a sus pies, sintió su mano y escuchó su voz diciéndole que no tuviera temor.

Apocalipsis 1:17 Cuando le vi, caí como muerto a sus pies. Y él puso su diestra sobre mí, diciéndome: No temas; yo soy el primero y el último; **18** y el que vivo, y estuve muerto; mas he aquí que vivo por los siglos de los siglos, amén. Y tengo las llaves de la muerte y del Hades. **19** Escribe las cosas que has visto , y las que son, y las que han de ser después de estas. **20** El misterio de las siete estrellas que has visto en mi diestra, y de los siete candeleros de oro: las siete estrellas son los ángeles de las siete iglesias, y los siete candeleros que has visto, son las siete iglesias.

3
Aprende de las lecciones:
¿Qué lecciones se pueden aprender de estos hechos? ¿Cuál es el significado del pasaje? Tu respuesta debe ser espiritual.

v. 17 Una visión auténtica de Jesucristo resulta en adoración y rendición fervientes al tiempo que su Palabra trae paz reconfortante.

4
Escucha su voz:
¿Qué significa este pasaje para ti? Escribe de nuevo las lecciones sacadas en el paso 3 pero en forma interrogativa. Tu respuesta debe ser personal.

v. 17 ¿Qué impacto está teniendo la visión de Cristo en tu vida?

5
Respuesta en tu vida:
Expresa de manera concisa lo que Dios te está diciendo en este pasaje. ¿Cuál será la respuesta definida en tu vida? Escribe la fecha de hoy y lo que harás ahora mismo con respecto a lo que Él te ha dicho.

Capítulo 3: Esperanza cuando estás engañado

1 Busca en su Palabra: Siente libertad para subrayar, encerrar en un círculo o marcar de cualquier forma el texto si es de ayuda en tu estudio.

2 Enumera los hechos: Haz una lista versículo por versículo de los hechos más importantes y obvios. ¿Qué dice el pasaje? Tu respuesta debe ser textual.

Engañado por la importancia del servicio: Encuentra esperanza... (2:1-7)
- *mirando a Jesús v. 1*
- *aprendiendo de Jesús vv. 2-6*
- *escuchando a Jesús v. 7*

v. 1 Aquel que tiene las siete estrellas y anda entre los candeleros envía un mensaje a la iglesia de los efesios.

Apocalipsis 2:1 Escribe al ángel de la iglesia en Éfeso: El que tiene las siete estrellas en su diestra, el que anda en medio de los siete candeleros de oro, dice esto: **2** Yo conozco tus obras, y tu arduo trabajo y paciencia; y que no puedes soportar a los malos, y has probado a los que se dicen ser apóstoles, y no lo son, y los has hallado mentirosos; **3** y has sufrido, y has tenido paciencia, y has trabajado arduamente por amor de mi nombre, y no has desmayado. **4** Pero tengo contra ti, que has dejado tu primer amor. **5** Recuerda, por tanto, de dónde has caído, y arrepiéntete, y haz las primeras obras; pues si no, vendré pronto a ti, y quitaré tu candelero de su lugar, si no te hubieres arrepentido. **6** Pero tienes esto, que aborreces las obras de los nicolaítas, las cuales yo también aborrezco. **7** El que tiene oído, oiga lo que el Espíritu dice a las iglesias. Al que venciere, le daré a comer del árbol de la vida, el cual está en medio del paraíso de Dios.

3 Aprende de las lecciones:
¿Qué lecciones se pueden aprender de estos hechos? ¿Cuál es el significado del pasaje? Tu respuesta debe ser espiritual.

v. 1 Por medio de su Palabra escrita, Jesús revela su presencia en medio de nosotros.

4 Escucha su voz:
¿Qué significa este pasaje para ti? Escribe de nuevo las lecciones sacadas en el paso 3 pero en forma interrogativa. Tu respuesta debe ser personal.

v. 1 Si me falta ser consciente de su presencia en mi vida, ¿podrá deberse a que he descuidado mi lectura de la Biblia?

5 Respuesta en tu vida:
Expresa de manera concisa lo que Dios te está diciendo en este pasaje. ¿Cuál será la respuesta definida en tu vida? Escribe la fecha de hoy y lo que harás ahora mismo con respecto a lo que Él te ha dicho.

1 **Busca en su Palabra:** Siente libertad para subrayar, encerrar en un círculo o marcar de cualquier forma el texto si es de ayuda en tu estudio.

2 **Enumera los hechos:** Haz una lista versículo por versículo de los hechos más importantes y obvios. ¿Qué dice el pasaje? Tu respuesta debe ser textual.

Engañado por la importancia de la sociedad: Encuentra esperanza... (2:12-17)
- *mirando a Jesús v. 12*
- *aprendiendo de Jesús vv. 13-16*
- *escuchando a Jesús v. 17*

v. 12 Aquel que tiene la espada tiene un mensaje para la iglesia de Pérgamo.

Apocalipsis 2:12 Y escribe al ángel de la iglesia en Pérgamo: El que tiene la espada aguda de dos filos dice esto: **13** Yo conozco tus obras, y dónde moras, donde está el trono de Satanás; pero retienes mi nombre, y no has negado mi fe, ni aun en los días en que Antipas mi testigo fiel fue muerto entre vosotros, donde mora Satanás. **14** Pero tengo unas pocas cosas contra ti: que tienes ahí a los que retienen la doctrina de Balaam, que enseñaba a Balac a poner tropiezo ante los hijos de Israel, a comer de cosas sacrificadas a los ídolos, y a cometer fornicación. **15** Y también tienes a los que retienen la doctrina de los nicolaítas, la que yo aborrezco. **16** Por tanto, arrepiéntete; pues si no, vendré a ti pronto, y pelearé contra ellos con la espada de mi boca. **17** El que tiene oído, oiga lo que el Espíritu dice a las iglesias. Al que venciere, daré a comer del maná escondido, y le daré una piedrecita blanca, y en la piedrecita escrito un nombre nuevo, el cual ninguno conoce sino aquel que lo recibe.

3 Aprende de las lecciones:
¿Qué lecciones se pueden aprender de estos hechos? ¿Cuál es el significado del pasaje? Tu respuesta debe ser espiritual.

v. 12 Jesús recuerda a la iglesia que la Biblia, que es su Palabra, también es un arma ofensiva.

4 Escucha su voz:
¿Qué significa este pasaje para ti? Escribe de nuevo las lecciones sacadas en el paso 3 pero en forma interrogativa. Tu respuesta debe ser personal.

v. 12 Cuando procuro tener victoria sobre Satanás, ¿qué armas estoy usando?

5 Respuesta en tu vida:
Expresa de manera concisa lo que Dios te está diciendo en este pasaje. ¿Cuál será la respuesta definida en tu vida? Escribe la fecha de hoy y lo que harás ahora mismo con respecto a lo que Él te ha dicho.

1 **Busca en su Palabra:** Siente libertad para subrayar, encerrar en un círculo o marcar de cualquier forma el texto si es de ayuda en tu estudio.

2 **Enumera los hechos:** Haz una lista versículo por versículo de los hechos más importantes y obvios. ¿Qué dice el pasaje? Tu respuesta debe ser textual.

Engañado por la importancia del estatus: Encuentra esperanza... (3:1-6)
- *mirando a Jesús v. 1*
- *aprendiendo de Jesús vv. 1-4*
- *escuchando a Jesús vv. 5-6*

v. 1 Aquel que tiene el Espíritu de Dios y las estrellas conoce los actos y la verdadera reputación de la iglesia de Sardis.

Apocalipsis 3:1 Escribe al ángel de la iglesia en Sardis: El que tiene los siete espíritus de Dios, y las siete estrellas, dice esto: Yo conozco tus obras, que tienes nombre de que vives, y estás muerto. **2** Sé vigilante, y afirma las otras cosas que están para morir; porque no he hallado tus obras perfectas delante de Dios. **3** Acuérdate, pues, de lo que has recibido y oído; y guárdalo, y arrepiéntete. Pues si no velas, vendré sobre ti como ladrón, y no sabrás a qué hora vendré sobre ti. **4** Pero tienes unas pocas personas en Sardis que no han manchado sus vestiduras; y andarán conmigo en vestiduras blancas, porque son dignas. **5** El que venciere será vestido de vestiduras blancas; y no borraré su nombre del libro de la vida, y confesaré su nombre delante de mi Padre, y delante de sus ángeles. **6** El que tiene oído, oiga lo que el Espíritu dice a las iglesias.

3 Aprende de las lecciones:
¿Qué lecciones se pueden aprender de estos hechos? ¿Cuál es el significado del pasaje? Tu respuesta debe ser espiritual.

v. 1 Dios no se deja impresionar por nuestra reputación.

4 Escucha su voz:
¿Qué significa este pasaje para ti? Escribe de nuevo las lecciones sacadas en el paso 3 pero en forma interrogativa. Tu respuesta debe ser personal.

v. 1 ¿Qué tanto se asemeja la reputación que tengo ante los demás con lo que solamente Dios conoce de mí a la perfección?

5 Respuesta en tu vida:
Expresa de manera concisa lo que Dios te está diciendo en este pasaje. ¿Cuál será la respuesta definida en tu vida? Escribe la fecha de hoy y lo que harás ahora mismo con respecto a lo que Él te ha dicho.

1 **Busca en su Palabra:** Siente libertad para subrayar, encerrar en un círculo o marcar de cualquier forma el texto si es de ayuda en tu estudio.

2 **Enumera los hechos:** Haz una lista versículo por versículo de los hechos más importantes y obvios. ¿Qué dice el pasaje? Tu respuesta debe ser textual.

Engañado por la importancia del ego: Encuentra esperanza... (3:14-22)
- *mirando a Jesús v. 14*
- *aprendiendo de Jesús vv. 15-20*
- *escuchando a Jesús vv. 21-22*

Apocalipsis 3:14 Y escribe al ángel de la iglesia en Laodicea: He aquí el Amén, el testigo fiel y verdadero, el principio de la creación de Dios, dice esto: **15** Yo conozco tus obras, que ni eres frío ni caliente. ¡Ojalá fueses frío o caliente! **16** Pero por cuanto eres tibio, y no frío ni caliente, te vomitaré de mi boca. **17** Porque tú dices: Yo soy rico, y me he enriquecido, y de ninguna cosa tengo necesidad; y no sabes que tú eres un desventurado, miserable, pobre, ciego y desnudo. **18** Por tanto, yo te aconsejo que de mí compres oro refinado en fuego, para que seas rico, y vestiduras blancas para vestirte, y que no se descubra la vergüenza de tu desnudez; y unge tus ojos con colirio, para que veas. **19** Yo reprendo y castigo a todos los que amo; sé, pues, celoso, y arrepiéntete. **20** He aquí, yo estoy a la puerta y llamo; si alguno oye mi voz y abre la puerta, entraré a él, y cenaré con él, y él conmigo. **21** Al que venciere, le daré que

v. 14 Aquel quien es el Amén, el testigo, el rey de la creación, tiene un mensaje para la iglesia de Laodicea.

se siente conmigo en mi trono, así como yo he vencido, y me he sentado con mi Padre en su trono. **22** El que tiene oído, oiga lo que el Espíritu dice a las iglesias.

3 Aprende de las lecciones:
¿Qué lecciones se pueden aprender de estos hechos? ¿Cuál es el significado del pasaje? Tu respuesta debe ser espiritual.

v. 14 Jesús es el Amén, Él tiene la última palabra.

4 Escucha su voz:
¿Qué significa este pasaje para ti? Escribe de nuevo las lecciones sacadas en el paso 3 pero en forma interrogativa. Tu respuesta debe ser personal.

v. 14 ¿Estoy reconociendo la autoridad final y definitiva de la Palabra de Dios?

5 Respuesta en tu vida:
Expresa de manera concisa lo que Dios te está diciendo en este pasaje. ¿Cuál será la respuesta definida en tu vida? Escribe la fecha de hoy y lo que harás ahora mismo con respecto a lo que Él te ha dicho.

1 **Busca en su Palabra:** Siente libertad para subrayar, encerrar en un círculo o marcar de cualquier forma el texto si es de ayuda en tu estudio.

2 **Enumera los hechos:** Haz una lista versículo por versículo de los hechos más importantes y obvios. ¿Qué dice el pasaje? Tu respuesta debe ser textual.

La insignificancia de tu testimonio: Encuentra esperanza... (2:8-11)
- *mirando a Jesús v. 8*
- *aprendiendo de Jesús vv. 9-10*
- *escuchando a Jesús vv. 10-11*

v. 8 Aquel quien es el primero y el postrero, quien murió y resucitó, tiene un mensaje para la iglesia de Esmirna.

Apocalipsis 2:8 Y escribe al ángel de la iglesia en Esmirna: El primero y el postrero, el que estuvo muerto y vivió, dice esto: **9** Yo conozco tus obras, y tu tribulación, y tu pobreza (pero tú eres rico), y la blasfemia de los que se dicen ser judíos, y no lo son, sino sinagoga de Satanás. **10** No temas en nada lo que vas a padecer. He aquí, el diablo echará a algunos de vosotros en la cárcel para que seáis probados, y tendréis tribulación por diez días. Sé fiel hasta la muerte, y yo te daré la corona de la vida. **11** El que tiene oído, oiga lo que el Espíritu dice a las iglesias. El que venciere, no sufrirá daño de la segunda muerte.

3 Aprende de las lecciones: ¿Qué lecciones se pueden aprender de estos hechos? ¿Cuál es el significado del pasaje? Tu respuesta debe ser espiritual.

v. 8 El Señor eterno, resucitado y vivo habla hoy a través de su Palabra escrita a la iglesia.

4 Escucha su voz: ¿Qué significa este pasaje para ti? Escribe de nuevo las lecciones sacadas en el paso 3 pero en forma interrogativa. Tu respuesta debe ser personal.

v. 8 Si su Palabra no es proclamada fielmente, ¿cómo puede Cristo hablar?

5 Respuesta en tu vida: Expresa de manera concisa lo que Dios te está diciendo en este pasaje. ¿Cuál será la respuesta definida en tu vida? Escribe la fecha de hoy y lo que harás ahora mismo con respecto a lo que Él te ha dicho.

1 **Busca en su Palabra:** Siente libertad para subrayar, encerrar en un círculo o marcar de cualquier forma el texto si es de ayuda en tu estudio.

2 **Enumera los hechos:** Haz una lista versículo por versículo de los hechos más importantes y obvios. ¿Qué dice el pasaje? Tu respuesta debe ser textual.

La insignificancia de tu pureza: Encuentra esperanza... (2:18-29)
- *mirando a Jesús v. 18*
- *aprendiendo de Jesús vv. 19-25*
- *escuchando a Jesús vv. 26-29*

v. 18 El Hijo de Dios, con ojos como fuego y pies semejantes al bronce, tiene una palabra para la iglesia de Tiatira.

Apocalipsis 2:18 Y escribe al ángel de la iglesia en Tiatira: El Hijo de Dios, el que tiene ojos como llama de fuego, y pies semejantes al bronce bruñido, dice esto: **19** Yo conozco tus obras, y amor, y fe, y servicio, y tu paciencia, y que tus obras postreras son más que las primeras. **20** Pero tengo unas pocas cosas contra ti: que toleras que esa mujer Jezabel, que se dice profetisa, enseñe y seduzca a mis siervos a fornicar y a comer cosas sacrificadas a los ídolos. **21** Y le he dado tiempo para que se arrepienta, pero no quiere arrepentirse de su fornicación. **22** He aquí, yo la arrojo en cama, y en gran tribulación a los que con ella adulteran, si no se arrepienten de las obras de ella. **23** Y a sus hijos heriré de muerte, y todas las iglesias sabrán que yo soy el que escudriña la mente y el corazón; y os daré a cada uno según vuestras obras. **24** Pero a vosotros y a los demás que están en Tiatira, a cuantos no tienen esa doctrina, y no han conocido lo que ellos llaman las profundidades de Satanás, yo os digo: No os impondré otra carga; **25** pero lo que tenéis, retenedlo hasta que yo venga. **26** Al que venciere y guardare mis obras hasta el fin, yo le daré autoridad sobre las naciones, **27** y las regirá con vara de hierro, y serán quebradas como vaso de alfarero; como yo también la he recibido de mi Padre; **28** y le daré la estrella de la mañana. **29** El que tiene oído, oiga lo que el Espíritu dice a las iglesias.

3 **Aprende de las lecciones:**
¿Qué lecciones se pueden aprender de estos hechos? ¿Cuál es el significado del pasaje? Tu respuesta debe ser espiritual.

4 **Escucha su voz:**
¿Qué significa este pasaje para ti? Escribe de nuevo las lecciones sacadas en el paso 3 pero en forma interrogativa. Tu respuesta debe ser personal.

v. 18 Es posible que la ira y el juicio inminente de Dios estén dirigidos a quienes se llaman a sí mismos cristianos.

v. 18 ¿Qué estoy haciendo (o podría hacer) para provocar la ira y el juicio de Dios en mi vida?

5 **Respuesta en tu vida:**
Expresa de manera concisa lo que Dios te está diciendo en este pasaje. ¿Cuál será la respuesta definida en tu vida? Escribe la fecha de hoy y lo que harás ahora mismo con respecto a lo que Él te ha dicho.

1 **Busca en su Palabra:** Siente libertad para subrayar, encerrar en un círculo o marcar de cualquier forma el texto si es de ayuda en tu estudio.

2 **Enumera los hechos:** Haz una lista versículo por versículo de los hechos más importantes y obvios. ¿Qué dice el pasaje? Tu respuesta debe ser textual.

La insignificancia de tu capacidad: Encuentra esperanza... (3:7-13)
- *mirando a Jesús v. 7*
- *aprendiendo de Jesús vv. 8-11*
- *escuchando a Jesús vv. 12-13*

Apocalipsis 3:7 Escribe al ángel de la iglesia en Filadelfia: Esto dice el Santo, el Verdadero, el que tiene la llave de David, el que abre y ninguno cierra, y cierra y ninguno abre: **8** Yo conozco tus obras; he aquí, he puesto delante de ti una puerta abierta, la cual nadie puede cerrar; porque aunque tienes poca fuerza, has guardado mi palabra, y no has negado mi nombre. **9** He aquí, yo entrego de la sinagoga de Satanás a los que se dicen ser judíos y no lo son, sino que mienten; he aquí, yo haré que vengan y se postren a tus pies, y reconozcan que yo te he amado. **10** Por cuanto has guardado la palabra de mi paciencia, yo también te guardaré de la hora de la prueba que ha de venir sobre el mundo entero, para probar a los que moran sobre la tierra. **11** He aquí, yo vengo pronto; retén lo que tienes, para que ninguno tome tu corona. **12** Al que venciere, yo lo haré columna en el templo de mi Dios, y nunca más saldrá de allí; y escribiré

v. 7 Aquel que tiene la llave de David es quien abre y cierra la puerta.

sobre él el nombre de mi Dios, y el nombre de la ciudad de mi Dios, la nueva Jerusalén, la cual desciende del cielo, de mi Dios, y mi nombre nuevo. **13** El que tiene oído oiga lo que el Espíritu dice a las iglesias.

3 Aprende de las lecciones:
¿Qué lecciones se pueden aprender de estos hechos? ¿Cuál es el significado del pasaje? Tu respuesta debe ser espiritual.

v. 7 Jesucristo es Aquel quien determina qué puertas de oportunidad se abren o cierran para mí.

4 Escucha su voz:
¿Qué significa este pasaje para ti? Escribe de nuevo las lecciones sacadas en el paso 3 pero en forma interrogativa. Tu respuesta debe ser personal.

v. 7 ¿De qué cosas o personas estoy esperando recibir una oportunidad?

5 Respuesta en tu vida:
Expresa de manera concisa lo que Dios te está diciendo en este pasaje. ¿Cuál será la respuesta definida en tu vida? Escribe la fecha de hoy y lo que harás ahora mismo con respecto a lo que Él te ha dicho.

1 Busca en su Palabra:
Siente libertad para subrayar, encerrar en un círculo o marcar de cualquier forma el texto si es de ayuda en tu estudio.

2 Enumera los hechos:
Haz una lista versículo por versículo de los hechos más importantes y obvios. ¿Qué dice el pasaje? Tu respuesta debe ser textual.

Encuentra esperanza aguardando que el Señor intervenga para reclamar a su pueblo (4:1; 1 Ts. 4:13-18)

v. 13 No debemos ignorar acerca de quienes duermen ni entristecernos como los que no tienen esperanza.

1 Tesalonicenses 4:13 Tampoco queremos, hermanos, que ignoréis acerca de los que duermen, para que no os entristezcáis como los otros que no tienen esperanza. **14** Porque si creemos que Jesús murió y resucitó, así también traerá Dios con Jesús a los que durmieron en él. **15** Por lo cual os decimos esto en palabra del Señor: que nosotros que vivimos, que habremos quedado hasta la venida del Señor, no precederemos a los que durmieron. **16** Porque el Señor mismo con voz de mando, con voz de arcángel, y con trompeta de Dios, descenderá del cielo; y los muertos en Cristo resucitarán primero. **17** Luego nosotros los que vivimos, los que hayamos quedado, seremos arrebatados juntamente con ellos en las nubes para recibir al Señor en el aire, y así estaremos siempre con el Señor. **18** Por tanto, alentaos los unos a los otros con estas palabras.

3 Aprende de las lecciones: ¿Qué lecciones se pueden aprender de estos hechos? ¿Cuál es el significado del pasaje? Tu respuesta debe ser espiritual.

v. 13 La ignorancia es la única razón para no tener esperanza en el funeral de un creyente.

4 Escucha su voz: ¿Qué significa este pasaje para ti? Escribe de nuevo las lecciones sacadas en el paso 3 pero en forma interrogativa. Tu respuesta debe ser personal.

v. 13 ¿Será que mi ignorancia de la Palabra de Dios es la verdadera razón de mi tristeza absoluta y mi falta de esperanza?

5 Respuesta en tu vida: Expresa de manera concisa lo que Dios te está diciendo en este pasaje ¿Cuál será la respuesta definida en tu vida? Escribe la fecha de hoy y lo que harás ahora mismo con respecto a lo que Él te ha dicho.

1 **Busca en su Palabra:**
Siente libertad para subrayar, encerrar en un círculo o marcar de cualquier forma el texto si es de ayuda en tu estudio.

2 **Enumera los hechos:**
Haz una lista versículo por versículo de los hechos más importantes y obvios. ¿Qué dice el pasaje? Tu respuesta debe ser textual.

Encuentra esperanza al saber que el Señor está sobre el trono en el centro del universo (4:1-3a)
- *Con soberanía vv. 1-2*
- *En belleza v. 3a*

v. 1 Juan vio el cielo abierto y escuchó una voz que le dijo que se acercara para que le fuera mostrado lo que iba a suceder.

Apocalipsis 4:1 Después de esto miré, y he aquí una puerta abierta en el cielo; y la primera voz que oí, como de trompeta, hablando conmigo, dijo: Sube acá, y yo te mostraré las cosas que sucederán después de estas. **2** Y al instante yo estaba en el Espíritu; y he aquí, un trono establecido en el cielo, y en el trono, uno sentado. **3** Y el aspecto del que estaba sentado era semejante a piedra de jaspe y de cornalina;

3 Aprende de las lecciones: ¿Qué lecciones se pueden aprender de estos hechos? ¿Cuál es el significado del pasaje? Tu respuesta debe ser espiritual.

v. 1 Por medio de su Palabra, Dios revela su presencia y nos invita a conocer su plan y propósito.

4 Escucha su voz: ¿Qué significa este pasaje para ti? Escribe de nuevo las lecciones sacadas en el paso 3 pero en forma interrogativa. Tu respuesta debe ser personal.

v. 1 ¿Parecen confusas o amenazadoras mis circunstancias debido a que he descuidado mi lectura de la Biblia y por eso me falta ser más consciente de su presencia y propósito en mi vida?

5 Respuesta en tu vida: Expresa de manera concisa lo que Dios te está diciendo en este pasaje. ¿Cuál será la respuesta definida en tu vida? Escribe la fecha de hoy y lo que harás ahora mismo con respecto a lo que Él te ha dicho.

1 **Busca en su Palabra:** Siente libertad para subrayar, encerrar en un círculo o marcar de cualquier forma el texto si es de ayuda en tu estudio.

2 **Enumera los hechos:** Haz una lista versículo por versículo de los hechos más importantes y obvios. ¿Qué dice el pasaje? Tu respuesta debe ser textual.

Encuentra esperanza al ver al Señor rodeado por la corte del cielo (4:3b-8)
- *Seguridad v. 3b*
- *Sinceridad v. 4*
- *Actividad v. 5a*
- *Pureza v. 5b*
- *Autoridad v. 6a*
- *Piedad vv. 6b-8*

v. 3b Hay un arco iris de esmeralda alrededor del trono.

Apocalipsis 4:3b y había alrededor del trono un arco iris, semejante en aspecto a la esmeralda. **4** Y alrededor del trono había veinticuatro tronos; y vi sentados en los tronos a veinticuatro ancianos, vestidos de ropas blancas, con coronas de oro en sus cabezas. **5** Y del trono salían relámpagos y truenos y voces; y delante del trono ardían siete lámparas de fuego, las cuales son los siete espíritus de Dios. **6** Y delante del trono había como un mar de vidrio semejante al cristal; y junto al trono, y alrededor del trono, cuatro seres vivientes llenos de ojos delante y detrás. **7** El primer ser viviente era semejante a un león; el segundo era semejante a un becerro; el tercero tenía rostro como de hombre; y el cuarto era semejante a un águila volando. **8** Y los cuatro seres vivientes tenían cada uno seis alas, y alrededor y por dentro estaban llenos de ojos; y no cesaban día y noche de decir: Santo, santo, santo es el Señor Dios Todopoderoso, el que era, el que es, y el que ha de venir

3 Aprende de las lecciones:
¿Qué lecciones se pueden aprender de estos hechos? ¿Cuál es el significado del pasaje? Tu respuesta debe ser espiritual.

v. 3b El pacto de fidelidad de Dios es evidente para nosotros cuando Él está ejerciendo autoridad absoluta en nuestra vida.

4 Escucha su voz:
¿Qué significa este pasaje para ti? Escribe de nuevo las lecciones sacadas en el paso 3 pero en forma interrogativa. Tu respuesta debe ser personal.

v. 3b Si estoy dudando de la misericordia de Dios o tengo temor de perder mi seguridad eterna, entonces ¿quién está sentado en el trono de mi vida?

5 Respuesta en tu vida:
Expresa de manera concisa lo que Dios te está diciendo en este pasaje. ¿Cuál será la respuesta definida en tu vida? Escribe la fecha de hoy y lo que harás ahora mismo con respecto a lo que Él te ha dicho.

1 **Busca en su Palabra:**
Siente libertad para subrayar, encerrar en un círculo o marcar de cualquier forma el texto si es de ayuda en tu estudio.

2 **Enumera los hechos:**
Haz una lista versículo por versículo de los hechos más importantes y obvios. ¿Qué dice el pasaje? Tu respuesta debe ser textual.

Encuentra esperanza al escuchar la alabanza al Señor que crece en intensidad; el Señor es alabado en... (4:8-11)
- *adoración continua v. 8*
- *adoración contagiosa vv. 9-10*
- *adoración costosa vv. 10b-11*

v. 8 Los cuatro seres vivientes nunca dejaban de decir, "El Señor es santo".

Apocalipsis 4:8 Y los cuatro seres vivientes tenían cada uno seis alas, y alrededor y por dentro estaban llenos de ojos; y no cesaban día y noche de decir: Santo, santo, santo es el Señor Dios Todopoderoso, el que era, el que es, y el que ha de venir. **9** Y siempre que aquellos seres vivientes dan gloria y honra y acción de gracias al que está sentado en el trono, al que vive por los siglos de los siglos, **10** los veinticuatro ancianos se postran delante del que está sentado en el trono, y adoran al que vive por los siglos de los siglos, y echan sus coronas delante del trono, diciendo; **11** Señor, digno eres de recibir la gloria y la honra y el poder; porque tú creaste todas las cosas, y por tu voluntad existen y fueron creadas.

3 **Aprende de las lecciones:**
¿Qué lecciones se pueden aprender de estos hechos? ¿Cuál es el significado del pasaje? Tu respuesta debe ser espiritual.

v. 8 Nuestra adoración al Señor nunca debería cesar.

4 **Escucha su voz:**
¿Qué significa este pasaje para ti? Escribe de nuevo las lecciones sacadas en el paso 3 pero en forma interrogativa. Tu respuesta debe ser personal.

v. 8 ¿Qué ha interrumpido mi adoración de Cristo?

5 **Respuesta en tu vida:**
Expresa de manera concisa lo que Dios te está diciendo en este pasaje. ¿Cuál será la respuesta definida en tu vida? Escribe la fecha de hoy y lo que harás ahora mismo con respecto a lo que Él te ha dicho.

1 **Busca en su Palabra:** Siente libertad para subrayar, encerrar en un círculo o marcar de cualquier forma el texto si es de ayuda en tu estudio.

2 **Enumera los hechos:** Haz una lista versículo por versículo de los hechos más importantes y obvios. ¿Qué dice el pasaje? Tu respuesta debe ser textual.

Encuentra esperanza en la posición inigualable de Cristo (5:1-5)

v. 1 Aquel sentado en el trono tiene en su mano un libro escrito y sellado.

Apocalipsis 5:1 Y vi en la mano derecha del que estaba sentado en el trono un libro escrito por dentro y por fuera, sellado con siete sellos. **2** Y vi a un ángel fuerte que pregonaba a gran voz: ¿Quién es digno de abrir el libro y desatar sus sellos? **3** Y ninguno, ni en el cielo ni en la tierra, podía abrir el libro, ni aun mirarlo. **4** Y lloraba yo mucho, porque no se había hallado a ninguno digno de abrir el libro, ni de leerlo, ni de mirarlo. **5** Y uno de los ancianos me dijo: No llores. He aquí que el León de la tribu de Judá, la raíz de David, ha vencido para abrir el libro y desatar sus siete sellos.

3 Aprende de las lecciones:
¿Qué lecciones se pueden aprender de estos hechos? ¿Cuál es el significado del pasaje? Tu respuesta debe ser espiritual.

v. 1 Hay Alguien sentado sobre el trono en el centro del universo.

4 Escucha su voz:
¿Qué significa este pasaje para ti? Escribe de nuevo las lecciones sacadas en el paso 3 pero en forma interrogativa. Tu respuesta debe ser personal.

v. 1 ¿Qué diferencia hace en mi vida diaria el conocimiento de una Persona real y física que rige el universo?

5 Respuesta en tu vida:
Expresa de manera concisa lo que Dios te está diciendo en este pasaje. ¿Cuál será la respuesta definida en tu vida? Escribe la fecha de hoy y lo que harás ahora mismo con respecto a lo que Él te ha dicho.

1 **Busca en su Palabra:** Siente libertad para subrayar, encerrar en un círculo o marcar de cualquier forma el texto si es de ayuda en tu estudio.

2 **Enumera los hechos:** Haz una lista versículo por versículo de los hechos más importantes y obvios. ¿Qué dice el pasaje? Tu respuesta debe ser textual.

Encuentra esperanza en el poder indiscutible de Cristo (5:6-8)

v. 6 Un Cordero que había sido inmolado, con siete cuernos y ojos, estaba en pie en el trono, rodeado por los seres vivientes y los ancianos.

Apocalipsis 5:6 Y miré, y vi que en medio del trono y de los cuatro seres vivientes, y en medio de los ancianos, estaba en pie un Cordero como inmolado, que tenía siete cuernos, y siete ojos, los cuales son los siete espíritus de Dios enviados por toda la tierra. **7** Y vino, y tomó el libro de la mano derecha del que estaba sentado en el trono. **8** Y cuando hubo tomado el libro, los cuatro seres vivientes y los veinticuatro ancianos se postraron delante del Cordero; todos tenían arpas, y copas de oro llenas de incienso, que son las oraciones de los santos.

3 Aprende de las lecciones: ¿Qué lecciones se pueden aprender de estos hechos? ¿Cuál es el significado del pasaje? Tu respuesta debe ser espiritual.

v. 6 Al final de la historia humana, el Cordero de Dios crucificado y resucitado se mantiene en pie supremo y con plena autoridad sobre el universo entero.

4 Escucha su voz: ¿Qué significa este pasaje para ti? Escribe de nuevo las lecciones sacadas en el paso 3 pero en forma interrogativa. Tu respuesta debe ser personal.

v. 6 Si el Cordero de Dios sigue reinando supremo al final de la historia humana, ¿por qué no reina con autoridad suprema en mi vida hoy?

5 Respuesta en tu vida:
Expresa de manera concisa lo que Dios te está diciendo en este pasaje. ¿Cuál será la respuesta definida en tu vida? Escribe la fecha de hoy y lo que harás ahora mismo con respecto a lo que Él te ha dicho.

1 **Busca en su Palabra:** Siente libertad para subrayar, encerrar en un círculo o marcar de cualquier forma el texto si es de ayuda en tu estudio.

2 **Enumera los hechos:** Haz una lista versículo por versículo de los hechos más importantes y obvios. ¿Qué dice el pasaje? Tu respuesta debe ser textual.

Encuentra esperanza en la alabanza universal de Jesucristo (5:9-14)

v. 9 Ellos cantaron un cántico nuevo acerca de la dignidad de Cristo para tomar el libro, porque Él fue inmolado y con su sangre pagó el precio y redimió a los hombres.

Apocalipsis 5:9 y cantaban un nuevo cántico, diciendo: Digno eres de tomar el libro y de abrir sus sellos; porque tú fuiste inmolado, y con tu sangre nos has redimido para Dios, de todo linaje y lengua y pueblo y nación; **10** y nos has hecho para nuestro Dios reyes y sacerdotes, y reinaremos sobre la tierra. **11** Y miré, y oí la voz de muchos ángeles alrededor del trono, y de los seres vivientes, y de los ancianos; y su número era millones de millones, **12** que decían a gran voz: El Cordero que fue inmolado es digno de tomar el poder, las riquezas, la sabiduría, la fortaleza, la honra, la gloria y la alabanza. **13** Y todo lo creado que está en el cielo, y sobre la tierra, y debajo de la tierra, y en el mar, y a todas las cosas que en ellos hay, oí decir: Al que está sentado en el trono, y al Cordero, sea la alabanza, la honra, la gloria y el poder, por los siglos de los siglos. **14** Los cuatro seres vivientes decían: Amén; y los veinticuatro ancianos se postraron sobre sus rostros y adoraron al que vive por los siglos de los siglos.

3 Aprende de las lecciones:
¿Qué lecciones se pueden aprender de estos hechos? ¿Cuál es el significado del pasaje? Tu respuesta debe ser espiritual.

v. 9 Por toda la eternidad, la cruz de Cristo será razón de regocijo.

4 Escucha su voz:
¿Qué significa este pasaje para ti? Escribe de nuevo las lecciones sacadas en el paso 3 pero en forma interrogativa. Tu respuesta debe ser personal.

v. 9 A la luz de la cruz, ¿qué razón tengo yo para perder mi gozo?

5 Respuesta en tu vida:
Expresa de manera concisa lo que Dios te está diciendo en este pasaje. ¿Cuál será la respuesta definida en tu vida? Escribe la fecha de hoy y lo que harás ahora mismo con respecto a lo que Él te ha dicho.

1 **Busca en su Palabra:** Siente libertad para subrayar, encerrar en un círculo o marcar de cualquier forma el texto si es de ayuda en tu estudio.

2 **Enumera los hechos:** Haz una lista versículo por versículo de los hechos más importantes y obvios. ¿Qué dice el pasaje? Tu respuesta debe ser textual.

Encuentra esperanza al saber que Dios es justo (6-9)
- *Él juzga con paciencia 6:9-11*
- *Él juzga con progresión 6:11-17*
- *Él juzga con una pausa 7:1-8:5*
- *Él juzga con precisión 8:6-9:21*

Esta lección estará enfocada en Apocalipsis 7:9 Después de esto miré, y he aquí una gran multitud, la cual nadie podía contra, de todas naciones y tribus y pueblos y lenguas, que estaban delante del trono y en la presencia del Cordero, vestidos de ropas blancas, y con palmas en las manos; **10** y clamaban a gran voz, diciendo: La salvación pertenece a nuestro Dios que está sentado en el trono, y al Cordero. **11** Y todos los ángeles estaban en pie alrededor del trono, y de los ancianos y de los cuatro seres vivientes; y se postraron sobre sus rostros delante del trono, y adoraron a Dios, **12** diciendo: Amén. La bendición y la gloria y la sabiduría y la acción de gracias y la honra y el poder y la fortaleza, sean a nuestro Dios por los siglos de los siglos. Amén. **13** Entonces uno de los ancianos habló, diciéndome: Estos que

v. 9 Juan vio una gran multitud en pie delante del trono, todos vestidos con ropas resplandecientes y con palmas en sus manos.

___

están vestidos de ropas blancas, ¿quiénes son, y de dónde han venido? **14** Yo le dije: Señor, tú lo sabes. Y él me dijo: Estos son los que han salido de la gran tribulación, y han lavado sus ropas, y las han emblanquecido en la sangre del Cordero. **15** Por eso están delante del trono de Dios, y le sirven día y noche en su templo; y el que está sentado sobre el trono extenderá su tabernáculo sobre ellos. **16** Y no tendrán hambre ni sed, y el sol no caerá más sobre ellos, ni calor alguno; **17** porque el Cordero que está en medio del trono los pastoreará, y los guiará a fuentes de aguas de vida; y Dios enjugará toda lágrima de los ojos de ellos.

3 Aprende de las lecciones:
¿Qué lecciones se pueden aprender de estos hechos? ¿Cuál es el significado del pasaje? Tu respuesta debe ser espiritual.

v. 9 Habrá una gran cantidad de personas en el cielo quienes han sido fieles a Cristo en la tierra.

4 Escucha su voz:
¿Qué significa este pasaje para ti? Escribe de nuevo las lecciones sacadas en el paso 3 pero en forma interrogativa. Tu respuesta debe ser personal.

v. 9 ¿Por qué pienso a veces que soy la única persona que se encuentra en medio de aflicción y sufrimiento, viviendo fielmente para Cristo?

5 Respuesta en tu vida:
Expresa de manera concisa lo que Dios te está diciendo en este pasaje. ¿Cuál será la respuesta definida en tu vida? Escribe la fecha de hoy y lo que harás ahora mismo con respecto a lo que Él te ha dicho.

Capítulo 7: Esperanza cuando estás atribulado

1 Busca en su Palabra: Siente libertad para subrayar, encerrar en un círculo o marcar de cualquier forma el texto si es de ayuda en tu estudio.

2 Enumera los hechos: Haz una lista versículo por versículo de los hechos más importantes y obvios. ¿Qué dice el pasaje? Tu respuesta debe ser textual.

Encuentra esperanza al saber que Dios es misericordioso (7-14)
- *Provisión de 144.000 predicadores 7:1-8*
- *Provisión de dos profetas 11:3*
- *Provisión de gente transformada 12:11*
- *Provisión de proclamación angelical 14:6-7*

Esta lección estará enfocada en Apocalipsis 11:15 El séptimo ángel tocó la trompeta, y hubo grandes voces en el cielo, que decían: Los reinos del mundo han venido a ser de nuestro Señor y de su Cristo; y él reinará por los siglos de los siglos. **16** Y los veinticuatro ancianos que estaban sentados delante de Dios en sus tronos, se postraron sobre sus rostros, y adoraron a Dios, **17** diciendo: Te damos gracias, Señor Dios Todopoderoso, el que eres y que eras y que has de venir, porque has tomado tu gran poder, y has reinado. **18** Y se airaron las naciones, y tu ira ha venido, y el tiempo de juzgar a los muertos, y de dar el galardón a tus siervos los profetas, a los santos, y a los que temen tu nombre, a los pequeños y a los grandes, y de destruir a los que destruyen la tierra. **19** Y el templo de

v. 15 Una trompeta y grandes voces en el cielo dijeron: "El mundo ahora es del reino de Cristo y Él reinará por siempre".

Dios fue abierto en el cielo, y el arca de su pacto se veía en el templo. Y hubo relámpagos, voces, un terremoto y grande granizo.

3 Aprende de las lecciones: ¿Qué lecciones se pueden aprender de estos hechos? ¿Cuál es el significado del pasaje? Tu respuesta debe ser espiritual.

v. 15 Un día el mundo que fue hecho por Cristo en la creación y comprado por Él en el calvario, será reinado por Él.

4 Escucha su voz: ¿Qué significa este pasaje para ti? Escribe de nuevo las lecciones sacadas en el paso 3 pero en forma interrogativa. Tu respuesta debe ser personal.

v. 15 ¿Cómo puedo sentirme sin esperanza cuando considero cuál será el desenlace final?

5 Respuesta en tu vida: Expresa de manera concisa lo que Dios te está diciendo en este pasaje. ¿Cuál será la respuesta definida en tu vida? Escribe la fecha de hoy y lo que harás ahora mismo con respecto a lo que Él te ha dicho.

1 **Busca en su Palabra:** Siente libertad para subrayar, encerrar en un círculo o marcar de cualquier forma el texto si es de ayuda en tu estudio.

2 **Enumera los hechos:** Haz una lista versículo por versículo de los hechos más importantes y obvios. ¿Qué dice el pasaje? Tu respuesta debe ser textual.

Encuentra esperanza al saber que Dios es misericordioso (7–14)
- *Provisión de 144.000 predicadores 7:1-8*
- *Provisión de dos profetas 11:3*
- *Provisión de gente transformada 12:11*
- *Provisión de proclamación angelical 14:6-7*

v. 10 La salvación, el poder de Dios y la autoridad de Cristo han venido, y el acusador ha sido lanzado fuera.

Esta lección estará enfocada en Apocalipsis 12:10 Entonces oí una gran voz en el cielo, que decía: Ahora ha venido la salvación, el poder, y el reino de nuestro Dios, y la autoridad de su Cristo; porque ha sido lanzado fuera el acusador de nuestros hermanos, el que los acusaba delante de nuestro Dios día y noche. **11** Y ellos le han vencido por medio de la sangre del Cordero y de la palabra del testimonio de ellos, y menospreciaron sus vidas hasta la muerte. **12** Por lo cual alegraos, cielos, y los que moráis en ellos. ¡Ay de los moradores de la tierra y del mar! porque el diablo ha descendido a vosotros con gran ira, sabiendo que tiene poco tiempo.

3 **Aprende de las lecciones:** ¿Qué lecciones se pueden aprender de estos hechos? ¿Cuál es el significado del pasaje? Tu respuesta debe ser espiritual.

v. 10 En lugar de afectar el poder de Dios y la autoridad de Cristo, la actividad de Satanás en realidad nos da la oportunidad de experimentarlos

4 **Escucha su voz:** ¿Qué significa este pasaje para ti? Escribe de nuevo las lecciones sacadas en el paso 3 pero en forma interrogativa. Tu respuesta debe ser personal.

v. 10 Cuando Satanás ataca, ¿qué tanta expectativa tengo de experimentar el poder de Dios en una nueva forma?

5 **Respuesta en tu vida:** Expresa de manera concisa lo que Dios te está diciendo en este pasaje. ¿Cuál será la respuesta definida en tu vida? Escribe la fecha de hoy y lo que harás ahora mismo con respecto a lo que Él te ha dicho.

Capítulo 8: Esperanza cuando estás atribulado

1 **Busca en su Palabra:** Siente libertad para subrayar, encerrar en un círculo o marcar de cualquier forma el texto si es de ayuda en tu estudio.

2 **Enumera los hechos:** Haz una lista versículo por versículo de los hechos más importantes y obvios. ¿Qué dice el pasaje? Tu respuesta debe ser textual.

Encuentra esperanza al saber que Jesucristo afirmará su poder (13:1-16:21)
- *A través de líderes políticos 13:1-2, 4-5, 7-8, 16-18*
- *A través de predicadores y profetas (líderes religiosos) 13:11-13*
- *A través de plagas 14:1-16:21*

v. 1 Juan vio siete ángeles con siete plagas finales porque la ira de Dios se había consumado.

Esta lección estará enfocada en Apocalipsis 15:1 Vi en el cielo otra señal, grande y admirable: siete ángeles que tenían las siete plagas postreras; porque en ellas se consumaba la ira de Dios. **2** Vi también como un mar de vidrio mezclado con fuego; y a los que habían alcanzado la victoria sobre la bestia y su imagen, y su marca y el número de su nombre, en pie sobre el mar de vidrio, con las arpas de Dios. **3** Y cantan el cántico de Moisés siervo de Dios, y el cántico del Cordero, diciendo: Grandes y maravillosas son tus obras, Señor Dios Todopoderoso; justos y verdaderos son tus caminos, Rey de los santos. **4** ¿Quién no te temerá, oh Señor, y glorificará tu nombre? pues sólo tú eres santo; por lo cual todas las naciones vendrán y te adorarán, porque tus juicios se han manifestado. **5** Después de estas cosas miré, y he aquí fue abierto en el cielo el templo del tabernáculo del testimonio;

... por alianzas malignas   343

3 **Aprende de las lecciones:**
¿Qué lecciones se pueden aprender de estos hechos? ¿Cuál es el significado del pasaje? Tu respuesta debe ser espiritual.

v. 1 La ira de Dios es de acción profunda, completa y definitiva.

4 **Escucha su voz:**
¿Qué significa este pasaje para ti? Escribe de nuevo las lecciones sacadas en el paso 3 pero en forma interrogativa. Tu respuesta debe ser personal.

v. 1 ¿Qué persona a quien conozco cree que él o ella puede pecar y salirse con las suyas?

5 **Respuesta en tu vida.**
Expresa de manera concisa lo que Dios te está diciendo en este pasaje. ¿Cuál será la respuesta definida en tu vida? Escribe la fecha de hoy y lo que harás ahora mismo con respecto a lo que Él te ha dicho.

Capítulo 8: Esperanza cuando estás atribulado

1 Busca en su Palabra: Siente libertad para subrayar, encerrar en un círculo o marcar de cualquier forma el texto si es de ayuda en tu estudio.

2 Enumera los hechos: Haz una lista versículo por versículo de los hechos más importantes y obvios. ¿Qué dice el pasaje? Tu respuesta debe ser textual.

Encuentra esperanza al saber que Jesucristo aparecerá en persona (19:1-10). Los santos se regocijan...
- *Por la destrucción de los malos vv. 1-5*
- *En la celebración de la boda vv. 6-10*

vv. 1-2a Juan escuchó a una gran multitud en el cielo exclamando: "¡Aleluya! Salvación y honra, gloria y poder pertenecen a Dios".

Apocalipsis 19:1 Después de esto oí una gran voz de gran multitud en el cielo, que decía: ¡Aleluya! Salvación y honra y gloria y poder son del Señor Dios nuestro; **2** porque sus juicios son verdaderos y justos; pues ha juzgado a la gran ramera que ha corrompido a la tierra con su fornicación, y ha vengado la sangre de sus siervos de la mano de ella. **3** Otra vez dijeron: ¡Aleluya! Y el humo de ella sube por los siglos de los siglos. **4** Y los veinticuatro ancianos y los cuatro seres vivientes se postraron en tierra y adoraron a Dios, que estaba sentado en el trono, y decían: ¡Amén! ¡Aleluya! **5** Y salió del trono una voz que decía: Alabad a nuestro Dios todos sus siervos, y los que le teméis, así pequeños como grandes. **6** Y oí como la voz de una gran multitud, como el estruendo de muchas aguas, y como la voz de grandes truenos, que decía: ¡Aleluya, porque el Señor nuestro Dios Todopoderoso reina! **7** Gocémonos y alegrémonos y démosle gloria; porque han llegado las bodas del Cordero, y su esposa se ha preparado. **8** Y a ella se le ha concedido que se vista de lino fino, limpio y resplandeciente; porque el lino fino es las acciones justas de los santos. **9** Y el ángel me dijo: Escribe: Bienaventurados los que son llamados a la cena de las bodas del Cordero. Y me dijo: Estas son palabras verdaderas de Dios. **10** Yo me postré a sus pies para adorarle. Y él me dijo: Mira, no lo hagas; yo soy consiervo tuyo, y de tus hermanos que retienen el testimonio de Jesús. Adora a Dios; porque el testimonio de Jesús es el espíritu de la profecía.

3 Aprende de las lecciones:
¿Qué lecciones se pueden aprender de estos hechos? ¿Cuál es el significado del pasaje? Tu respuesta debe ser espiritual.

vv. 1-2a Todo el cielo se regocija en la salvación de los justos.

4 Escucha su voz:
¿Qué significa este pasaje para ti? Escribe de nuevo las lecciones sacadas en el paso 3 pero en forma interrogativa. Tu respuesta debe ser personal.

vv. 1-2a ¿Cuándo he causado regocijo en el cielo porque tuve parte activa en la salvación de una persona?

5 Respuesta en tu vida:
Expresa de manera concisa lo que Dios te está diciendo en este pasaje. ¿Cuál será la respuesta definida en tu vida? Escribe la fecha de hoy y lo que harás ahora mismo con respecto a lo que Él te ha dicho.

1 Busca en su Palabra: Siente libertad para subrayar, encerrar en un círculo o marcar de cualquier forma el texto si es de ayuda en tu estudio.

2 Enumera los hechos: Haz una lista versículo por versículo de los hechos más importantes y obvios. ¿Qué dice el pasaje? Tu respuesta debe ser textual.

Encuentra esperanza al saber que Jesucristo aparecerá en persona (19:11-16). Los santos se regocijan...
• *porque el Hijo regresa vv. 11-16*

v. 11 Juan vio el cielo abierto y un jinete llamado Fiel y Verdadero montado sobre un caballo blanco, haciendo guerra con justicia.

Apocalipsis 19:11 Entonces vi el cielo abierto; y he aquí un caballo blanco, y el que lo montaba se llamaba Fiel y Verdadero, y con justicia juzga y pelea. **12** Sus ojos eran como llama de fuego, y había en su cabeza muchas diademas; y tenía un nombre escrito que ninguno conocía sino él mismo. **13** Estaba vestido de una ropa teñida en sangre; y su nombre es: El Verbo de Dios. **14** Y los ejércitos celestiales, vestidos de lino finísimo, blanco y limpio, le seguían en caballos blancos. **15** De su boca sale una espada aguda, para herir con ella a las naciones, y él las regirá con vara de hierro; y él pisa el lagar del vino del furor y de la ira del Dios Todopoderoso. **16** Y en su vestidura y en su muslo tiene escrito este nombre: Rey de reyes y Señor de señores.

3 Aprende de las lecciones:
¿Qué lecciones se pueden aprender de estos hechos? ¿Cuál es el significado del pasaje? Tu respuesta debe ser espiritual.

v. 11 Un día el cielo se abrirá, y Jesús aparecerá para juzgar a la tierra y sus moradores.

4 Escucha su voz:
¿Qué significa este pasaje para ti? Escribe de nuevo las lecciones sacadas en el paso 3 pero en forma interrogativa. Tu respuesta debe ser personal.

v. 11 Cinco minutos antes de que el cielo se abra y Jesús vuelva para juzgar el mundo, ¿qué desearía yo haber hecho de manera diferente?

5 Respuesta en tu vida:
Expresa de manera concisa lo que Dios te está diciendo en este pasaje. ¿Cuál será la respuesta definida en tu vida? Escribe la fecha de hoy y lo que harás ahora mismo con respecto a lo que Él te ha dicho.

1 Busca en su Palabra:
Siente libertad para subrayar, encerrar en un círculo o marcar de cualquier forma el texto si es de ayuda en tu estudio.

2 Enumera los hechos:
Haz una lista versículo por versículo de los hechos más importantes y obvios. ¿Qué dice el pasaje? Tu respuesta debe ser textual.

Encuentra esperanza al saber que vamos a experimentar la gloria de Cristo (20:1-6). Experimenta su gloria por medio de:
- *Servicio v. 4*
- *Serenidad (Is. 11)*
- *Satisfacción v. 6*
- *Santificación v. 6*
- *Seguridad v. 6*

Apocalipsis 20:1 Vi a un ángel que descendía del cielo, con la llave del abismo, y una gran cadena en la mano. **2** Y prendió al dragón, la serpiente antigua, que es el diablo y Satanás, y lo ató por mil años; **3** y lo arrojó al abismo, y lo encerró, y puso su sello sobre él, para que no engañase más a las naciones, hasta que fuesen cumplidos mil años; y después de esto debe ser desatado por un poco de tiempo. **4** Y vi tronos, y se sentaron sobre ellos los que recibieron facultad de juzgar; y vi las almas de los decapitados por causa del testimonio de Jesús y por la palabra de Dios, los que no habían adorado a la bestia ni a su imagen, y que no recibieron la marca en sus frentes ni en sus manos; y vivieron y reinaron con Cristo mil años. **5** Pero los otros muertos no volvieron a vivir hasta que se cumplieron mil años. Esta es la

v. 1 Juan vio un ángel que venía del cielo con la llave del abismo y una cadena en su mano.

primera resurrección. **6** Bienaventurado y santo el que tiene parte en la primera resurrección; la segunda muerte no tiene potestad sobre éstos, sino que serán sacerdotes de Dios y de Cristo, y reinarán con él mil años.

... por la vida 349

3 **Aprende de las lecciones:** ¿Qué lecciones se pueden aprender de estos hechos? ¿Cuál es el significado del pasaje? Tu respuesta debe ser espiritual.

v. 1 El acceso al abismo, o infierno, es controlado desde el cielo, no por parte de Satanás o cualquier otro.

4 **Escucha su voz:** ¿Qué significa este pasaje para ti? Escribe de nuevo las lecciones sacadas en el paso 3 pero en forma interrogativa. Tu respuesta debe ser personal.

v. 1 ¿Qué diferencia haría en mi testimonio si yo creyera que en verdad existe un infierno?

5 **Respuesta en tu vida:** Expresa de manera concisa lo que Dios te está diciendo en este pasaje. ¿Cuál será la respuesta definida en tu vida? Escribe la fecha de hoy y lo que harás ahora mismo con respecto a lo que Él te ha dicho.

Capítulo 9: Esperanza cuando estás derrotado

1 **Busca en su Palabra:** Siente libertad para subrayar, encerrar en un círculo o marcar de cualquier forma el texto si es de ayuda en tu estudio.

2 **Enumera los hechos:** Haz una lista versículo por versículo de los hechos más importantes y obvios. ¿Qué dice el pasaje? Tu respuesta debe ser textual.

Encuentra esperanza al saber que nos vamos a exaltar en la victoria de Cristo (20:7-10). Victoria sobre...
- *el engaño vv. 7-8*
- *los engañados v. 9*
- *el engañador v. 10*

v. 7 Después de 1.000 años, Satanás será soltado.

Apocalipsis 20:7 Cuando los mil años se cumplan, Satanás será suelto de su prisión, **8** y saldrá a engañar a las naciones que están en los cuatro ángulos de la tierra, a Gog y a Magog, a fin de reunirlos para la batalla; el número de los cuales es como la arena del mar. **9** Y subieron sobre la anchura de la tierra, y rodearon el campamento de los santos y la ciudad amada; y de Dios descendió fuego del cielo, y los consumió. **10** Y el diablo que los engañaba fue lanzado en el lago de fuego y azufre, donde estaban la bestia y el falso profeta; y serán atormentados día y noche por los siglos de los siglos.

3
Aprende de las lecciones: ¿Qué lecciones se pueden aprender de estos hechos? ¿Cuál es el significado del pasaje? Tu respuesta debe ser espiritual.

v. 7 La libertad de Satanás para actuar, atacar y tentar está bajo la autoridad de Dios.

4
Escucha su voz: ¿Qué significa este pasaje para ti? Escribe de nuevo las lecciones sacadas en el paso 3 pero en forma interrogativa. Tu respuesta debe ser personal.

v. 7 Cuando Satanás parece tener las de ganar, ¿me acobardo con temor o me fijo para ver qué propósito puede tener Dios al permitir su ataque?

5
Respuesta en tu vida: Expresa de manera concisa lo que Dios te está diciendo en este pasaje. ¿Cuál será la respuesta definida en tu vida? Escribe la fecha de hoy y lo que harás ahora mismo con respecto a lo que Él te ha dicho.

1 Busca en su Palabra:
Siente libertad para subrayar, encerrar en un círculo o marcar de cualquier forma el texto si es de ayuda en tu estudio.

2 Enumera los hechos:
Haz una lista versículo por versículo de los hechos más importantes y obvios. ¿Qué dice el pasaje? Tu respuesta debe ser textual.

Encuentra esperanza al saber que vamos a escapar del castigo de Cristo (20:11-15). Escapa de...
- *el lugar de juicio v. 11*
- *la presencia del juez v. 11*
- *las personas que serán juzgadas vv. 12-14*
- *las pruebas de la justicia v. 15*

v. 11 Juan vio una Persona sentada en un trono blanco, delante de quien desaparecieron el cielo y la tierra.

Apocalipsis 20:11 Y vi un gran trono blanco y al que estaba sentado en él, de delante del cual huyeron la tierra y el cielo, y ningún lugar se encontró para ellos. **12** y Vi a los muertos, grandes y pequeños, de pie ante Dios; y los libros fueron abiertos, y otro libro fue abierto, el cual es el libro de la vida; y fueron juzgados los muertos por las cosas que estaban escritas en los libros, según sus obras. **13** Y el mar entregó los muertos que había en él; y la muerte y el Hades entregaron los muertos que había en ellos; y fueron juzgados cada uno según sus obras. **14** Y la muerte y el Hades fueron lanzados al lago de fuego. Esta es la muerte segunda. **15** Y el que no se halló inscrito en el libro de la vida fue lanzado al lago de fuego.

3 Aprende de las lecciones:

¿Qué lecciones se pueden aprender de estos hechos? ¿Cuál es el significado del pasaje? Tu respuesta debe ser espiritual.

v. 11 No habrá escondite alguno para librarse del juicio final.

4 Escucha su voz:

¿Qué significa este pasaje para ti? Escribe de nuevo las lecciones sacadas en el paso 3 pero en forma interrogativa. Tu respuesta debe ser personal.

v. 11 ¿Quién va a enfrentar el juicio final a no ser que yo les muestre el camino para salvarse de ello?

5 Respuesta en tu vida:

Expresa de manera concisa lo que Dios te está diciendo en este pasaje. ¿Cuál será la respuesta definida en tu vida? Escribe la fecha de hoy y lo que harás ahora mismo con respecto a lo que Él te ha dicho.

Capítulo 10: Esperanza cuando estás derrotado

1 **Busca en su Palabra:** Siente libertad para subrayar, encerrar en un círculo o marcar de cualquier forma el texto si es de ayuda en tu estudio.

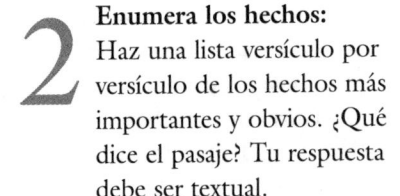

2 **Enumera los hechos:** Haz una lista versículo por versículo de los hechos más importantes y obvios. ¿Qué dice el pasaje? Tu respuesta debe ser textual.

Nuestra esperanza de un lugar hermoso (21:1-8) porque es...
- *un lugar preparado vv. 1-2, 7-8*
- *un lugar perfecto vv. 3-6*

v. 1 Juan vio un cielo nuevo y una tierra nueva, porque los antiguos habían pasado ya.

Apocalipsis 21:1 Vi un cielo nuevo y una tierra nueva; porque el primer cielo y la primera tierra pasaron, y el mar ya no existía más. **2** Y yo Juan vi la santa ciudad, la nueva Jerusalén, descender del cielo, de Dios, dispuesta como una esposa ataviada para su marido. **3** Y oí una gran voz del cielo que decía: He aquí el tabernáculo de Dios con los hombres, y él morará con ellos; y ellos serán su pueblo, y Dios mismo estará con ellos como su Dios. **4** Enjugará Dios toda lágrima de los ojos de ellos; y ya no habrá más muerte, ni habrá más llanto, ni clamor, ni dolor; porque las primeras cosas pasaron. **5** Y el que estaba sentado en el trono dijo: He aquí, yo hago nuevas todas las cosas. Y me dijo: Escribe; porque estas palabras son fieles y verdaderas. **6** Y me dijo: Hecho está. Yo soy el Alfa y la Omega, el principio y el fin. Al que tuviere sed, yo le daré gratuitamente de la fuente del agua de la vida. **7** El que venciere heredará todas las cosas, y yo seré su Dios, y él será mi hijo.

8 Pero los cobardes e incrédulos, los abominables y homicidas, los fornicarios y hechiceros, los idólatras y todos los mentirosos tendrán su parte en el lago que arde con fuego y azufre, que es la muerte segunda.

... por la muerte

3 Aprende de las lecciones: ¿Qué lecciones se pueden aprender de estos hechos? ¿Cuál es el significado del pasaje? Tu respuesta debe ser espiritual.

v. 1 Un día todo lo que vemos a nuestro alrededor dejará de existir.

4 Escucha su voz: ¿Qué significa este pasaje para ti? Escribe de nuevo las lecciones sacadas en el paso 3 pero en forma interrogativa. Tu respuesta debe ser personal.

v. 1 ¿Cuánto tiempo le dedico a las cosas que van a perecer?

5 Respuesta en tu vida: Expresa de manera concisa lo que Dios te está diciendo en este pasaje. ¿Cuál será la respuesta definida en tu vida? Escribe la fecha de hoy y lo que harás ahora mismo con respecto a lo que Él te ha dicho.

1 Busca en su Palabra:
Siente libertad para subrayar, encerrar en un círculo o marcar de cualquier forma el texto si es de ayuda en tu estudio.

2 Enumera los hechos:
Haz una lista versículo por versículo de los hechos más importantes y obvios. ¿Qué dice el pasaje? Tu respuesta debe ser textual.

Nuestra esperanza de un lugar hermoso (21:9-21) porque es...
- *un lugar físico vv. 9-21*

v. 9 Uno de los ángeles le mostró a Juan la esposa del Cordero.

Apocalipsis 21:9 Vino entonces a mí uno de los siete ángeles que tenían las siete copas llenas de las siete plagas postreras, y habló conmigo diciendo: Ven acá, yo te mostraré la desposada, la esposa del Cordero. **10** Y me llevó en el Espíritu a un monte grande y alto, y me mostró la gran ciudad santa de Jerusalén, que descendía del cielo, de Dios, **11** teniendo la gloria de Dios. Y su fulgor era semejante al de una piedra preciosísima, como piedra de jaspe, diáfana como el cristal. **12** Tenía un muro grande y alto con doce puertas; y en las puertas, doce ángeles, y nombres inscritos, que son los de las doce tribus de los hijos de Israel; **13** al oriente tres puertas; al norte tres puertas; al sur tres puertas; al occidente tres puertas. **14** Y el muro de la ciudad tenía doce cimientos, y sobre ellos los doce nombres de los doce apóstoles del Cordero. **15** El que hablaba conmigo tenía una caña de medir, de oro, para medir la ciudad, sus puertas y su muro. **16** La ciudad se halla establecida en cuadro, y su longitud es igual a su anchura; y él midió la ciudad con la caña, doce mil estadios; la longitud, la altura y la anchura de ella son iguales. **17** Y midió su muro, ciento cuarenta y cuatro codos, de medida de hombre, la cual es de ángel. **18** El material de su muro era de jaspe; pero la ciudad era de oro puro, semejante al vidrio limpio; **19** y los cimientos del muro de la ciudad estaban adornados con toda piedra preciosa. El primer cimiento era jaspe; el segundo, zafiro; el tercero ágata; el cuarto, esmeralda; **20** el quinto, ónice; el sexto, cornalina; el séptimo, crisólito; el octavo, berilo; el noveno, topacio; el décimo, crisopraso; el undécimo, jacinto; el duodécimo, amatista. **21** Las doce puertas eran doce perlas; cada una de las puertas era una perla. Y la calle de la ciudad era de oro puro, transparente como vidrio.

3 Aprende de las lecciones: ¿Qué lecciones se pueden aprender de estos hechos? ¿Cuál es el significado del pasaje? Tu respuesta debe ser espiritual.

v. 9 El Cordero está involucrado de forma profunda, permanente y emotiva en una relación de amor.

4 Escucha su voz: ¿Qué significa este pasaje para ti? Escribe de nuevo las lecciones sacadas en el paso 3 pero en forma interrogativa. Tu respuesta debe ser personal.

v. 9 ¿Soy como una novia sensible y apasionada, que tiene ojos únicamente para su esposo?

5 Respuesta en tu vida:
Expresa de manera concisa lo que Dios te está diciendo en este pasaje. ¿Cuál será la respuesta definida en tu vida? Escribe la fecha de hoy y lo que harás ahora mismo con respecto a lo que Él te ha dicho.

Capítulo 10: Esperanza cuando estás derrotado

1 **Busca en su Palabra:** Siente libertad para subrayar, encerrar en un círculo o marcar de cualquier forma el texto si es de ayuda en tu estudio.

2 **Enumera los hechos:** Haz una lista versículo por versículo de los hechos más importantes y obvios. ¿Qué dice el pasaje? Tu respuesta debe ser textual.

Nuestra esperanza de un lugar hermoso (21:22-27) porque es...
- *un lugar habitado vv. 22-27*

v. 22 El templo no era una estructura visible, porque el Señor y el Cordero son el templo de la ciudad.

Apocalipsis 21:22 Y no vi en ella templo; porque el Señor Dios Todopoderoso es el templo de ella, y el Cordero. **23** La ciudad no tiene necesidad de sol ni de luna que brillen en ella; porque la gloria de Dios la ilumina, y el Cordero es su lumbrera. **24** Y las naciones que hubieren sido salvas andarán a la luz de ella; y los reyes de la tierra traerán su gloria y honor a ella. **25** Sus puertas nunca serán cerradas de día, pues allí no habrá noche. **26** Y llevarán la gloria y la honra de las naciones a ella. **27** No entrará en ella ninguna cosa inmunda, o que hace abominación y mentira, sino solamente los que están inscritos en el libro del a vida del Cordero.

3 Aprende de las lecciones: ¿Qué lecciones se pueden aprender de estos hechos? ¿Cuál es el significado del pasaje? Tu respuesta debe ser espiritual.

v. 22 Cuando yo esté en el cielo, nunca dejaré de ser consciente de la presencia de Cristo en mi vida.

4 Escucha su voz: ¿Qué significa este pasaje para ti? Escribe de nuevo las lecciones sacadas en el paso 3 pero en forma interrogativa. Tu respuesta debe ser personal.

v. 22 Cuando me siento solo(a) o con desánimo, ¿hallo consuelo en la esperanza de que un día voy a estar en su presencia para siempre?

5 Respuesta en tu vida:
Expresa de manera concisa lo que Dios te está diciendo en este pasaje. ¿Cuál será la respuesta definida en tu vida? Escribe la fecha de hoy y lo que harás ahora mismo con respecto a lo que Él te ha dicho.

1 Busca en su Palabra: Siente libertad para subrayar, encerrar en un círculo o marcar de cualquier forma el texto si es de ayuda en tu estudio.

2 Enumera los hechos: Haz una lista versículo por versículo de los hechos más importantes y obvios. ¿Qué dice el pasaje? Tu respuesta debe ser textual.

...para ser fieles a su Palabra (22:6-7)
...para ser fieles en la adoración (22:8-9)

v. 6 Estas palabras son verdaderas. El Señor envió a su ángel para mostrarle a sus siervos lo que va a suceder.

Apocalipsis 22:6 Y me dijo: Estas palabras son fieles y verdaderas. Y el Señor, el Dios de los espíritus de los profetas, ha enviado su ángel, para mostrar a sus siervos las cosas que deben suceder pronto. **7** ¡He aquí, vengo pronto! Bienaventurado el que guarda las palabras de la profecía de este libro. **8** Yo Juan soy el que oyó y vio estas cosas. Y después que las hube oído y visto, me postré para adorar a los pies del ángel que me mostraba estas cosas. **9** Pero él me dijo: Mira, no lo hagas; porque yo soy consiervo tuyo, de tus hermanos los profetas, y de los que guardan las palabras de este libro. Adora a Dios.

3 Aprende de las lecciones: ¿Qué lecciones se pueden aprender de estos hechos? ¿Cuál es el significado del pasaje? Tu respuesta debe ser espiritual.

v. 6 Dios no miente, y Él quiere que sus siervos tengan esperanza para el futuro.

4 Escucha su voz: ¿Qué significa este pasaje para ti? Escribe de nuevo las lecciones sacadas en el paso 3 pero en forma interrogativa. Tu respuesta debe ser personal.

v. 6 ¿Acaso mi falta de esperanza con respecto al futuro se basa en que dudo de la verdad de la Palabra de Dios?

5 Respuesta en tu vida: Expresa de manera concisa lo que Dios te está diciendo en este pasaje. ¿Cuál será la respuesta definida en tu vida? Escribe la fecha de hoy y lo que harás ahora mismo con respecto a lo que Él te ha dicho.

1 **Busca en su Palabra:** Siente libertad para subrayar, encerrar en un círculo o marcar de cualquier forma el texto si es de ayuda en tu estudio.

2 **Enumera los hechos:** Haz una lista versículo por versículo de los hechos más importantes y obvios. ¿Qué dice el pasaje? Tu respuesta debe ser textual.

...para ser fieles a su obra (22:10-13)
...para ser fieles en lavarnos (22:14-15)

v. 10 No sellemos este libro porque el tiempo está cerca.

Apocalipsis 22:10 Y me dijo: No selles las palabras de la profecía de este libro, porque el tiempo está cerca. **11** El que es injusto, sea injusto todavía; y el que es inmundo, sea inmundo todavía; y el que es justo, practique la justicia todavía; y el que es santo, santifíquese todavía. **12** He aquí yo vengo pronto, y mi galardón conmigo, para recompensar a cada uno según sea su obra. **13** Yo soy el Alfa y la Omega, el principio y el fin, el primero y el último. **14** Bienaventurados los que lavan sus ropas, para tener derecho al árbol de la vida, y para entrar por las puertas en la ciudad. **15** Mas los perros estarán afuera, y los hechiceros, los fornicarios, los homicidas, los idólatras, y todo aquel que ama y hace mentira.

3 **Aprende de las lecciones:** ¿Qué lecciones se pueden aprender de estos hechos? ¿Cuál es el significado del pasaje? Tu respuesta debe ser espiritual.

4 **Escucha su voz:** ¿Qué significa este pasaje para ti? Escribe de nuevo las lecciones sacadas en el paso 3 pero en forma interrogativa. Tu respuesta debe ser personal.

v. 10 A medida que se acerca el final de la historia humana, hacemos bien en leer, estudiar y aplicar el libro de Apocalipsis.

v. 10 ¿Cuánto tiempo he dedicado a leer, estudiar y aplicar el libro de Apocalipsis?

5 **Respuesta en tu vida:**
Expresa de manera concisa lo que Dios te está diciendo en este pasaje. ¿Cuál será la respuesta definida en tu vida? Escribe la fecha de hoy y lo que harás ahora mismo con respecto a lo que Él te ha dicho.

1 Busca en su Palabra:
Siente libertad para subrayar, encerrar en un círculo o marcar de cualquier forma el texto si es de ayuda en tu estudio.

2 Enumera los hechos:
Haz una lista versículo por versículo de los hechos más importantes y obvios. ¿Qué dice el pasaje? Tu respuesta debe ser textual.

...para ser fieles en dar testimonio (22:16-17)
...para ser fieles en apercibir (22:18-19)
...para ser fieles en velar (22:20-21)

Apocalipsis 22:16 Yo Jesús he enviado mi ángel para daros testimonio de estas cosas en las iglesias. Yo soy la raíz y el linaje de David, la estrella resplandeciente de la mañana. **17** Y el Espíritu y la Esposa dicen: Ven. Y el que oye, diga: Ven. Y el que tiene sed, venga; y el que quiera, tome del agua de la vida gratuitamente. **18** Yo testifico a todo aquel que oye las palabras de la profecía de este libro: Si alguno añadiere a estas cosas, Dios traerá sobre él las plagas que están escritas en este libro. **19** Y si alguno quitare de las palabras del libro de esta profecía, Dios quitará su parte del libro de la vida, y de la santa ciudad y de las cosas que están escritas en este libro. **20** El que da testimonio de estas cosas dice: Ciertamente vengo en breve. Amén; sí, ven, Señor Jesús. **21** La gracia de nuestro Señor Jesucristo sea con todos vosotros. Amén.

v. 16 Jesús, el linaje de David, la estrella resplandeciente de la mañana, envió a su ángel para dar este testimonio verdadero a la iglesia.

3 **Aprende de las lecciones:** ¿Qué lecciones se pueden aprender de estos hechos? ¿Cuál es el significado del pasaje? Tu respuesta debe ser espiritual.

v. 16 El libro de Apocalipsis fue dado específicamente por Cristo para aquellos que se llaman a sí mismos por su nombre.

4 **Escucha su voz:** ¿Qué significa este pasaje para ti? Escribe de nuevo las lecciones sacadas en el paso 3 pero en forma interrogativa. Tu respuesta debe ser personal.

v. 16 Si soy una de las personas a quienes fue dado originalmente el libro de Apocalipsis, ¿con cuánta diligencia lo he leído, estudiado y aplicado?

5 **Respuesta en tu vida:** Expresa de manera concisa lo que Dios te está diciendo en este pasaje. ¿Cuál será la respuesta definida en tu vida? Escribe la fecha de hoy y lo que harás ahora mismo con respecto a lo que Él te ha dicho.

Epílogo

Al comienzo de esta guía devocional, después del prólogo y las instrucciones, se presentó un ejemplo del método basado en Marcos 9, que describe la experiencia que tuvieron tres discípulos al ser testigos oculares de la transfiguración de Cristo. Me pregunto si Jesús había invitado a todos sus discípulos a alejarse de la multitud y pasar un tiempo a solas con Él, pero solamente tres de los doce aceptaron su invitación. Sin importar cómo haya sido, los tres que pasaron tiempo a solas con Él recibieron una visión fresca de su gloria (vv. 2-3), mientras que quienes no la tuvieron afrontaron ciertos problemas y una gran confusión que no estuvieron en la capacidad de resolver (vv. 14, 17-18).

Uno de los problemas que tuvieron que enfrentar los nueve discípulos fue el del padre que había traído a su hijo, el cual estaba completamente fuera de control, para que ellos lo sanaran. Casi se puede sentir la desesperación, la angustia y la frustración del padre cuando le cuenta a Jesús la desilusión que sintió al ver que los discípulos eran incapaces de ayudarle: "Maestro, traje a ti mi hijo ... y dije a tus discípulos que lo echasen fuera, y no pudieron" (vv. 17-18).

Más adelante, cuando sus discípulos le preguntaron a Jesús por qué no habían tenido poder para ayudar al padre o a su hijo, Él dio una respuesta que nos ayuda mucho a ver nuestra propia incapacidad y falta de poder para ayudar a otros: "Este género con nada puede salir, sino con oración y ayuno" (v. 29). En otras palabras, nuestro poder para ayudar a otros está directamente relacionado con el tiempo que pasamos ayunando, es decir, con abstención de todas las cosas a fin de estar plenamente a solas con Jesús en oración y lectura de su Palabra. Con demasiada frecuencia ponemos nuestros trabajos y ministerios antes que nuestra adoración y terminamos con un servicio sin poder y sin fruto.

Cuando completes esta guía devocional, haz planes ahora mismo para tu lectura continua e incesante de la Palabra de Dios. Mi oración es que Dios te bendiga ricamente a medida que procuras mantener tu visión de su gloria, y al hacer eso, recibas el poder para tener un efecto perdurable en las vidas de los demás.